新型主流媒体话语体系建构研究

Research on the construction of discourse system of new mainstream media

吴柳林 著

人民出版社

目　录

绪　　论

随着人类社会步入信息爆炸的时代,传播生态也随之发生巨变,这就要求在构建新型主流媒体话语体系时必须结合国内的话语生态,逐步建立起多元立体和平等对话的传播关系。在我国国内传播话语体系中逐渐增强新型主流媒体的地位,让其得以在各社会热点事件中具有更强的影响力和话语权;在世界话语体系中彻底打破西方国家话语一家独大的格局,让新型主流媒体得以在重大国际事件中将我国的声音传播到全世界,建构起全新的国际传播秩序,增强社会认同,为共同营造出和谐而健康的人类社会奠定坚实基础。因此应该重视新型主流媒体的地位与作用,用主流意识形态对当前存在于社会中的多元思想观念进行整合,建构起全新的理论范式与传播模式,并以此在国内及国际复杂的信息竞争与舆论竞争中扩大话语权。

一、研究背景与意义

近年来,我国政府对媒体传播能力与话语体系建设的相关问题已经予以高度重视,习近平总书记在十九大报告中明确提出:"坚持正确舆论导向,高度重视传播手段建设和创新,提高新闻舆论传播力、引导力、影响力、公信力。"[①]随后,习近平总书记在 2019 年 1 月人民日报社调研时指出:"要抓紧做好顶层设计,打造新型传播平台,建成新型主流媒体,扩大主流价值影响力版图,让党的声音传得更开、传得更广、传得更深入。"[②]尤其是随着我国进入信息多元化时代,社会对新型主流媒体的话语体系创新提出更高要求,对于主流媒体而言,建立稳固的话语体系至关重要,只有依托该体系才能进一步扩大

---

① 《决胜全面建成小康社会　夺取新时代中国特色社会主义伟大胜利——在中国共产党第十九次全国代表大会上的报告》,人民出版社 2017 年版,第 23 页。
② 新华网:《习近平:推动媒体融合向纵深发展 巩固全党全国人民共同思想基础》,2019 年 1 月 25 日,见 http://www.xinhuanet.com/politics/leaders/2019-01/25/c_1124044208.htm。

主流媒体的影响力,确保主流舆论得以广泛传播,并促进我国文化软实力的增强,也有益于党与国家的声音在国内及国际上的传播。

(一)研究背景

建立新型主流媒体是当前我国国家战略的重要内容。现如今我国媒介生态格局呈现出多元主体共同发展的新特征,尤其是大量新兴媒体的迅速崛起更是让传统媒体的传播能力大受影响,新兴媒体和传统媒体的话语权之争愈演愈烈。2014年,习近平总书记在中央全面深化改革领导小组第四次会议上就已经明确提出要"着力打造一批形态多样、手段先进、具有竞争力的新型主流媒体"、"形成立体多样、融合发展的现代传播体系"。① 随着我国社会步入信息爆炸时代,传播生态也随之发生巨变,这就要求在构建新型主流媒体话语体系时必须结合国内的话语生态,逐步建立起多元立体和平等对话的传播关系,在我国媒体传播话语体系中逐渐增强新型主流媒体的地位,让其得以在社会热点事件中具有更强的影响力和话语权。

"东弱西强"的国际传播格局并未得到实质性改善。时任国务院新闻办公室主任王晨在全国第一届对外传播理论研讨会上指出:"构建覆盖广泛、技术先进的现代传播体系,形成与我国经济社会发展水平和国际地位相称的国际传播力,打破西方媒体垄断格局,已经成为一项十分紧迫的战略任务。"②现如今西方媒体在国际传播格局中仍占据垄断地位,这种"东弱西强"的国际传播格局并未得到实质性改善,为了改变这一现状,我国媒体必须改变独白式表达传播关系,着手建立新的国际话语秩序,逐步打破传播不平衡现状,促进国际信息的自由流动。结合我国当前媒体现状而言,建立现代化新型主流媒体话语体系实际上是从独白转变到对话的过程,这需要大量的学术理论创新和实践创新,在此基础上逐步建立起具有强影响力与说服力的新型话语传播模式,进一步提高我国媒体在对外传播上的媒体话语影响力,逐步建构起在对外交流中的主体地位。

---

① 中国政府网:《习近平主持召开中央全面深化改革领导小组第四次会议》,2014年8月18日,见 http://www.gov.cn/xinwen/2014-08/18/content_2736451.htm。
② 王晨:《构建现代传播体系 提高国际传播能力》,2013年8月16日,见 https://china.huanqiu.com/article/9CaKrnJBPyu。

（二）研究意义

首先，对新闻传播话语体系内在理论及知识进行研究，对适用于我国媒体话语体系建构的理论范式进行深层次探究，能够进一步丰富我国学术界有关中国特色传播理念研究成果。目前西方学术界有关国际传播基础理论和话语权的研究成果已经相当丰富，比如约瑟夫·奈的软实力理论、葛兰西的文化领导权理论、全球化理论、媒介霸权与依附理论、现代化信息社会理论等，这些理论成果为本书提供了重要参考。我国学术界有关新闻传播理论的研究则以运用和解读国外相关理论为主，缺乏构建独立理论体系的能力。因此，在如今"西强东弱"的国际新闻传播态势下，如何建立起中国特色的话语体系理论范式，以此来深度探究适用于我国的新型主流媒体文化领导权，则成为学术界亟待解决的重要课题。

其次，对于新型主流媒体话语文本内容、话语传播渠道以及话语表达方式等内容的研究，能够促进新型主流媒体在积极引导舆论方面发挥重要作用，有助于新型主流媒体获得传播主导权，同时提升其影响力与传播力。现阶段我国新型主流媒体话语体系的构建必须要以巩固原有主体地位为基础，注重互联网新媒体传播创新，积极拓展传播渠道，逐步健全新媒体业态，依托多媒体渠道进一步提高媒体的综合传播能力，以此来实现多元化信息资源的有效整合，这对于新型主流媒体公信力、影响力的增强以及话语表达空间的扩展都具有实践意义。

最后，对于国际信息传播和交流中我国新型主流媒体如何获得更多话语权的相关研究，有助于塑造我国良好的国际形象、增强我国文化软实力、营造公正公平国际舆论秩序都具有重要意义。现如今我国在国际交流领域缺乏具有较强影响力的媒体，而且也尚未建立起被世界各国所认可的独立话语体系，国内媒体话语的影响力不强，这也大大影响到我国在国际信息传播与舆论领域中的竞争力。因此，尽快提高我国新型主流媒体在对外传播中的话语表达能力对于我国媒体快速发展至关重要。

二、研究文献

（一）关于"话语"的研究

话语（discourse）一词在概念和内涵上常常因为使用者以及研究方面的差异而没有统一的定义，贾沃斯基（Jaworski）和库普兰德（Coupland）在《话语读本》（1999）中就列举出十种关于"话语"的定义。话语从形式上可以被看作是超越句子(sentence)和语段(utterance)的语篇或者是文本,从内容上可以被看作是人们所说或所写的话的总称。

相较于形式而言,学者们对于话语的内涵以及社会功能有着更多更深入的思考,结构主义符号学家巴赫金认为"话语是连结我和别人的桥梁,如果它一头系在我这里,那么另一头就系在对话者那里。话语是说话者跟对话者共同的领地。"①巴赫金还指出,话语中语言句子的使用很大程度上取决于话语使用者的社会及经济地位。英国批评语言学家诺曼·费尔克拉夫认为,话语不仅影响人们的生活方式和文化习惯,而且根植于人们的生活方式和文化习惯,罗杰·弗勒则对话语进行了全新解读,他认为话语语境体现在整个社会层面,话语是个体进入到体验世界和意识形态领域的重要方式。

话语研究似乎从人类话语产生之际便相伴而生,很难找到一个精确的起点。西方话语研究最早可以追溯到公元前5世纪的古希腊修辞学,其中以亚里士多德的《修辞学》为代表,并以公共演说即公共话语建构的手段、方法、技巧为研究对象,并以对公共政策的决定、公共利益的分配和民主秩序的维护为重点。自此以后这种研究话语构建手段、方法、技巧的学科成为中世纪教育的三大学科之一。纵观话语研究的发展,其在历史社会上的地位虽然有较大变化,但是其本质仍然是研究如何通过话语来影响他人,完成对社会关系的调控,并促进社会秩序的管理和维护。

美国国会图书馆以"discourse"为题的图书约有2650册,其内容涉及语言学、政治学、修辞学、阐释学、宗教学、教育学、法学、历史学、社会学以及自然科学。现代真正意义上的话语研究主要以"话语分析"为研究形态,起源并发展于20世纪中叶的美国,并于20世纪70年代末进入到我国学者的研究视野,相应的也有一批关于话语研究的著作被翻译成中文。这些著作集中在语言学、叙事学、传播学、修辞学、符号学、翻译学、哲学、法学、心理学及环境学等领域,如研究话语分析的吉利恩·布朗、乔治·尤尔的《话语分析》(1998),乔治·埃利亚、萨尔法蒂的《话语分析基础知识》等;研究叙事学的布斯的《小说修辞学》(1987)、热奈特的《叙事话语:新叙事话语》(1990)、海登·怀特的《形式的内容:叙事话语与历史再现》(2005)等;研究媒介话语的冯·戴伊克

---

① [苏联]巴赫金:《巴赫金全集》(第二卷),钱中文译,河北教育出版社1998年版,第436页。

的《话语·心理·社会》(1993)、罗纳德·斯考伦的《跨文化交际:话语分析法》(2001)等;研究政治话语的斯金纳的《近代英国政治话语》(2005)、玛丽·安·格伦顿的《权力话语:穷途末路的政治言辞》(2006)、诺曼·费尔克拉夫的《话语与社会变迁》(2003)等。涉及其他学科领域的话语研究如于尔根·哈贝马斯的《现代性的哲学话语》(2004)、肯尼斯·博克等的《当代西方修辞学:演讲与话语批评》(1998)、高辛勇的《话语符号学》(1997)等。上述相关话语研究著作的引入助推了我国话语研究的发展,并同我国传统的话语研究——音韵学、训诂学、文学等相结合,形成了我国话语研究的基本框架。

　　我国的话语研究起始于 20 世纪 80 年代初,王富祥关于语言学的《俄语话语结构分析》(1981)是当时出现最早的话语研究专著,直至沈开木的《现代汉语语言学》(1996)和王富祥的《话语语言学概论》(2000),我国的话语语言学走过了从起步到完成体系建设的 20 年。在中国知网平台上以“话语”“语篇”“言语”“文本”为关键词进行检索分别可以得到 2019 年以“话语”为题的文献共计 4319 条,以“语篇”为题的文献共计 968 条,以“言语”为题的文献共计 2464 条,以“文本”为题的文献共计 6034 条,总计 13785 条。这些研究广泛分布于语言学、文艺学、传播学、政治学、文化学、教育学、宗教学、社会学、历史学、法学、商学、翻译学、心理学甚至部分自然科学。话语研究作为一门工具学科,在我国目前特定的历史条件下应用逐渐广泛,并同其他学科结合得日益紧密,而话语作为一个重要的研究视角也广为学界所接受,话语研究正逐步呈现出多学科交叉融合与整合的发展态势。进入 21 世纪后,学术界有关话语的研究进一步延伸到新闻传播学、国际关系学、社会学等更广泛的领域中,很多学者开始尝试将自身专业学科和话语研究相融合。尤其是近年来,国内话语研究在新媒体阵地中也有了新发展,学界开始对网站、论坛、微博等新媒体进行话语研究。

　　话语作为信息传播的主要媒介,近年来我国在大众传播学领域对传播话语研究有所增加。浙江大学和浙江传播学院分别筹建了“当代中国话语研究中心”和“话语与传播研究中心”,力图打造话语与传播研究语料库平台,并预计推出学术刊物《话语与传播研究》和《中国话语与传播研究年度报告》。由索燕华、纪秀生编著的《传播语言学》(2010)立足于现代语言学和当代传播学,梳理了关于传播语言学的基本原理和学术成果,构筑了新的学科研究框架,这也在一定程度展现了当代话语传播研究的新视角。

　　以上相关研究成果为本书提供了重要的理论依据,经过几十年发展,我国话语研究在本土化过程中已有长足的发展,但是主流的理论范式、研究方法仍沿用西方国家的学术成果,在独立构建理论方面还有所欠缺。本书以新闻传播领域的话语研究为主,该领域中话语一般被定义为"构建知识领域与社会实践领域的言语方式,它不仅包括语言内容,更包括对该内容进行规范的权力关系。"

　　在本书的研究中还会涉及巴赫金对话理论。实际上"对话"的概念早在柏拉图时期就已经存在,在《柏拉图对话录》中"对话"被理解为哲学研究过程中的一种思维模式,早期被运用于康德二律背反中,随后得到黑格尔辩证法的推广。进入到 20 世纪 50 年代后,巴赫金提出著名的话语理论,并成为话语研究的奠基人,尽管巴赫金也有大量其他研究成果,但其话语理论被人们视为巴赫金核心基础思想,他首次将"对话"理解为一种哲学方法,并引入到历史、文化、社会等多个方面进行深入研究。

　　国内学者有关巴赫金的理论研究开始于 20 世纪 80 年代,早期立足于传播学视角研究巴赫金相关理论的学者极其稀少,大部分研究也多停留在文学与哲学层面,而且多以翻译国外相关研究成果为主,随后才有部分学者基于各维度提出新颖观点。如李彬写道:"所谓自我,只能存在于我与他人的交往中。自我不能离开他人,否则不能成其为自我。所以,任何个人都是在与他人的相互反映和相互接受中获得确认的,任何个体的存在都是以他人的存在为前提的。"①

　　以上相关研究成果为本书提供了重要的理论依据,我国学术界有关新闻传播理论的研究则以运用和解读国外主流理论为主,缺乏构建独立理论体系的能力。为此,应立足于如今"西强东弱"的国际新闻传播态势对如何建立起中国特色的话语体系进行深入探讨,以期建构起我国新型主流媒体文化领导权。

　　(二)关于话语体系的相关研究

　　作为较为抽象的概念,"体系"在《黑格尔词典》中被定义为"大量事物的各意识形态或若干要素通过相互制约、相互联系而形成的有机整体"。② 美国学者希利克斯将"体系"理解为"引导科学的某种类似于范式的事物"。③ 经

---

　　① 李彬:《巴赫金的话语理论及其对批判学派的贡献》,《国家新闻界》2001 年第 6 期。
　　② 张世英等主编:《黑格尔辞典》,吉林人民出版社 1991 年版,第 231 页。
　　③ [美]J.P.查普林、T.S.克拉威克:《心理学的体系和理论》(上册),林方译,商务印书馆 1983 年版,第 331 页。

中国知网以"话语体系"为主题进行检索并进行可视化分析可以发现,经过几十年的发展变化,话语体系已逐渐成为当前学界研究中的热点,如图1所示。20世纪初国外即有关于话语体系的讨论和研究,在中国直到20世纪80年代才开始发端,一直到20世纪90年代中期以后,国内相关研究才逐渐增多,2010年相关论文超过100篇,2016年已经突破了1000篇的论文总量,体现了我国学界对话语体系研究的关注度逐步升温。关于话语体系的研究文献类别分布,如图2所示,主要为科研论文,资讯类和综述类微乎其微,以下将主要针对科研论文进行文献分析。

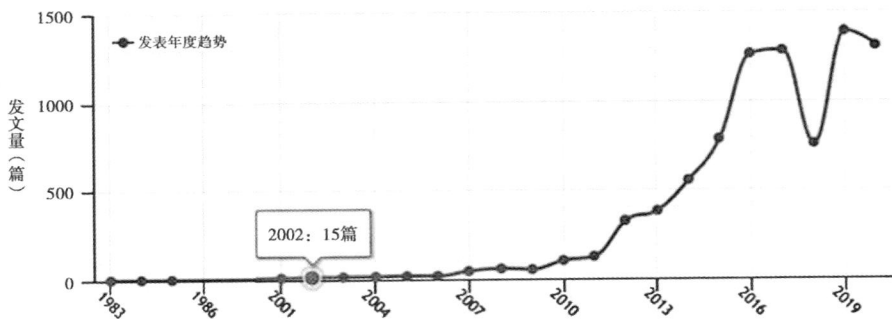

图1　话语体系研究总体趋势

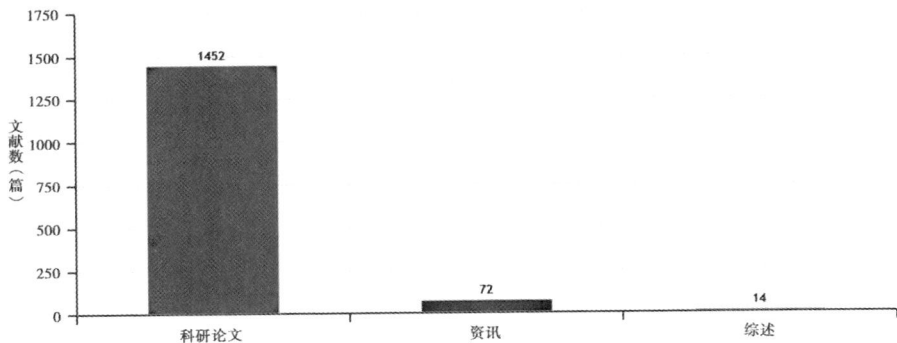

图2　话语体系研究文献类别分布

　　话语体系界定的相关研究。由话语体系延伸出来的词语有多个,如对外话语体系、政治话语体系、哲学社会科学话语体系、思想政治理论课话语体系、中国特色社会主义话语体系、马克思主义话语体系、学术话语体系、法治话语体系、国防话语体系、史学话语体系、中国话语体系、西方话语体系、国家话语体系、全球话语体系等,这些名称使得话语体系的研究变得极为宽泛,学者们分别针对相应概念提出了自己的见解,卢国琪(2015)指出:"话语体系是系统化、理论化的话语群。"①陈汝东(2015)指出:"国家话语体系是一个国家政治、经济、文化、教育、科技、学术、外交、军事、贸易等实力的媒介表达形态,是一个国家作为话语主体在国内外行使国家主权、进行国家传播的行为系统。"②杜飞进(2012)指出:"中国特色话语体系的具体内容包括四个方面:中国特色社会主义理论体系,马克思主义的中国化、时代化、大众化,面向世界传播的新理念新智慧,具有中国特色、中国风格、中国气派的话语语汇、知识概念和话语规则。"③

话语体系的研究领域。学者们对话语体系的研究涵盖多个学科领域,从数据显示看,排名前三的分别为中国政治与国际政治、高等教育、新闻与传媒,见图3所示。从中国知网的可视化数据可知,关于话语体系的总体文献数为6289篇,其中排名前三位的分别是中国政治与国际政治领域(1331篇,占比20.22%)、高等教育领域(746篇,占比11.34%)、新闻与传媒领域(659篇,占比10.01%)。另外,从话语体系的文献基金来源分布图来看,我国关于话语体系的文献基金来源主要为国家社会科学基金,达到583篇,见图4所示。这一数据表明,关于话语体系的研究成为近年来国家社科项目关注的重点领域,也是我国研究的大势所趋。

在中国政治与国际政治领域,华正学(2019)指出:"建构中国新型政党制度话语体系,是维护中国政党制度合法性、彰显中国政党制度优势特色、扩大党际交往交流、赢得中国政党制度国际话语权的需要。"④廖小明(2020)提出构建中国特色社会主义公平正义话语有三重语境,即"需要考察新时代中国

---

① 卢国琪:《马克思主义中国化的十大创新话语体系》,《马克思主义研究》2014年第4期。

② 陈汝东:《论全球话语体系建构——文化冲突与融合中的全球修辞视角》,《浙江大学学报(人文社会科学版)》2015年第3期。

③ 杜飞进:《积极构建中国特色话语体系》,《光明日报》2012年10月30日。

④ 华正学:《中国新型政党制度话语体系的模式转换与经验启示》,《统一战线学研究》2019年第6期。

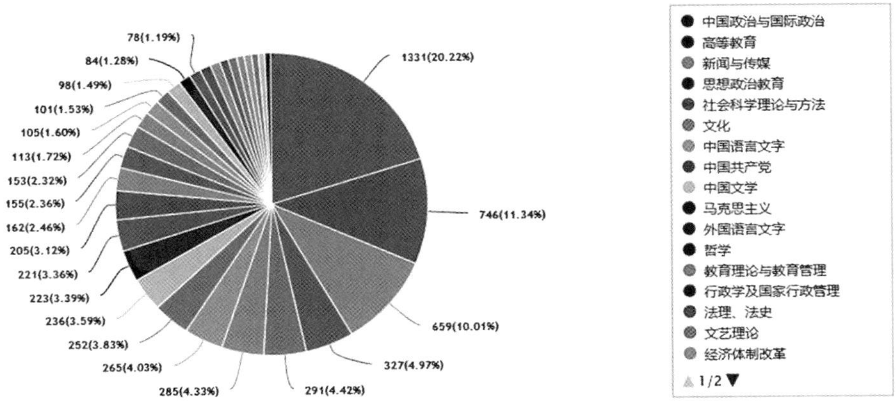

图 3　话语体系研究学科分布图

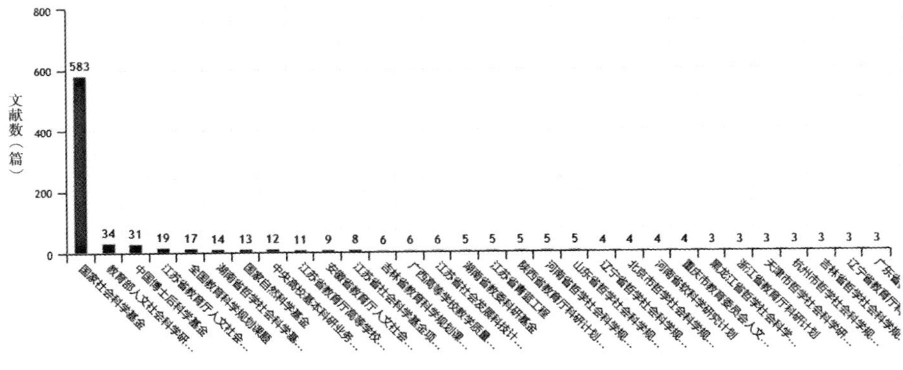

图 4　话语体系研究基金来源分布图

特色社会主义公平正义出场的历史语境、理论语境和问题语境"。① 作为国家软实力的反映,话语体系的完善与否决定了国家中居于主导位置的社会意识形态的地位以及在国际交往中话语权的强弱,因此学者们关于中国政治与国际政治领域话语体系的相关研究,有利于提高我国的软实力和综合实力,更好地讲好中国故事,增强国际间的交流与合作。

　　在高等教育领域,我国学者主要针对高校思想政治教育话语体系进行相

━━━━━━━━━

　　①　廖小明:《构建新时代中国特色社会主义公平正义话语体系的三重语境》,《学术探索》2020 年第 4 期。

关研究,王舒(2020)指出:"互联网技术在高校思想政治理论课教学中得到了广泛应用,其对创新高校思想政治理论课话语体系产生了重要影响。为此,立足高校现实,开展互联网时代高校思想政治理论课话语体系的学生组和教师组调查分析具有突出的实践价值。"①宣璐莎(2020)指出:"话语体系的建立对高校思想政治教育有很好的促进作用。"②整体而言,我国学者对于高等教育领域话语体系的研究主要分为三部分。第一,针对高校思想政治教育话语体系的内涵进行相关阐述,如葛红兵(2016)的《思想政治教育话语体系研究》;第二,针对高校思想政治教育话语体系建设存在问题进行研究,如侯勇(2016)的《权力话语与话语权力:思想政治教育话语权建构与转型》;第三,针对高校思想政治教育话语体系建设路径进行研究,如张玉瑜(2014)的《马克思主义时代化与高校思想政治理论课话语体系的构建》、黄彬冰(2018)的《"微时代"高校思想政治教育话语体系重塑研究》等。

在新闻与传播领域,对现有文献进行可视化分析发现,新闻与传播领域有关话语体系的文献共有659篇,经梳理后发现,目前学界对于话语体系的研究主要为以下两方面:一是新闻传播学学术话语体系的研究,如李良荣等(2019)指出:"作为哲学社会科学的一员,新闻学如果不能建立自己的学术话语体系,将面临无立锥之地的窘境。"③杨石华(2019)认为:"政府部门、大学机构、出版机构以及个体学者等行为主体通过文本互动和身体互动组成学术共同体互动仪式链,共同建构中国新闻传播学的国际话语体系。"④二是针对某一媒体话语体系的研究。如李智等(2019)指出:"在全媒体视域中,文本的形态比较多元化,有报纸杂志广播电视,还包括网站、手机等新媒体形态。传播者通过语言的选择、使用、调配,形成修辞的意义矩阵。"⑤严励等(2019)指出:"在社会转型期的中国客观存在着两个话语空间。《人民日报》作为官方

---

① 王舒:《互联网时代高校思想政治理论课话语体系的现状调查分析》,《吉林省教育学院学报》2020年第4期。

② 宣璐莎:《新媒体时代高校思想政治教育话语体系研究》,《国际公关》2020年第5期。

③ 李良荣、周玉桥:《在不断探索中建构新闻学的学术话语体系》,《新闻大学》2019年第10期。

④ 杨石华:《中国新闻传播学的国际话语体系建构:基于全球的学术变迁理论》,《新闻界》2019年第11期。

⑤ 李智、黄楠、李艺琼:《时政报道传播话语体系的变迁》,《中国新闻传播研究》2019年第2期。

媒体的代表,为融通两个'话语空间'进行了积极主动的探索。"①

话语体系的建构方式研究。随着信息化和互联网迅猛发展,我国需要构建有利、有力的国家形象和话语体系,从而打破西方话语垄断、提升国际话语权。王璟璇等(2020)指出:"话语体系应包含话语权、话语要义、话语传播媒介、话语传播方式、话语影响力五个核心要素。"②敖永春等(2019)认为:"以网络传播的'变'和'新'作为全媒体时代网络传播话语体系建构的逻辑起点,找准网络传播话语体系建构的突破方向和理想效果,重塑网络传播话语体系的点线面,以期为建构充满正能量、彰显时代感、体现亲和力、具有引领力的网络传播话语体系提供借鉴参考。"③郝苏君(2020)指出:"当前马克思主义话语体系构建遇到四大挑战,即话语体系的价值传播不畅、话语体系构建的国际话语权处于弱势、话语体系构建的舆论风向不易把握、多元话语主体稀释了主流话语的影响力和凝聚力。因此要坚持党管媒体,打造新型主流媒体,深化融媒体时代体制改革,主动设置媒体话语议题,实现平台终端互融共通。"④

话语体系的创新方式研究。话语体系方式的创新研究能够为各学科领域的发展提供新的活力,经中国知网可视化分析发现,学界对于话语体系创新方式的研究主要集中于高等教育、中国政治与国际政治、社会科学理论与方法、新闻与传媒等领域,集中表现为对学术话语的创新,如图5所示。王伟光(2013)认为,"话语体系创新包括两个方面:一是理论学术观点的创新,即话语内容的创新;二是理论学术观点表达方式、表述形式的创新,即话语形式的创新。"⑤骆郁廷(2014)指出:"学术话语创新是指在深入探索研究客观世界和社会问题的基础上,形成反映客观世界,特别是人类社会发展的重大问题、

① 严励、许晨媛:《破局与困局:新媒介视域下主流媒体话语体系的建构研究——以人民日报官方微博为例》,《新闻传播》2019年第16期。

② 王璟璇、刘琦、潘玥:《"一带一路"对外传播话语体系建构初探》,《对外传播》2020年第5期。

③ 敖永春、张振卿:《全媒体时代网络传播话语体系建构》,《传媒》2019年第3期。

④ 郝苏君:《媒体融合视角下马克思主义话语体系构建》,《西安石油大学学报(社会科学版)》2020年第2期。

⑤ 王伟光:《建设中国特色的哲学社会科学话语体系》,《中国社会科学报》2013年12月20日。

重大现象、重大关系的独到的思想见解,并提出相应的核心概念及深刻阐释核心思想的概念体系,它包括概念创新、体系创新、传播创新。"①

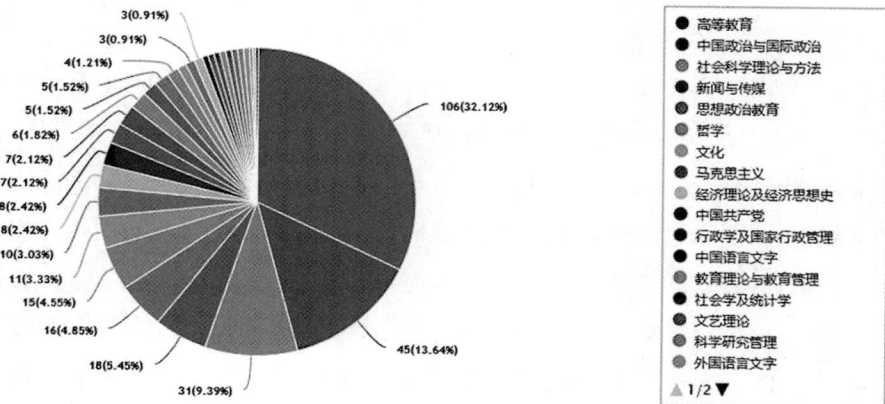

图 5　话语体系创新方式学科领域研究分布图

　　综合上述,目前学界关于话语体系的研究呈现出以下几方面特点:第一,大部分研究仅仅只是把话语体系当作一个不言而喻的概念进行使用,未就其丰富性、复杂性做深入分析;第二,目前学界尝试对话语体系进行分析性研究,但缺乏对其概念、内涵和外延进行科学界定,也没有在这些方面达成共识;第三,学界研究话语体系时有技术化视角的倾向,倾向于把话语体系视为表达意识形态的手段,从而把话语体系与意识形态割裂,专注于对话语传播手段或技术革新层面的探讨;第四,新闻传播领域的话语体系研究侧重于学术话语研究或是某一单个媒体层面的研究,缺乏对新闻传播领域话语体系的整体性关照和深入性探讨,并且话语体系的实践构建层面不够明晰。为此,本书试图从新闻传播领域深入探究如何构建我国新型主流媒体的话语体系,以此来丰富我国学术界相关理论和实践成果。

　　(三)关于话语分析的相关研究

　　1. 研究脉络

　　国外话语分析研究脉络。国外话语分析研究较早,美国结构主义语言学家哈里斯(Z.S.Harris)1952 年在其《话语分析》一文中指出:"语言不是在零散

---

　　①　骆郁廷:《论哲学社会科学的学术话语创新》,《江汉论坛》2014 年第 8 期。

的词或句子中发生的,而是存在于连贯的话语中",①他试图用结构主义理论动态地研究话语,此后话语和话语分析受到语言学家普遍重视,在语言学研究中广泛使用。

20世纪60年代,美国社会语言学家海姆斯(D.H.Hymes)提出了指导话语分析的言语社区即话语模式的描述方法、概念、术语和理论框架等,并发现言语社区的话语规则,海姆斯的观点对语言学研究作出很大贡献,他提出的话语模式范畴为话语分析提供了基本理论框架。20世纪70年代,美国社会学家萨克斯、谢格洛夫、杰斐逊等开创了会话分析理论,语言哲学家奥斯汀、塞尔和格赖斯建立了言语行为理论。20世纪80年代,话语分析研究持续升温,话语分析领域第一份专业期刊 *Text* 于1981年正式出版,1985年梵·迪克(VanDijk)编辑出版《话语分析手册》(4卷本)。20世纪90年代,话语分析研究进入发展和兴盛期,社会学、心理学、人类学、历史学等多个领域的学者开始研究话语分析,相关著作数量激增,跨学科也为话语分析带来持续不断的发展动力,丰富了当时的理论框架及分析模式。这一时期基于福柯理论开展的话语分析逐步兴起,批判话语分析也更加深入,并逐步引入新马克思主义的意识形态论,运用系统功能语言学的分析框架,考察和揭示话语中所蕴含的意识形态及权力结构。2003年,英国语言学家诺曼·费尔克拉夫在其《话语与社会变迁》一书中认为话语是指对主题或者目标的谈论方式,包括口语、文字以及其他表述方式,话语根源于人们的生活方式和文化习惯,但同时也影响着人们的生活方式和文化习惯。费尔克拉夫非常重视福柯关于话语的学说,并试图将语言分析和社会理论结合在一起,提出话语分析的三个向度,即文本向度(关注文本的语言分析)、话语实践向度(关注文本生产过程和解释过程)和社会实践向度(关注社会分析方面的问题),这一理论的提出为学界关于话语分析的探讨提供了指导作用。

上述学者由于各自不同的语言观念及理论侧重,对话语进行了不同角度的观察和分析,但归纳起来对话语分析的界定可以归为两个层次:一是话语分析是对语句单位结构的静态描写;二是话语分析是对交际过程意义传递的动态分析。

---

① Harris Z.S., "Discourse Analysis", *Language*, Vol.28, No.1(Jan.-Mar., 1952), pp.1-30.

国内话语分析研究脉络。在中国知网检索栏中输入关键词"话语分析"，显示研究"话语分析"的文献总数共有13198篇。从图6中可以看出，国内话语分析研究起步较晚，到20世纪80年代才逐渐起步，研究初期学者主要将话语分析与外语教学紧密结合，如黄国文（1988）在其《语篇分析概要》一书中系统介绍了话语分析理论，这是我国第一本以英语为例进行话语分析的著作，也是我国最早系统介绍话语分析理论的著作。20世纪80年代至90年代之间，研究"话语分析"文献的发文量一直保持较为平缓的趋势，这一时期我国研究话语的学者主要有黄国文、徐赳赳和胡壮麟等，对话语研究的途径主要为翻译国外相关著作，对话语的研究视野仅仅停留在理论分析层面。从21世纪初开始，我国研究"话语分析"的著作、论文开始明显增多，廖益清（2001）、叶起昌（2004）分别在《批评话语分析述评》、《批评话语分析与批评实在论》中从社会语言学的角度界定话语分析，孙云英（2001）等运用语用学中的言语行为理论并融合社会语言学理论进行话语分析。近年来话语分析研究成果呈逐年上升趋势，已成为当前学界研究的热点。

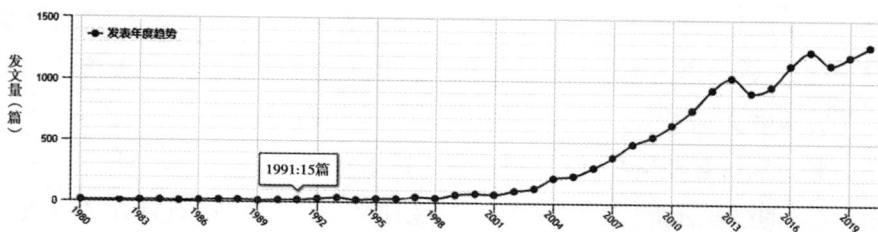

图6 "话语分析"研究总体趋势分析

2. 话语分析研究领域

结合西方近年来话语分析的相关研究，可以发现流行文化话语、符号技术、作为政治话语的日常生活、恐怖和暴力话语、话语与性别、读写素养教育话语研究是目前西方话语研究的热门领域。在流行文化话语方面，乔诺夫和赵苏敏（Djonov & Zhao，2014）联合主编的《流行话语的批评多模态研究》一书中，将批评话语分析和多模态话语分析结合起来研究各种形式的流行文化话语,既讨论批评话语和多模态话语研究所面临的理论和方法上的挑战,又分析当代流行话语的相关问题。在符号技术方面,莱丁(Ledin)和梅钦(Machin)(2016)探究了各种符号技术中符号资源使用的规范化现象。在作为政治话语的日常生活方面,梅钦(Machin)和范利文(van Leeuwen)(2016)提出多模态政治话语的社会符号学分析的三个层次,分别为符号的能指、符号的所指与意义、符号宏观的表意过程。在恐怖与暴力话语方面,基尔比(Kilby)和列侬(Lennon)(2018)以《查理周刊》为例,分析漫画如何表现和平、冲突和暴力,以及符号在构建文化暴力中的作用。在话语与性别方面,贾沃斯基(Jaworski)(2016)分析了当代艺术中的沉默,讨论了沉默如何被用来表达对非传统性行为和性别身份的看法和立场。在读写素养教育话语研究方面,黄欢(Huang)(2019)分析了英语学习者制作的多模态文本,认为学生通过对多模态资源的使用可以从全新的角度和批判的眼光来看待种族、阶级与性别问题。

如今,国内学者运用话语分析相关理论进行跨学科、跨领域研究,取得了较为丰硕的成果。学者们关于"话语分析"的研究延伸到多个学科领域,如语言文字、新闻与传媒、贸易经济、教育学、政治学等,见图7。同时也形成多个主题研究,比较热门的研究主题有"话语分析""批评话语分析""多模态话语分析""积极话语分析"等,见图8所示。

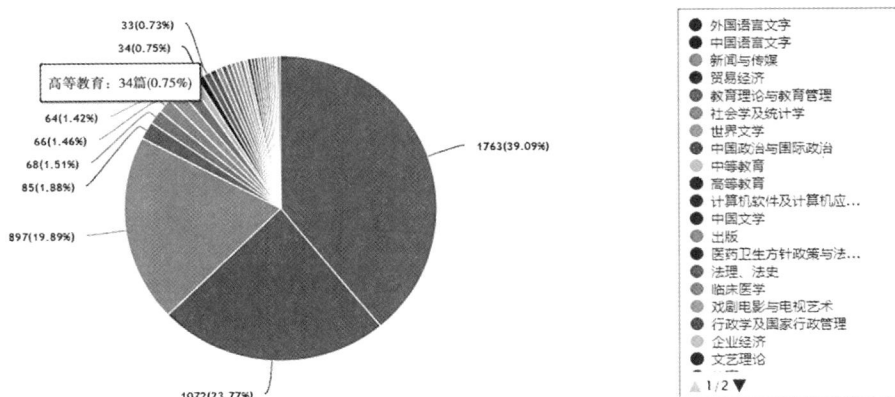

图 7　"话语分析"研究学科分布

在政治学领域,武建国、龚纯、宋玥(2020)在《政治话语的批评隐喻分析——以特朗普演讲为例》一文中以美国总统特朗普赢得大选前后的四篇演

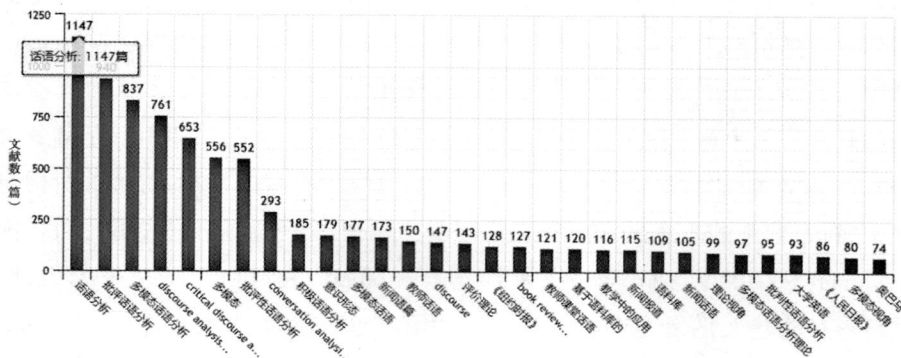

图 8　"话语分析"研究主要主题分布

讲为例,运用批评隐喻分析模型对其中的政治隐喻进行分析。张阿源、时娟娟（2020）在《浅析我国当前政治话语传播的问题及创新优化的策略》一文中结合当前国内外政治话语传播现状,提出在创新优化方面可以从系统平台体系建设、多元宣传主体平台改造、话语修辞手段创新等方面进行改进。在哲学领域,张兰（2020）在《生态语言学的马克思主义哲学根基:反逻各斯中心主义》一文中运用马克思"反逻各斯中心主义"的理论和方法,从哲学维度确立生态语言学各研究范式之间的融合点,促进马克思主义生态思想向生态语言学领域扩展和延伸。在文学领域,吕律（2009）在《用象征手法进行的启蒙尝试——从话语分析的角度分析鲁迅在〈呐喊〉和〈彷徨〉中的象征结构》一文中,运用话语分析方法分析了鲁迅小说集《呐喊》和《彷徨》中的启蒙尝试。在经济学领域,姚银燕（2019）在《营销城市:城市形象宣传片的多模态话语分析》一文中,采用社会符号学的方法构建起适用于城市形象宣传片的分析框架,并对广州城市形象宣传片《花开广州·盛放世界》进行了个案研究。

在新闻传播领域,20世纪80年代,梵·迪克首次将话语分析和新闻语言结合在一起,他曾发表《国际新闻结构》、《交流中的种族主义》等著作,2003年出版《作为话语的新闻》一书,从新闻文本和新闻语境两个视角分析新闻话语,为新闻话语研究提供新的研究方法。我国目前关于新闻话语的研究可大致分为理论性研究和实践性研究,理论性研究在总体研究文献中所占比例较小,如上海大学的赵为学在其博士论文《论新闻传播学话语分析理论的建构》中从话语整体活动流程观出发,对现有话语分析理论进行分类梳理,审察现有话语分析理论的新闻传播学转型潜质、局限和前景,并结合布尔迪厄的符号权力理论、马克斯·韦伯的"理想类型"研究方法等对新闻传播学话语分析理论进行初步建构。实践性研究主要表现为运用新闻话语理论分析新闻报道或者公共议题,如西南交通大学的刘姝岩在其硕士论文《〈人民日报〉(1978—2018)全国"两会"社论的话语分析》中主要运用话语分析方法,从文本和语境两个角度综合运用定量统计和定性分析方法,对"两会"社论的话语建构展开研究。王龙(2020)在《危机事件新闻报道的多模态批评话语分析——基于新华网〈战疫的力量〉拍摄视频》一文中选取新华网 2020 年 2 月 19 日发布的《战疫的力量》拍摄视频,以多模态批评话语分析理论为基础,从视觉模态和听觉模态两方面整合分析视频图像所建构的危机事件话语策略。

3. 话语分析的研究方法

关于话语分析研究方法,霍奇斯(2008)将话语分析研究方法分为三类:形式语言学话语分析、经验话语分析和批评话语分析。我们通过梳理发现,目前话语分析研究方法主要聚焦于批评话语分析和多模态话语分析,学者们较多运用这两种研究方法在多个学科领域开展话语研究,以下将分别梳理这两种研究方法的前沿研究和理论动态。

批评话语分析。批评话语分析产生于 20 世纪 70 年代,该方法认为话语的概念不仅是话语或文本,而是完整并且前后相关联的全过程,与传统的话语分析方法不同,批评话语分析强调文本的实际分析,它通过分析话语的语言特征和社会历史背景,透过文本进行社会意识分析,旨在建立语言与社会意识之间的关系。批评话语分析本质上是对语篇的社会分析,尤其是公共语篇,旨在提高读者对语言的敏感性,并使他们意识到语言与社会意识之间的复杂关系,培养读者批判性阅读的意识,主要用于分析新闻、政治、演讲等语篇。

国外对于批评话语分析的研究主要集中于利用批评话语分析进行多种文本的研究,如媒体报道、教育、政策文件、网络平台文章等。如科克(2019)在 *The Representation of Syrian Refugees in Turkey：a Critical Discourse Analysis of three Newspapers* 一文中探讨了土耳其新闻工作者如何在其报纸中建构劝阻做法,以应对叙利亚移民的涌入,文章通过对报纸中的新闻报道进行批判性话语分析,发现各种话语结构被用来使叙利亚移民被淡化。国内对于批评话语分析的研究主要集中于运用批评话语分析理论分析国内外新闻、政治事件、演讲等,同时有学者将批评话语分析与语料库、多模态研究等进行结合,如王龙(2020)在《批评话语分析视角下中英新闻评论的态度资源对比研究——基于〈卫报〉和〈人民日报〉香港暴乱评论话语分析》一文中,基于批评话语分析理论,以《人民日报》和《卫报》在2019年6月至12月期间就香港暴乱的新闻评论话语为研究对象,从态度资源系统的情感、判断以及鉴赏角度进行对比研究,试图揭示评论背后隐藏的意识形态和政治立场,为受众正确理解新闻评论话语提供参考,并为中外报刊阅读和写作提供借鉴。王琦(2019)在《"一带一路"英文媒体中的中国企业形象——语料库辅助下的批评话语分析》一文中将语料库与批评话语分析相结合,通过对媒体话语进行文本描述性分析,从而对"一带一路"国家英语新闻自建语料库进行调查研究。

多模态话语分析。多模态话语是综合运用听觉、视觉、触觉等多种感觉,通过语言、图像、声音、动作等多种符号资源进行交际的现象,"多模态话语分析(multimodal discourse analysis)是对交际符号的多种模态之间的关系以及它们所构成的整体意义及其特征和功能的分析"。① 运用多模态话语进行分析的意义在于可以将语言和其他相关意义资源整合起来,不仅可以研究语言系统在意义交换过程中所发挥的作用,而且可以分析诸如图像、音乐、颜色等其他符号系统所产生的效果,从而使话语意义的解读更加全面、准确。目前多模态话语分析方法多用于研究电视节目、电影、广告、新闻报道、翻译、宣传片、纪录片等,同时在功能语言学与语篇分析中运用也较多。

多模态话语分析于20世纪90年代在西方兴起,推动了话语分析理论的发展和研究方法的完善,其主要理论背景是韩礼德提出的系统功能语言学。约瑟夫(2020)在 *The Falklands/Malvinas War taken to the Wikipedia Realm:A Multimodal Discourse Analysis of Cross-lingual Violations of the Neutral Point of View* 一文中运用多模态话语分析方法从福克兰—马尔维纳斯战争的英语和西班牙语维基百科条目中选取视觉和文本数据进行研究。在我国,学者对多模态话语分析的研究首先是从对国外理论的引入开始的,首次将多模态话语理论引入国内的是南京国际关系学院的李战子教授,2003年在其《多模式话

---

① 代树兰:《多模态话语研究——电视访谈的多模态话语特征》,上海外语教育出版社2015年版,第76—78页。

语的社会符号学分析》一文中详细介绍了克瑞斯和勒文(1996)所构架的视觉语法,对语言系统和语义结构本身及其与社会文化和心理认知之间的关系进行研究。随后,胡壮麟(2007)、朱永生(2007)、张德禄(2009)等多名学者对多模态话语研究的理论基础、研究路径和现实意义进行了评介,上述研究对于推动国内多模态话语研究起到宏观指导作用。近年来,我国学界在多模态话语研究层面取得较大进展,但主要是应用型研究,最常见的是将"视觉语法"运用到特定语类、语篇分析中,如倪聪、周桐(2020)在《多模态话语分析视角下的时政新闻英译研究》一文中以张德禄的多模态话语分析层次为基础,以《中国日报》双语新闻文章为研究对象,探讨时政新闻的英译技巧和策略;陈倩(2020)在《〈冰雪奇缘〉中多模态话语的意义建构分析》一文中根据视觉语法理论,从再现意义、互动意义和构图意义分别进行分析,探究文本中图像如何表达意义。

综合上述文献来看,话语分析方法虽然兴起于国外,但国内相关研究近年来也逐步升温,目前学者们较多运用批评话语分析法和多模态话语分析法在多个学科领域开展话语研究,这也给本研究提供诸多启示和借鉴。在本研究开展过程中,将综合运用梵·迪克话语分析法、费尔克拉夫三维度话语分析法以及20世纪90年代兴起的多模态话语分析法进行研究,以丰富话语分析方法的多样性以及吸收话语分析的新方法。

(四)关于新型主流媒体的相关研究

主流媒体(mainstream media)是一个舶来词,这一概念最早是由美国麻省理工学院语言学家乔姆斯基教授提出,他认为主流媒体又叫"精英媒体"或"议程设定媒体",在西方如《纽约时报》、《泰晤士报》、哥伦比亚广播公司等媒体都被称为主流媒体。林辉等(2010)在《中国主流媒体与主流价值观之构建》一文中指出,主流媒体是面向社会主流人群的媒体,但在转型期随着中国社会结构的分化,导致占社会多数的主体人群、引领时尚的主流消费人群和引导舆论的社会精英之间在一定程度上出现"断裂",我们应积极寻求针对性的变革路径来构建中国主流媒体,支持当代中国社会主义主流价值观的树立。我国新型主流媒体相关研究自2014年开始,同时该年也是媒介融合元年,2019年出现大量相关研究,仅2019年就高达187篇,中文环比增长率450%。如图9所示。

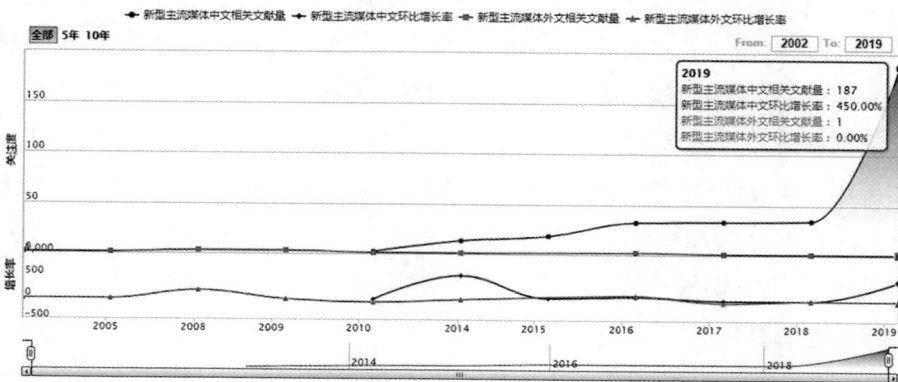

图 9　新型主流媒体近年来学术关注度

1. 新型主流媒体的界定研究

现阶段学界有关"新型主流媒体"的定义较多,并未形成统一定论,相关定义可归纳为如下四种:

第一,侧重于技术层面的"新型"。技术对于新型主流媒体的建设尤为重要,很多文献都集中于互联网技术层面的研究,石长顺、梁媛媛(2015)在《互联网思维下的新型主流媒体建构》一文中,指出新型主流媒体是指以互联网思维为指导的新型传媒主体,其主体价值取向是服务用户,其技术运作理念是产品迭代,并且以开放平台作为功能转型;曲波等(2014)在《如何建设新型主流媒体》一文中指出,互联网的出现让原先的传媒语境生态发生巨变,各媒体必须要树立互联网思维,深度探究当前信息传播规律。从上述文献可以看出,学者们认为新型主流媒体在技术层面的更新迭代应是基于互联网思维之上的转型升级。

第二,侧重于新时代的媒体责任。主流媒体肩负着自身所独有的媒体责任,在新媒体时代下这种责任更加重大,喻国明等(2016)在《"一带一路"场景下的新型主流媒体传播策略》一文中指出,对于新型主流媒体定义的界定应基于以下两个依据:一是传播方式与内容制作必须具有创新性;二是媒体应注重社会发展所面临的核心问题,特别是通过设置话题进行舆论引导。蔡雯(2020)在《5G 时代新型主流媒体的机遇与责任》一文中指出,5G 时代新型主流媒体应该在"固本"的基础上寻求"创新",要担负起探寻真相、引导舆论、服务社会的责任;加快建设自主平台,突破现有的平台垄断;积极拓展媒体职能,借智库建设提升专业新闻的品质和服务;在积极拥抱新技术的同时坚持正确的价值观和技术理性,重塑主流媒体的公信力和影响力。由此,在新媒体时代下,舆论引导一直是主流媒体的主要职能,要积极通过新的渠道和方式,使主流媒体发挥自身功用和承担媒体责任。

第三,侧重于新型主流媒体的建设重点。在传统媒体向新型主流媒体转型过程中,需要探究新型主流媒体的建设重点,因此,学者们纷纷从建设的目标、路径与措施等方面对新型主流媒体进行界定。如郭致杰等(2020)指出:"新型主流媒体是指中国传统主流媒体在媒介环境与舆论生态发生深刻转变与重构的形势下,遵循媒体融合的战略理念、新闻传播与新兴媒体的发展规律,运用互联网思维与媒介技术,创新传播方式与手段,打造立体多样的现代全媒体传播体系。"①同时,马雯(2018)在《论融媒时代传统主流媒体话语权再构建》一文中认为,主流媒体作为思想文化宣传的第一阵地,必须要懂得使用互联网新媒体手段,否则在新的机遇与挑战面前将难以得到长远发展。梁国典等(2019)认为,建设好新型主流媒体需要牢牢把握意识形态斗争的主阵地。

第四,侧重于新型主流媒体建构方式的探讨。肖叶飞(2020)在《新型主流媒体的基本特征、构建路径与价值实现》一文中指出,新型主流媒体在媒体形态、内容形式、平台渠道、终端效果等方面都呈现出自己的特征,可以通过媒体融合、渠道融合、平台融合、终端融合,借助"四力"占领舆论的制高点,传播正能量,弘扬主旋律。马持节等(2019)指出:"融合是新型主流媒体的内在特质和建成新型主流媒体的必由之路,传播力、引导力、影响力、公信力是新型主流媒体的基本效能。"②

2. 新型主流媒体的功能研究

新型主流媒体的功能研究也是目前学界研究的重点,从话语传播的角度而言,新型主流媒体的功能在不同层面有着不同的体现,一方面,在对内传播过程中,新型主流媒体要传播好党和政府的声音,反映受众诉求,解决社会问

---

① 郭致杰、王灿发:《媒体融合背景下新型主流媒体宏观社会功能与效用探讨》,《新闻爱好者》2020 年第 2 期。
② 马持节:《构建新型主流媒体的多维阐释》,《中国社会科学报》2019 年 4 月 26 日。

题,引领正确价值观和舆论导向;另一方面,在对外传播过程中,新型主流媒体要树立良好的国家形象以及新时代主流媒体形象,提高国际话语传播力、影响力与竞争力。

第一,对内传播中的新型主流媒体功能。从目前研究文献来看,在新型主流媒体建设过程中,其舆论引导的能力和传播主流价值的能力受到学界较多关注。如郭致杰等(2020)在《媒体融合背景下新型主流媒体宏观社会功能与效用探讨》一文中认为,新型主流媒体具有传播主流价值、引导主流舆论、化解危机事件这三大功能。另外,由于目前年轻受众群体在网络群体中占据重要地位,新型主流媒体如何在复杂多样的媒介生态中获取年轻人的注意力也是学界关注的重点。赵仪等(2020)在《新媒体时代新型主流媒体的发展路径》一文中指出,主流媒体已经开始在不同方面尝试与年轻人的思维进行接轨,通过改变以往正式刻板的叙事方式,采用年轻人乐于接受的话语方式和表达习惯,拉近与年轻群体的距离。

第二,对外传播中的新型主流媒体功能。结合设定的传播目标来看,为更好地推进国际传播能力建设,新型主流媒体需要通过构建多元化受众参与机制、探索易于融入的文化元素、打造更接地气的内容服务、创建更广泛的传播路径等方式提升传播实际效能。如喻国明等(2016)在《"一带一路"场景下的新型主流媒体传播策略》中认为,新型主流媒体担负着引导世界人民更加客观地认识当代中国、为"一带一路"建设营造良好舆论氛围的重要职责。郭致杰等(2020)认为,在国际传播格局与中国社会发生深刻变革的环境下,新型主流媒体在国家治理体系中肩负着捍卫国家意识形态安全、引导正确舆论导向、构建国家良好形象、提高国际话语竞争力的重要职责与神圣使命。王虎、陈小萍(2020)指出:"十九届四中全会提出的构建全媒体传播体系的战略目标,为推动国际一流新型主流媒体建设打开了更大的想象空间。"①

3. 新型主流媒体的话语权构建研究

新媒体时代的到来意味着主流媒体的发展进入了新的历史阶段,媒体格

① 王虎、陈小萍:《全媒体传播视域下国际一流新型主流媒体建设》,《电视研究》2020 年第1 期。

局和舆论生态都面临着变革，打造一批具有强大传播力、引导力、影响力、公信力的新型主流媒体显得尤为重要，在这一过程中新型主流媒体的实践建构研究及价值实现较为重要。目前学界虽然缺乏对新型主流媒体话语体系深入且全面的研究，但是已有众多关于主流媒体话语权构建方式的探讨。

第一，基于新媒体生态视角关于新型主流媒体话语权构建的研究。媒体格局的全面调整，再加上新媒体技术的迅速发展，导致传统主流媒体无论是传播内容还是传播方式都出现重大变化，因传播技术的日益变革使得媒体原本存在的界限也逐渐消失，这让传统主流媒体的主导地位大受影响。现阶段学术界有关新媒体生态下的新型主流媒体话语权构建的代表性研究成果有：曲波等（2014）在《如何建设新型主流媒体》一文中指出，互联网的出现让原先的传媒语境生态发生巨变，各媒体必须要树立互联网思维，深度探究当前的信息传播规律，同时和网络媒体形成一种互补关系，只有这样才能顺应时代发展。马雯（2018）在《论融媒时代传统主流媒体话语权再构建》一文中指出，主流媒体作为思想文化宣传的第一阵地，必须要懂得使用互联网等新媒体手段，否则在新的机遇与挑战面前将难以得到长远发展。

第二，基于全球传播视角关于我国主流媒体国际话语权构建的研究。随着我国国际地位的不断提高，应进一步提升我国主流媒体在国际信息传播中的传播质量与传播效果，并构建起与我国国际实力相匹配的话语权。国内学术界有关这一问题的代表性研究成果如下：郭晓科、李希光等（2012）在《主流媒体的国际传播力及提升路径》一文中指出，当前我国主流媒体在面对国外媒体的话语权竞争中必须着手改善自身的框架与议程设置能力，注重通过权威信源来促进自身公信力的提升，注重通过公共外交手段来增强自身的对外交流合作。罗先勇（2019）等在《构建国际传播话语体系新内涵》一文中指出，我国主流媒体必须严格遵循国际传播规律，紧密围绕马克思主义新闻观开展各项实践活动，始终坚持精英话语的理论支撑和主流话语的政治领袖地位，以大众话语作为传播技术逐步形成得到各国认可的传播话语体系，增强自身国际传播话语权。

第三，有关主流媒体传播力、引导力、影响力、公信力等研究成果。构建话语体系，其目的在于进一步提升我国媒体的传播力、引导力、影响力、公信力，国内相关研究成果众多，可大致将其中代表性研究成果归纳如下：武楠

(2018)在《新时代主流媒体的"四力"构建》一文中指出,在构建新时代主流媒体的传播力、引导力、影响力、公信力时,必须始终牢牢把控意识形态的领导权并坚持正确的政治方向,不断强化媒体自身文化建设,注重新闻舆论人才培育工作,拓宽公共性内容渠道。蔡鹏飞等(2020)在《坚持提高新闻舆论传播力引导力影响力公信力》一文中认为,提高新闻舆论传播力、引导力、影响力、公信力是我们做好新形势下党的新闻舆论工作科学的方法论,是打开新局面、实现新突破的重要法宝。

综上所述,新型主流媒体不仅具备传统主流媒体的特征,包括公共性、权威性、关注重大问题、发挥重要影响等,同时还具备形态多样化、注重互联网思维与用户观念、强调双向沟通性等特征。整体而言,随着新媒体的全面迭代以及自媒体的崛起,传统媒体的优势逐渐弱化,在如今的新传播环境中对于主流媒体的研究必须突出"新型"二字,如何在新传播环境中建构起新型主流媒体话语体系,以此来增强该媒体的传播力、引导力、影响力以及公信力正逐步成为学术界关注的重点。

(五)关于媒介融合的相关研究

推动媒介融合发展是巩固宣传思想文化阵地、壮大主流思想舆论的战略举措,2019年1月25日,中共中央政治局在人民日报社就全媒体时代和媒体融合发展举行第十二次集体学习,习近平总书记强调:"要运用信息革命成果,推动媒体融合向纵深发展,做大做强主流舆论。"①。经查阅相关文献后发现,截至2020年6月,与媒介融合直接相关的文献有7744篇,与传统媒体相关的文献有925篇,与全媒体时代相关的文献有205篇,与融媒体相关的文献有290篇。总体来说,媒介融合的研究与传统媒体、新媒体、全媒体时代、融媒体等研究密切相关。

1. 媒介融合的概念研究

媒介融合是学界与业界经常讨论和不断探索的热门话题,关于媒介融合的定义存在多种解释,但无论哪种定义,其落脚之处都在于媒体形态的革新与转变。1983年,美国学者普尔最早提出媒介融合的概念,他认为媒介融合就

① 新华网:《习近平:推动媒体融合向纵深发展 巩固全党全国人民共同思想基础》,2019年1月25日,见:http://www.xinhuanet.com/politics/leaders/2019-01/25/c_1124044208.htm。

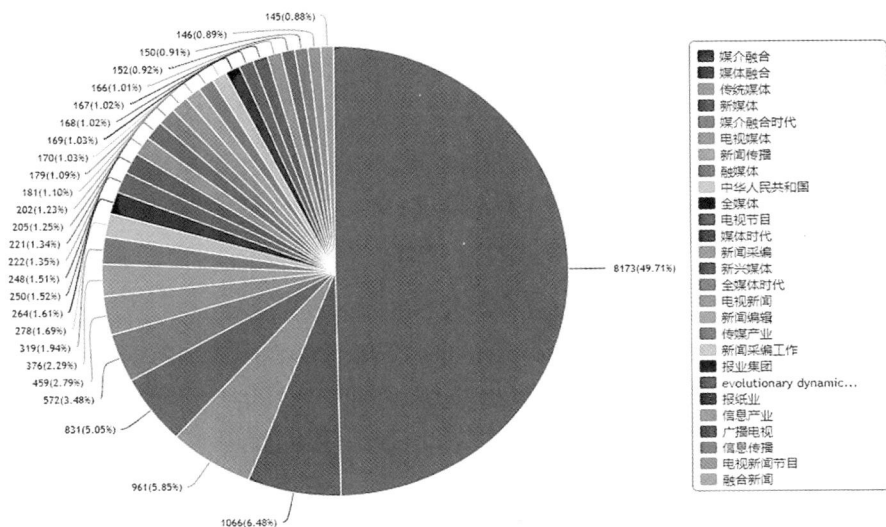

图 10　媒介融合相关研究文献占比图

是多种媒介呈现出一体化发展的趋势。我国学者喻国明（2009）认为，媒介融合是指报刊、广播电视、互联网以信息技术为中介，以卫星、电缆、计算机技术等为传输手段，使各种信息在同一平台上得到整合，这样可以使得不同形式的媒介彼此之间的互换性与互联性得到加强，媒介一体化趋势日趋明显。丁柏铨（2011）认为，媒介融合是由新媒体及其他相关因素所促成的媒介之间在诸多方面相交融的状态。李良荣（2014）认为，媒体融合是指各种媒体形态的边界逐渐消融、多功能复合型媒体逐渐占据优势的过程和趋势，它是一种全方位、深层次的融合。杨健文（2014）认为，媒介融合实际就是媒介格局变化的过程，由于信息技术的快速发展使得新媒体与传统媒体相互碰撞与融合，也迫使新闻从业人员提高自身素质和业务水平以适应新媒体的要求。

　　2. 媒介融合的研究重点

　　韦路等（2019）在《媒体融合的定义、层面与研究议题》一文中指出，媒体融合是人类传播活动诸要素内部界限模糊的一种状态，这些要素包括技术、经济、主体、内容、规范等，这一定义强调了媒体融合的若干基本特征，包括多层面、多视角、界限模糊和不断变化等。目前，技术、经济、主体、内容、平台等层面的融合是我国学界在探讨媒介融合时所关注的重点。

　　第一,技术层面的融合。技术不仅是媒体融合的核心动力,也是媒体融合的首要体现。韦路等在(2019)《媒体融合的定义、层面与研究议题》一文中指出,推动媒体融合的核心技术是数字技术,在这一过程中设备融合较为重要,设备融合包括两层含义,一是原来功能单一的设备变得功能越来越多样,相互之间越来越相似,例如手机、电视也开始具备电脑的某些功能;二是不同设备之间的信息共享和互动成为可能,如在云技术推动下,手机、电脑、平板和电视之间能够更加便捷地共享内容。李玲等(2020)在《5G 技术在媒体融合发展中的应用》一文中指出,5G 技术推动媒体渠道多样化,推动媒体内容生产数据化、智能化,并使得用户产品体验更加优化。赵子忠等(2020)在《新媒体技术在县级媒体融合中的应用》一文中指出,技术既催生了新媒体的诞生,也影响着其走向,甚至直接决定了媒体的未来能走多远,技术创新已成为媒介融合的重要驱动力,从内容创作到内容生产,再到内容分发,技术创新贯穿了整个媒体的产业链。

　　第二,经济层面的融合。经济层面的融合主要包括企业融合和产业融合两个方面。企业融合又称组织融合或结构融合,是指传媒企业内部的战略融合,通过内部结构和资源重组,实现融合式的内容生产、推广和经营。产业融合又称市场融合,是指原本泾渭分明的媒介形态包括报纸、广播或电视等,逐渐消除界限呈现出融合发展的态势。史莉等(2019)在《媒体融合的经济学分析》一文中指出,媒体融合为发展媒体产业带来了新的机遇。唐俊等(2020)在《范围经济视角下的媒体融合与重塑》一文中指出,媒体融合时代传媒运营战略正从以规模经济为主导转向以范围经济为主导,信息产品、分发平台的多样化发展和联合化生产为实现范围经济提供了条件,在媒介融合过程中实现范围经济的方式主要有横向一体化、纵向一体化及混合多元化,分别具有跨媒体、跨层级和跨行业等特征。王阳等(2019)在《探讨产业经济与新媒体融合发展》一文中指出,产业经济与新媒体的融合,可有效促进产业经济体系的完善,产业经济作为覆盖领域较广的经济形态,其发展需保持与时俱进。

　　第三,主体层面的融合。韦路等(2019)在《媒体融合的定义、层面与研究议题》一文中指出,在传播主体层面,媒介融合主要表现为生产者内部、消费者内部、生产者和消费者之间这三个方面的融合,生产者和消费者、传者和受者、专业者和业余者的界限被打破,社会关系也由此而被重构。丁铂铨等

(2019)在《论媒体融合的主体》一文中指出,在媒介融合过程中存在着"双主体",即传统媒体和新兴媒体均为主体,作为双主体,新兴媒体和传统媒体优势互补、共同发力,双方由此得益。梁晨等(2017)在《媒体融合中的新型传播主体角色探析》一文中,在媒体融合时代,传播主体的身份和职能迭代速度加快,变得更加多元和丰富,导致传播主体和客体关系的变化,因此传播主体需要具备更强的信息制造能力和传播渠道的建设、使用能力,还要具备更强的环境控制影响能力和收集分析效果的手段。

第四,内容层面的融合。随着技术不断发展和媒体融合的不断推进,内容融合是人们最易感知的层面,媒体需要树立"内容+"的思维,这是对"内容为王"思维的迭代升级。姚阔等(2020)在《媒体融合新思维下的"内容+为王"解析》一文中指出,随着互联网技术的全覆盖,媒体行业在网络渠道的挖掘、产品的推陈出新等方面不断增强,"内容+为王"思维强调将信息进行共享,以便在新的互联网时代下寻求内容的互联与互动,这是新媒体在"内容+"思维下的必然选择,也是媒体发展的方向和潮流。宋守山等(2019)在《从内容呈现到价值链接:媒体融合新阶段的逻辑转向》一文中认为,在内容的呈现形态方面,通过新闻产品呈现形态以及表达语态的改变来提高媒体内容吸引力,成为媒体在新闻报道中的常态。田维钢等(2018)在《媒体融合中的视频内容创新策略》一文中认为,视听媒体产业要实现纵横向突破发展,必须调动受众的深层核心诉求,注重视频情绪传播,充实内容话题设计,提升用户交互体验。

第五,平台层面的融合。平台方面的融合可以表现为媒体平台化的转变。宋建武(2018)在《媒体深度融合:平台化、移动化、智能化》一文中指出,互联网发展的趋势是平台化,对于主流媒体而言,要拥有舆论的主导权,就必须拥有平台并且整合资源,只有建立数据平台,才可以支持信息在平台上进行多渠道集聚、多渠道发布,从而进行媒体深度融合。金雪涛等(2015)在《平台化战略——传统媒体融合之路》一文中指出,平台化战略是传统媒体实现融合、满足多元化需求、提升自身竞争力的基础,为了实现平台化战略,传统媒体应与新兴媒体平台交互合作,不断创新研发并扩展子平台、调动各类群体积极性。杨斌艳(2019)在《媒体融合中的平台与媒体:不可回避的真问题》一文中认为,平台是吸引用户注意力的有效手段,应重点打造平台内容以更好地推进媒体融合。

综上所述,以习近平总书记为核心的党中央高度重视媒介融合发展,从国家层面支持并推动我国媒介融合进程,支持传统媒体与新媒体的融合发展。在近年来的媒介融合实践中,我国媒介融合不断创新,并不断走向成熟,不管是技术、平台还是内容等都取得较大进展。对媒介融合的相关研究也逐步成为学界关注的热点,尤其是 2015 年以来媒介融合研究议题中的"融媒体""网络直播""跨界融合"等新概念、新现象引起学界业界广泛关注,上述相关研究为本研究提供诸多技术与平台层面的相关思考。

（六）关于媒介话语影响力的相关研究

1. 影响力研究

就影响力本身的定义来看,20 世纪 80 年代,美国学者罗伯特·西奥迪尼在《影响力》一书中第一次提出影响力的概念,该书诠释了 6 个影响力原理:互惠、承诺一致、社会认同、喜好、权威、短缺,并从市场营销和社会心理学的角度列举了大量鲜活生动的案例证明了影响力的存在。帕特森等人在《影响力2》一书中指出个人动机、个人能力、社会动机、社会能力、组织动机和组织能力是影响力的六个来源,并指出行为是影响力发挥作用的支柱。李德民（1997）在《非正式组织和非权力性影响力》中指出,影响力是指一个人在与他人交往的过程中,影响和改变他人心理行为的一种能力。1998 年出版的《文化学词典》中,将影响力定义为文化活动者以一种自己所喜爱的方式左右他人行为的能力。喻国明（2003）在《关于传媒影响力的诠释——对传媒产业本质的探讨》中指出,影响力是一种控制能力,这种控制能力表现为影响力的发出者对于影响力的收受者在其认知、倾向、意见、态度和信仰以及外表行为等方面的控制作用。

就影响力研究领域来看,"影响力"的应用范围十分广泛,其内容涉及政治学、经济学、金融学、教育学、法学、文化学、新闻传播学等。如李德明（1997）的《非正式组织和非权力性影响力》、李正国（2006）的《国家形象建构:政治传播及媒体影响力》、宋则等（2010）的《流通业影响力与制造业结构调整》、尹嘉慧（2014）的《能源消费结构对我国能源安全影响力研究》、何平等（2010）的《信用评级在中国债券市场的影响力》、借伟（2020）的《职业教育口碑品牌的影响力》、邹建华（2019）的《把案件办出影响力》、左晓娜（2011）的《微博的传播机制及影响力研究》、吴信东等（2014）的《在线社交网络影响力分析》等。一直以来,学者和业界对于影响力的研究十分关注,本书主要从新闻与传播的角度来对媒介影响力进行相关研究。

2. 媒介影响力研究

媒介影响力一直以来受到学界和业界的关注,在中国知网以"media influence"为主题词进行检索发现,国外对于媒介影响力的学术研究从 1959 年开始,之后关于媒介影响力的研究文章逐年递增,相关研究共有 3329 篇。由此可见,经过几十年的发展,媒介影响力俨然已经成为当前学界关注的热点。在国内,学界和业界关于媒介影响力的研究自 1999 年开始,以"媒介影响力"为主题词,相关研究共有 228 篇。虽然我国学者对于媒介影响力关注度逐年上升,但是相比于国外,国内的相关研究数量总体仍然较少。

在媒介影响力的研究领域方面,随着媒介技术和媒介的发展,媒介影响力的研究主体从以报纸、广播、电视等传统媒体为主,扩展到微博、微信、手机媒体、自媒体、社交媒体、网络媒体等新媒体领域,目前学界相关研究分为宏观和微观两个方面。首先,关于宏观层面的研究,主要从媒介整体影响力而言,如华文(2003)的《媒介影响力的经济探讨》、张立伟(2004)的《论增强主流媒体的影响力》、蔡雯等(2004)的《集中优势资源打造主流媒体影响力》、丁柏铨(2010)的《论新闻传媒对受众的影响力》、强月新(2016)的《当前我国主流媒体影响力的调研与分析》、苏迅(2017)的《互联网时代如何增强主流媒体影响力》等。其次,关于微观层面的研究,主要以某一类媒介的影响力为研究对象。如钟以谦(1999)的《电视观众哪儿去了——对我国电视媒体影响力的认识》、林振辉(2007)的《手机媒体化对媒体影响力格局的影响》、喻国明(2007)等的《报纸仍然是最有影响力的媒介——基于中国首次传媒公信力全国性调查的报告》、任景华(2008)的《关于网络影响力的若干思考》、王琰(2008)的《新生态下电视影响力变化》、廖旭东(2009)的《自媒体影响力分析》、张玲玲等(2012)的《微博的媒体影响力研究》、戴元初(2017)的《新闻短视频:电视媒体影响力转移的最佳接口》等。

3. 媒介话语影响力研究

上述我国学者对于媒介影响力的相关研究有诸多成果,其内容涉及不同媒介环境下的媒介和不同类型的媒介等,对媒介影响力相关文献的参考梳理有利于接下来对媒介话语影响力进行探讨研究。近年来我国学者对于媒介话

语影响力也较为关注,虽然目前相关理论文献不多,但对于研究媒介话语影响力有着很大的参考意义。目前已有主要相关文献如下:

李富健(2015)在《自媒体意见领袖话语权获得与影响力计算方法研究》和《微博意见领袖话语影响力计算方法研究——基于区间直觉模糊理论》一文中,将自媒体意见领袖话语权获得过程分为创建账号(获取自媒体话语权的基础与前提)、基本信息录入(包括个人昵称、头像、个性简介、平台页面设计等指标)、发布信息(原创与转发)、参与互动(主要包括浏览他人信息,分享自媒体乐趣,提出或回答问题等形式,可以用主动转发次数、主动评论次数、主动点赞次数来衡量互动活跃度)、扩展关系(可以让自媒体获得更大的展示自我的平台,平台的大小可以用粉丝量、粉丝质量等粉丝属性来衡量)五个环节。

何建民(2017)在《社交网络用户话语影响力价值分形维度量方法》中指出,在社交网络上,网络用户形成的社交关系是一种社会关系网络,用户的社会资本资源主要是用户的网络话语权及其影响力。根据社会资本资源的价值理论、权力、声望、财富维度可作为评测网络用户话语影响力价值的维度指标。针对网络用户,可利用其在网上的领域地位、言论质量和有用性感知以及其与社会关系互动等方面,获得决定用户话语影响力及其价值的因素。

王璟璇等(2020)在《"一带一路"——对外传播话语体系建构初探》一文中指出,"一带一路"对外传播话语体系应该包括话语权、话语要义、话语传播媒介、话语传播方式、话语影响力五个可信要素。其中话语权是"谁来说、为什么说、对谁说",解决话语传播的初衷和目的:话语要义是"说什么",是话语体系的内容基石,重在理清话语表述的核心内容,明确国际发声原则及议题设置方法;话语传播媒介是"通过什么渠道/媒介说",需要研究话语更广泛传播的工具;话语传播方式是"在什么情况下说",研究话语输出的场合与形式;话语影响力是"取得什么效果",是用来综合评价话语传播是否成功的重要标尺。

(七)关于媒介话语影响力评价方式的研究

1.媒介影响力评价方式

我国学者对媒介影响力评价方式的研究比较充分,很多学界和业界专家都对建构媒介影响力评价体系进行了探索与尝试,形成了相应的媒介影响力评价指数体系,随着传播技术和媒介的不断发展,我国学者对于媒介影响力的评价指标体系也相应发生变化,大体可分为宏观和微观的评价方式。首先,宏观层面媒介影响力评价方式的相关文献主要有:何春晖(2006)的《媒体影响力的量化指标》、郑丽勇(2010)的《媒介影响力评价指标体系研究》、郑丹妮(2011)的《党的主流媒体影响力问题研究》、喻国明(2011)的《媒介品牌形象及影响力指数的设计与分析》等。其次,微观层面媒介影响力评价方式的相关文献主要有:赵彦华(2004)的《报纸市场评价指标体系研究》、亢升(2007)的《网络媒体市场影响力评价的路径和方法探讨——以国内四大中文门户网站为例》、郑方辉(2007)的《网络媒体频道影响力评价的实证研究》、杨长春(2014)的《微博意见领袖影响力评价指标体系研究》、李闻(2017)的《社交媒体影响力评价指标体系的构建》、张思怡(2019)的《微信公众号影响力指数建构与量化评估》、林兵书(2019)的《新媒体影响力再解读与评鉴——以微信公众平台为例》等。

我国学界和业界对于媒介影响力评价方式(评价指标)的相关研究很多,其中比较典型的评价方式主要有以下几种:

华文(2003)在《媒介影响力经济探析》一文中提出了媒介具有市场影响力的六项评价标准:一是受众规模标准;二是质量标准:质量标准包含媒介或媒体所传播的内容具有较高的质量,能够达到好的传播效果,即社会效益质量标准以及媒体所拥有的受众,在质量上是社会行动能力最强的一群人;三是传播效果标准;四是媒介经济实力标准:是指媒介的经营资本状况和媒介对竞争资源占有比例的大小;五是科技实力标准;六是可持续发展标准(主要评估媒体的发展潜力以及媒介影响力的持续性)。

赵彦华(2004)在《媒介市场评价研究——理论、方法与指标体系》中指出,媒介影响力的评估指标体系可以分为三个层面共二十个要素,分别是:一、基础层:包括媒介的形象、文化、理念、价值、创新、特色、人才和信息,主要作用是为媒介影响力的形成提供基础和保障。二、载体层:包括结构、机制、规模、战略、品牌、关系和制度,主要作用是为媒介影响力平台的形成与作用发挥提供"支撑"。三、转换层:包括贴近、质量、成本、营销、技术和能力,主要作用是把媒介的影响力实化或物化。

何春晖(2006)在《媒体影响力的量化指标》一文中提出了媒介影响力评价指标体系,将媒介影响力的评估指标分为四部分:第一部分是媒体对内部公众影响力的量化指标;第二部分是媒体对外部公众影响力的量化指标;第三部分是媒体对广告主的影响力的量化指标;第四部分是媒体对同行、学术界的影响力的量化指标。

亢升(2007)在《网络媒体市场影响力评价的路径和方法探讨——以国内四大中文门户网站为例》一文中根据评价的对象、范围、目标和方法,认为网络媒体市场影响力评价指标体系由用户规模(流量、访问量)、用户使用(接触时长、单次浏览时长、单周浏览频次)、信息内容(信息广度、信息深度、可读性、原创性、权威性、更新速度)、使用服务(版面效果、网站的层次结构、导航效果、信息易查性、与用户互动性)、技术支持(速度、被链接率、链接有效率)五大指标组成。

郑丽勇等(2010)在《媒介影响力评价指标体系研究》一文中,将媒体影响力分解为四个维度即广度、深度、强度和效度,强调媒介影响力指数是由广度因子(发行量、阅读率、转阅率、收视率、收听率、点击率)、深度因子(平均阅读时间、平均收视时间、平均上网时间)、强度因子(需求满足水平、内容质量感知、媒介品牌形象、媒介品牌体验、品牌忠诚度)、效度因子(决策力、消费力、二次传播力)按不同权重赋值后相加的结果。其在《媒介影响力乘法指数及其效度分析》一文中,将强度因子和效度因子改成信度因子和高度因子,并将其改为乘法模型。这两篇文章发表之后,得到了国内学者的广泛认同,不论是下载率还是被引频次都高于前人及同类研究的指标,主要原因就在于其着眼于基础研究,以社会影响力为主要导向,指标设计相对清晰、可行,并且平衡了定性研究与定量研究的比重。

喻国明(2011)在《媒介品牌形象及影响力指数的设计与分析》一文中,将影响力指标归为自身软实力(影响范围、社会责任、网络传播力、创新力)、其他媒体(曝光率、美誉度、信任度)、一般网民(知名度、美誉度、信任度)、意见领袖(关注度、美誉度)、学界(知名度、美誉度)等方面。

杨长春(2014)在《微博意见领袖影响力评价指标体系研究》一文中,基于媒介影响力形成的接触、接受、保持和提升四个环节,构建了以广度因子、深度因子、强度因子和效度因子为主要维度的微博意见领袖影响力评价指标体系。

强月新(2016)在《当前我国主流媒体影响力的调研与分析》一文中认为,

当前学者们对影响力的内涵主要从三个方面进行建构:效果说(侧重媒体的传播效果)、方式说(侧重媒体如何产生影响)、综合说(综合概括了传播效果和传播过程),并提出媒体影响力乘法模型,即媒体影响力=用户接触频度×用户单次接触时长＊媒体内容的重要性＊媒体内容的价值导向。

张思怡(2019)在《微信公众号影响力指数建构与量化评估》一文中基于传播效果测量的设计,将活跃度、传播度、互动度和覆盖度作为一级指标,在此四个维度下,依次将发布指数、原创指数、阅读指数、转发指数、推荐指数、点赞指数、评论指数、收藏指数、用户指数等确定为二级指标,遵循由浅入深的多层次评估准则,运用线性合成法得出微信公众号影响力指数。

2. 媒介话语影响力评价方式

对于媒介话语影响力的评价是研究重点,通过对媒介影响力评价方式进行文献梳理,有助于增强对媒介话语影响力评价方式的思考,我国目前对于媒介话语影响力评价指标的相关研究较少,没有形成完整的体系,也没有为学界和业界广为认可的评价指数。目前关于媒介话语影响力评价方式的相关文献主要有:

李富健(2015)在《自媒体意见领袖话语权获得与影响力计算方法研究》和《微博意见领袖话语影响力计算方法研究——基于区间直觉模糊理论》文章中以区间直觉模糊理论为基础,通过意见领袖的话语转发、话语评论及话语点赞三大指标对意见领袖的话语影响力进行度量分析,构建意见领袖话语影响力度量模型,探索意见领袖话语影响力计算方法。何建民(2017)在《社交网络用户话语影响力价值分形维度量方法》一文中运用社会资本资源和分形维评价理论,以网络用户的领域权威(公众号的菜单名称、图文消息推送标题、账号中心及其功能介绍)、言论质量(平均点赞数、平均浏览量、平均用户转发量、平均公众号转发量)和互动参与(用户与公众号的互动频率、公众号回复用户的频率)三个测量维度构建话语影响力价值评价指标体系,根据网络用户的数据相似性及其特征数据属性,构建话语信息影响力价值分形维度量模型。通过设置评价方式可以评判媒介话语影响力的大小,从而评估媒介价值的实现程度,这是研究媒介话语影响的重点所在。在本书中笔者将以目前相关理论和实践为基础,试图形成本研究所适用的合理、科学、可行的媒介话语影响力评估模型。

三、研究方法与研究思路

(一)研究方法

本书使用的研究方法主要有个案分析法、问卷调查法、比较研究法等,希望通过这些方法来对当前我国新型主流媒体话语体系的建构进行深入且系统的研究,立足于全球视角提出我国主流媒体对内对外话语权建构以及国际传播力建构的具体建议与对策。

个案研究法。本书研究采用个案研究法对我国及国外具有典型性的主流媒体个案展开深入分析,具体包括中央电视台、《人民日报》《湖北日报》、上海东方传媒集团有限公司 SMG(以下简称"上海 SMG")、英国广播公司 BBC(以下简称"英国 BBC")、美国有线电视新闻网 CNN(以下简称"美国 CNN")等,希望通过对这些个案的分析与探究找出一般性传播规律,并摸清当前我国主流媒体的话语权现状,为后续提出有关我国新型主流媒体话语体系的构建对策提供重要参考。

问卷调查法。本书研究以《人民日报》《湖北日报》《恩施日报》等不同级别的主流媒体为研究样本,依托问卷调查的方式来对各媒体的话语影响力进行客观评估,具体问卷立足于新型主流媒体易读性、深度、广度、可信度、参与度等方面展开调查,同时分别选取各媒体具体报道案例,采用费尔克拉夫批评话语分析框架,并运用福柯、梵·迪克等话语分析法对各案例进行详细文本分析。

比较研究法。本研究通过对比分析国内外各媒体的话语权构建,并通过对不同行政级别媒体话语影响力进行比较分析,以及对不同媒介形态的话语影响力进行比较分析,对当前复杂多变的信息环境中我国新型主流媒体话语体系的构建途径进行全面探究。

(二)研究思路

本研究将基于数字新媒体对传统媒体的影响,全面调查研究当前新型主流媒体在话语体系构建过程中存在的问题和难点,通过对基本数据进行挖掘分析,深入思考在媒介融合发展趋势下新型主流媒体建构话语体系的有益思路,探讨新型主流媒体话语体系建构的方式与手段。拟围绕如何提升新型主流媒体的传播力、引导力、影响力、公信力等方面,研究建构和发展其话语体系,图 11 即为本次研究的整体框架:

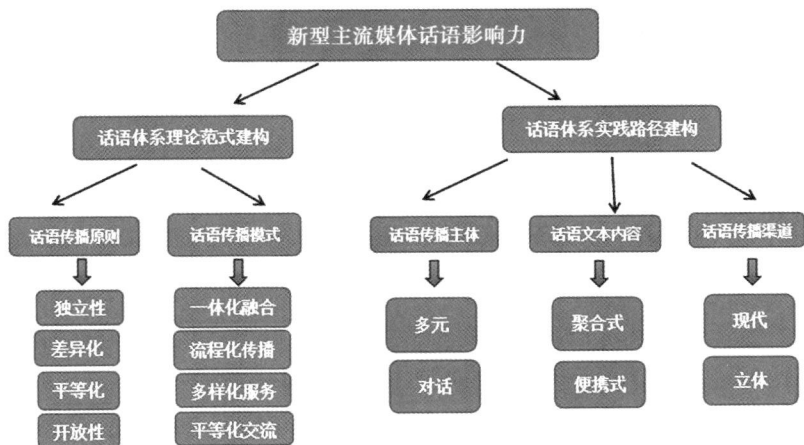

图 11　新型主流媒体话语体系构建思路图

结合以上研究思路,本书将通过规范分析法与实证分析法对当前我国新型主流媒体的话语体系构建现状进行深入探讨,利用专题研究全面分析我国主流媒体的话语传播理念、话语文本内容、话语传播主体、话语传播渠道等内容,并在此基础上综合分析当前我国新型主流媒体的话语体系建构路径。

首先是如何建立起新型主流媒体的话语传播理论体系与知识体系。在构建新型主流媒体的话语传播理论范式时,必须坚持话语差异原则、话语开放原则、话语独立原则和话语平等原则,应充分明确建立话语体系的目标,即旨在当前开放多元的媒介生态语境中,打破西方媒体垄断格局、消除信息传播时空限制、打破角色错位传播壁垒,营造出各媒体平等交流、多样服务、流程传播和一体融合的新格局,最终实现整合传播目标。

其次是如何具体实现新型主流媒体话语体系的建构。对于新型主流媒体话语体系的建构途径探索必须从话语传播渠道、话语文本内容、话语传播主体等多个方面着手。从话语传播主体上看,必须转变原先单一主体模式,形成多元传播主体格局;从话语文本内容上看,必须转变原先固定单一文本,向便携式聚合式文本方向发展;从话语传播渠道上看,必须重视多元话语平台建设工作,全面实现平台渠道之间的跨界对接,逐步建立起立体化、现代化传播渠道新格局。

第一章　新型主流媒体话语体系基本理论

　　2017年1月,时任中共中央政治局委员、中央书记处书记、中央宣传部部长刘奇葆在推进媒体深度融合工作座谈会上强调,我国要尽快打造出一支具有强大竞争力的新型主流媒体,以此来进一步促进我国新兴媒体与传统媒体的深度融合。习近平总书记在2019年1月中共中央政治局第十二次集体学习中提出要"不断提高我国主流媒体的传播力、引导力、影响力和公信力,促进媒体的融合发展"。随着传播生态的迅速变化,为了进一步推进我国新兴媒体和传统主流媒体的深度融合发展,关于如何建立起与新传播生态相适应的主流媒体话语体系成为社会各界关注的热点。

第一节　新型主流媒体概念的确立

一、主流媒体概念界定

　　"主流媒体"一词来自20世纪20年代的西方文献,这个概念有两种观点,一种是与"娱乐媒体"相对应的"精英媒体",另一种是与"小报媒体"相对应的有影响力的"严肃媒体",这两种观点虽然依托了不同的传播学理论,但最终表现的都是同一类媒体。在之后的百年间,随着大众媒体的发展,"主流媒体"的相关研究逐渐成为重要议题,其核心关注点是"设置新闻框架""议程设置""主导社会舆论""引导社会主流价值观"等。

　　在我国研究环境下,学界和业界对"主流媒体"的界定有一个演变的过程。其界定从早期研究中专门代表国外的主要媒体,发展为对国内某些媒体的泛称,再到新华社课题组2003年对我国"主流媒体"的官方界定,课题组将系列研究成果刊载于《中国记者》杂志,其中提出关于"主流媒体"界定的六条标准,在这一考量标准下,我国"主流媒体"一般被认为是具有相当规模和实力、传播社会主义价值观和意识形态、反映时代发展方向的媒体,例如中央级媒体(《人民日报》、新华社、中央广播电视总台等);区域性媒体(省级党报、电台、电视台的综合频道等);地市级媒体(各大中城市级党报、电台、电视台的综合频道等)。

二、新型主流媒体概念界定

"新型"是指新的类型,"主流媒体"又叫"精英媒体",是指在社会范围内传递主流意识与价值并引领社会发展方向的官方权威性媒体。就其背景和原因而言,随着互联网通信技术的发展,媒体技术改革正在逐步重塑媒体环境,传统媒体将不能满足未来用户和受众对媒体的需求,传统媒体不断受到新媒体冲击导致话语权削弱,新媒体的发展带来了媒介环境的巨大变化。对于受众而言,需要能够提供方向指导的媒体,新媒体相较传统媒体而言缺乏可信度,产品内容缺乏深度和高度,需要构建起与传统主流媒体相结合的新型主流媒体。

新型主流媒体与传统意义上的主流媒体之间存在异同,相似之处在于媒体的主流地位不变,社会功能不变,它们往往具有一定的规模和相当的实力,代表着官方传递着主流声音。不同之处则在于新型主流媒体在互联网热潮背景下,需要从观念到技术手段、从内容到渠道等方面进行变革。新型主流媒体除了具备传统媒体的"四力"之外,还必须具备新媒体的技术手段,新型主流媒体不仅需要统一"新"与"主流媒体",还必须协同"技术"和"内容"并趋发展。总之,新型主流媒体必须具备主流媒体的特征,即着眼重大问题、强化堡垒作用、凸显权威地位、获取党政机构支持等,但新型主流媒体更加注重强调互联网思维和用户的概念,其形式更加多样化,打破了过去主流媒体凭借国家权力所享有的高地位,也具备在内容和渠道两个方向上进行沟通的能力。因此,本书将新型主流媒体定义为:具有一定的规模、在社会环境的信息传播和舆论引导中发挥着重要作用,传播主流价值观以反映时代潮流,具有先进的手段、多样的形式以及强大传播力和竞争力的媒体。

新型主流媒体应该具有以下特点:第一,新型主流媒体应具有相当规模和实力,足以支撑新闻传播活动。在当下移动互联时代,随着用户的规模指数增长,用户的多样需求增加,以报纸、广播、电视为主的传统媒体在传播方式和传播时效等方面存在局限,难以适应快速便携的媒体环境。为了使媒体更好地适应新媒体生态,新型主流媒体必须整合新媒体和传统媒体资源,形成以"去中心化"为主要特征的新传播系统。此外由于新闻在信息生产和传播中占据着重要作用,媒体组织为了满足受众的新闻需求,就必须从新闻生产与供给出发即从媒介规模和内容出发,加大建设投入,以具备相当规模和实力。具体而言需要从以下两方面着力。

首先,媒介组织规模化。新型主流媒体相较于传统主流媒体,之所以被称为"新型"主流媒体,并非简单的技术先进,而是与传统主流媒体相比,有着更大的媒介规模以及传播内容的多样性。Web2.0时代是个人被激活时代,受众渴求的不是简单统一的官方新闻,而是有着自己需求的个性化新闻产品,这就为媒介组织进行新闻传播活动提出新的要求与挑战。传统主流媒体难以适应传播技术突飞猛进之后的传播生态变化,高精准的定向传播是移动互联时代的典型特点,主流媒体为了更好地抓住"流量",吸引受众夺取市场份额,就必须使用高精准传播手段,这就意味着媒体组织必须在原有媒体的基础上融合新媒体,实现媒介多样化,运用大数据在内的新型传播技术,最终实现媒介形态和媒介技术的"合二为一",促使主流媒体不断扩大自身规模,形成规模化、集团化的新型媒体组织来支撑传播活动。

其次,内容生产专业化。差异化、新颖化的内容生产既是媒体实现精准传达的基础,也是其重要保证。受众出于自身所处的社会地位、经济条件等会有不同的信息需求,媒介组织针对不同人群的信息传播也具备明显差异性。在Web 2.0时代,用户差异化的需求更加明显,因此,新闻制作必须针对市场进行精细化生产。传统主流媒体难以实现移动互联网时代所需的快速即时、大覆盖、便携等要求,技术手段的应用较为落后以及互联网思维较为欠缺,这些都成为阻碍传统主流媒体发展的桎梏。虽然传统主流媒体在现今已经付出诸多努力,但是并没有产生出更好的传播效果,并且传统主流媒体在众多信息提供方面显得"力不从心",彰显着主流媒体实际负重与所能负重的差距,而新型主流媒体的典型特征便是立足大数据背景,借助互联网在内的技术手段可以对信息进行即时传达、差异化推送。正是由于新型主流媒体有足够的实力以及规模,才能更好地支撑当下快速发展的新闻传播活动。

第二,新型主流媒体其传播内容应代表社会主流价值观,反映时代发展潮流,具有相当公信力,而非小众的、个人趣味性的媒体。互联网技术的普及带来了传播生态环境的巨大变化,传统媒体面临着话语危机,传统媒体的影响力较为弱化。在新的媒介环境生态中,传统媒体只有在不断变化的情况下才能抓住新的话语主导权。新型主流媒体是对传统媒体在现有传播生态基础上的拓展与延伸,生产的新闻产品与内容也必须符合社会主流价值观,反映时代潮流。

这一方面是由其政治逻辑决定的。习近平总书记曾在全国宣传思想工作会议上提出要打造形态多样、手段先进、具有竞争力的新型主流媒体。新型主流媒体是新兴媒体与传统媒体技术整合的产物,它本质上仍然是媒体组织,具有提供信息和引导舆论的功能。在国家治理大背景下,主流媒体的舆论引导和宣传作用是建构新型主流媒体的出发点和落脚点,因此在这一要求下,新型主流媒体作为党的政治宣传的重要渠道,必须牢固树立紧跟党和时代的步伐,积极宣传党的路线方针政策,利用媒体报道引导社会舆论,提升主流社会价值,提供可信度较强的新闻信息。

另一方面是由媒介自身所决定的。互联网在加剧社会分化的同时,也打破了原有的"媒体—受众"的单向传播模式,在"个人被激活"的时代,随着传播权力的下行与分化,主流媒体寄希望于借助国家权力以实现舆论控制的想法不再具备可行性。在互联网时代,新型主流媒体由于受到来自微博等自媒体的冲击,需要放弃"传者为王"的概念,建立一种新的传播理念。美国学者艾略特·亚伦森从依从、认同、内化三个层面解读社会媒体影响用户的模式,其中依从处于媒介影响的低端层面,这是建构依赖感的过程,认同是在传递信息的过程中进行文本解读的过程,内化则是让传播"走心"的过程。在媒介以及信息传播异常发达的今天,要做到让受众产生内化反应异常艰难,因此,新型主流媒体只有转变为具有高可信度、高美誉度的信息发布平台,充分发挥其舆论监督作用,才能实现其对国家与社会权力的有效监督,切实满足受众需求,赢得公众信任,从而在竞争激烈的媒介市场中占据主导地位。

第三,新型主流媒体应拥有和运用先进的传播手段,传播形态丰富,能够满足现代受众多样化的信息需求。在移动互联时代,媒介技术的日新月异带来传播生态的巨变,主流媒体只有不断开发利用新技术,才能具有强大的主流舆论引导力。"中央厨房"以及"媒体大脑",都是主流媒体利用最新技术向新型主流媒体转型的探索,但对于新型主流媒体核心内涵的思考,笔者认为主要有两个关键点:形态多样、手段先进。

首先是形态多样。新型主流媒体不再是以特定媒体形式为核心的单一媒体机构,而应实现各种媒体形式的融合与叠加,甚至是具有多种形式的媒体集团,通过媒体整合,媒体集团将形成舆论沟通的联合力量,开展立体交流,增强竞争力和沟通能力。在移动互联网时代,由于新媒体的层出不穷,用户需求的多元化导致媒介形态的多样化,传统媒体权威性不断受到挑战,其原因在于新媒体抓住了受众的分众化需求,得到受众关注,因此新型主流媒体为了更好满足受众需求必须拥有形态多样的媒介形态。

其次是手段先进。新型主流媒体传播手段先进主要包括两方面:一是渠道的便捷,在移动互联网时代,借助互联网以及移动终端的便捷性,主流媒体极大地拓展了传播渠道,受众可以根据自身所处的时间、地点选择合适的方式接受信息传播。在碎片化时代,信息覆盖的最大化是考验主流媒体传播力的重要方面,传统媒体受限于单一的传播模式难以实现信息传播的大面积覆盖,但是新型主流媒体可以依托技术,充分利用微信、微博等平台建构起多样化的媒介形态,实现快捷传播。二是内容的有效。在 Web 2.0 时代,随着技术的进步、社交网络的发展,自媒体传播、社交传播成为人们重要的传递信息的方式,流量成为重要的衡量指标,但主流媒体的核心依旧是"内容为王",优质的内容仍然是媒体建设的根本所在。传统媒体缺乏影响力并不是缺乏沟通渠道,相反,传统媒体的渠道已经足够丰富,真正的原因是内容缺乏足够的吸引力。只有媒体传播的内容被受众接受,媒体集团的多种媒体形式和多种沟通渠道才真正具有传播价值与意义,因此这就需要新型主流媒体以更加开放和包容的方式制作内容,并充分发挥主流媒体的作用,积累品牌战略优势。

第四,新型主流媒体应是真正具有传播力、引导力、影响力、公信力的媒体,应是被受众和市场所欢迎的媒体,而不仅仅只是政治地位上的主流。Web2.0 时代,依托互联网和移动终端的新媒体强烈冲击传统媒体,造成传统媒体上述"四力"下降,新型主流媒体的成功崛起关键在于重拾"四力"。在移动互联网时代,新型主流媒体只有不断增强"四力"才能获得受众认可。

一是内容为王,提升传播力。传播力是指新闻媒体对新闻事件进行有效传播与传递的能力,"它除了通常所说的对突发新闻事件报道过程中的应对与执行能力之外,还包括组织、策划新闻的能力,涉及媒体综合素质与能力"。① 信息以及媒介是影响传播力的重要因素,信息即为内容,只有具备高价值、高辨识度、高吸引力的内容才能被受众所需求,产生出较好的传播效果。媒介即为传播载体或者渠道,在移动互联网时代,基于当前的传播生态以及传播需求,个性化、便携化、高效化的移动终端被受众喜爱,只有移动化传播才能使传播效果最大化。

二是价值引导,提升引导力。媒体引导力是指新闻媒体通过生产与传播原创内容,或转发优质内容,引领群众认知、形成社会共识的能力。在新媒体时代,随着传播生态巨变,引发媒体格局和舆论生态的嬗变,新媒体的发展拓宽了多元化思想交流和沟通的渠道,给受众一个避开"官方主张"的环境,重新定义了新闻事件中文本的意义,使传统主流媒体经常出现"失语症",可能出现信誉危机甚至削弱媒体价值。对于新型主流媒体而言,在新闻传播和舆论引导方面面临着新挑战、新态势,因此,新型主流媒体要使主流声音能够传达到受众,需要进一步通过对信息赋予价值与意义,从而提升引导力。

三是服务民生,扩大影响力。"媒体影响力是指新闻媒体在新闻信息生产与传播过程中,在与受众接触的基础上,产生出潜移默化作用于受众观点、认知行为等的传播效果"。② 新型主流媒体扩大影响力其目的是为了赢得更多的话语权,因此需要在强化依赖感、增强吸引力、赢得信任感和提高服务性等方面下功夫。

四是把握导向,打造公信力。"公信力是指新闻媒体在信息传播之后,所传递的信息、消息等被受众所信赖的内在能力,即赢取社会公众信任的能力"。③ 从本质上讲,新型主流媒体仍然是主流媒体,其社会属性决定了新型主流媒体必须坚定正确的政治方向,把握舆论导向,把围绕和服务大局作为新闻舆论工作的第一要务,创新传播方式,以群众喜闻乐见的方式讲好中国故事,成为大众化、放心化、可信任的媒体。

---

① 强月新、刘莲莲:《对主流媒体传播力公信力影响力关系的思考》,《新闻战线》2015 年第 3 期。

② 强月新、夏忠敏:《当前我国主流媒体影响力的调研与分析》,《新闻记者》2016 年第 11 期。

③ 王宁、张恒山:《新型主流媒体新在哪里》,《新闻前哨》2017 年第 2 期。

第二节　新型主流媒体话语体系总体架构

一、话语体系概念界定

作为较为抽象的概念,"体系"在《黑格尔词典》中被定义为"大量事物的各意识形态或若干要素通过相互制约、相互联系而形成的有机整体"。① 美国学者希利克斯将"体系"理解为"引导科学的某种类似于范式的事物"。② 作为"体系",即包含各类因素在内的整体,这些大大小小的因素为了保证事物的整体功能会形成相互制约、相互平衡、相互统一的各类关系,比如工业体系、经济体系、话语体系等。

对于话语体系的提出与研究,英国学者费尔克拉夫试图建立一套把文本、实践话语、社会实践紧密结合起来的综合体系。他认为话语体系包括话语文本向度、话语实践向度以及社会实践向度。话语文本向度注重对文本进行语言学分析,话语实践向度注重话语文本解释和生产的过程,社会实践向度注重话语在实践层面所面临的媒体环境和社会环境。近年来,国内学者就话语体系也展开了相关研究,如中国文化软实力研究中心主任张国祚(2013)提出话语体系是思想理论体系和知识体系外在的表达形式,"不同特色、不同风格、不同气魄的话语表达,对于某种思想理论体系和知识体系增强传播力、竞争力、吸引力、感染力、影响力的效果是不一样的"。③ 范以锦(2013)在《主流媒体需构建新型话语体系》一文中认为主流媒体要打造良好的话语体系,主流媒体工作者的知识体系、办报理念应与时俱进,这将直接导致话语形式即外在表现的改变,从而提高主流媒体的传播能力。

作为话语表达的核心载体,主流媒体关于话语体系的构建和完善至关重要。在新媒体环境下话语体系是主流媒体之所以成为主流的要件,主流媒体只有打造出属于自己的话语体系,才能成为真主流。随着新媒体时代背景下

---

① 张世英、陈启伟等主编:《黑格尔辞典》,吉林人民出版社1991年版,第231页。

② [美]J.P.查普林、T.S.克拉威克:《心理学的体系和理论》(上册),林方译,商务印书馆1983年版,第331页。

③ 张国祚:《关于打造话语体系与改进文风的几点思考》,2013年4月3日,见http://theory.people.com.cn/n/2013/0403/c40531-21015914.html。

传统主流媒体受新兴媒体的影响程度不断增强,新型主流媒体的话语体系应是基于对新闻传播规范性的深度理解而建立起的思想理论范式与外在表现形式,其中思想理论范式即话语传播理念,必须建立起适应当前我国媒体的思维方式和构建原则;外在表现形式则依托相应的话语传播主体、话语传播内容和话语传播方式,形成新型主流媒体的话语影响力合力体系,从而提升新型主流媒体的传播力、引导力、影响力和公信力,并增强媒体话语权。

二、新型主流媒体话语体系的构成要素

构建新型主流媒体话语体系,实际上就是不断改造与更新原有话语体系的过程,特别是随着当前媒介生态发生巨变,众多传统媒体开始积极引入互联网信息技术寻求转型,再加上大量新媒体的涌现,促进了传播终端、传播渠道以及传播内容的深入融合,形成了多媒介融合发展的新型媒体传播格局,在这一背景下媒体的话语体系内涵也发生了一系列变化。因此在新兴媒体和传统主流媒体的深度融合中,必须建立起与之相匹配的话语体系,使得新型主流媒体在国内话语传播中逐渐增强自身地位,让其得以在各社会热点事件中具有更强的影响力和话语权;在世界话语传播中逐渐打破西方国家话语一家独大的格局,建构起全新的国际传播话语秩序。

1948 年,美国传播学者拉斯韦尔在其《社会传播的结构与功能》一文中曾经提出著名的"5W"传播模式,即谁(Who),说了什么(Says What),通过什么渠道(In Which Channel),对谁说(To Whom),取得了什么效果(With What Effect),后来理查德·布雷多克对其进行补充与完善,发展为"7W"传播模式,增加了 2 个环节,即传播环境(What Environment)与传播动机(What Aim),本书依据上述"5W"模式与"7W"模式,围绕新型主流媒体话语由谁来传播、传播什么内容、通过什么渠道进行传播、传播后所取得的效果等问题进行思考,并结合当前急剧变化的媒介生态环境以及复杂多变的国内外传播形势,对话语传播理念进行探讨。

因此,新型主流媒体话语体系的构建应包括话语传播理念、话语传播主体、话语传播文本、话语传播方式、话语传播影响等五个核心要素。其中,话语传播理念即话语体系构建过程中的思想理论范式,其包括思维方式和构建原则,是话语体系构建过程的核心与根本;话语传播主体是"谁来说、为什么说、对谁说",解决话语传播过程中的多主体性问题;话语传播文本是"说什么",

也即话语表述的具体内容,是话语体系构建的内容基石;话语传播方式是"通过什么表达方式/传播方式说",需要研究话语的传播方式与传播渠道;话语传播影响是"取得什么效果",是用来综合评价媒体通过话语传播之后所达成的效果与目标。本书试图通过对上述问题的相关探讨,以提升新型主流媒体的传播力、引导力、影响力和公信力,并在当前复杂多变的传播环境下增强媒体话语权。

三、新型主流媒体话语体系的总体架构

新型主流媒体话语体系的构建是一个复杂且系统化的过程,并且话语体系各要素之间处于相互作用与相互联系之中。基于对新闻传播规范性的深度理解,新型主流媒体的话语体系应建立起相应的思想理论范式与外在表现形式,其中思想理论范式即话语传播理念,外在表现形式则围绕如何提高新型主流媒体传播力、引导力、影响力和公信力,依托话语传播主体、话语传播内容和话语传播方式形成合力,以达成新型主流媒体话语影响力的提升。将对新型主流媒体话语体系进行总体架构,其总体架构如图1.1所示。

话语传播理念应从独白到对话交流。话语传播理念即话语体系建构过程中的思想理论范式,包括思维方式和构建原则。在话语体系建构过程对思维方式层面的思考是其核心与根本,"语言、符号、知识等都需要在思维方式的整合之下才能够成为承载着言说者立场、观点和价值取向的话语"。① 目前全球化语境中的文化建构呈现出多元开放的趋势,新型主流媒体话语体系的建构既要依靠各主体之间的相互呼唤、回应、交流、沟通和互相承诺责任来实现,又要充分运用现代化传播手段,加强与世界的对话与交流。在独白与对话交流过程中努力适应开放多元的话语生态,使多种话语异质共存,营造全球化的话语场域,并且在差异与复调协调中进行平等对话,吸纳巴赫金对话思想,改变传播语态,注重互动体验。这样才能使得新型主流媒体话语传播体系中的各主体之间真正建构起互相平等、同时共存、互相交流、互相对话的互为主体的关系,在复杂多元的舆论生态环境中打破西方媒体垄断格局、消除信息传播时空限制、打破角色错位传播壁垒,从而实现整合传播目标,形成开放、沟通与

---

① 苏冰、刘顾:《话语权视角下习近平对外话语体系构建的三个维度》,《佳木斯大学社会科学学报》2020年第2期。

话语传播影响

三大过程：话语生产、传播、消费过程
四个环节：接触、认知、说服、放大
五个因子：广度因子、信度因子、易读性因子、深度因子、参与度因子

反馈　　　　　　　　实现　　　　　　　　　　　　反馈

话语传播方式

双向交互式
现代立体式
平等对话式

话语传播文本

语言文本 → 非语言文本
单一文本 → 聚合文本
固定文本 → 便携文本

选择

话语传播理念

思维方式　　　　　　　构建原则

语言　　　　　独立性　差异化
符号　　　　　平等化　开放性
知识

依据

话语传播主体

权力主体建构

平等对话机制

多元传播格局

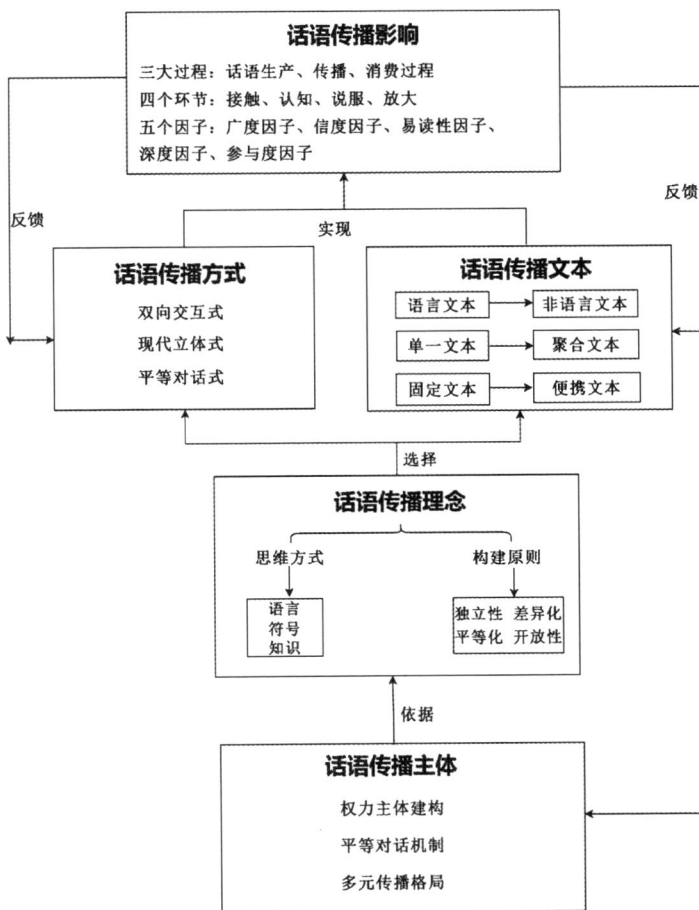

图 1.1　新型主流媒体话语体系总体架构图

交流的话语秩序。

话语传播主体应由独唱到多元一体。在移动互联时代背景下，传媒生态发生巨大变化，话语场域内的各话语主体拥有不同的话语特征，特别是在新媒体快速发展的当下，话语主体的多元化趋势日益突出，信息传播形态逐渐由传统主流媒体向全媒体、融媒体过渡，这也促使不同话语主体间的话语关系出现微妙变化。在传统媒体与新媒体之间、主流媒体与大众之间、国际媒体之间的传播关系中，都需要转变原先单一主体模式，打破独白式的表达和传播不平衡的状态。在新型主流媒体话语体系建构过程中，应逐步形成多元传播主体格

局,多元话语主体之间相互碰撞、交流,每个话语主体都具有自身的自觉意识,尽可能在众声喧哗的氛围中克服自身的历史局限性,发出自己的声音,从而在自我与他者的积极对话中建构起自身主体地位,建立和谐的话语传播生态,并形成不同话语主体间平等的对话机制,以契合新型主流媒体话语表达主体的拓展需求,实现各媒体话语主体的共存与共赢。

话语传播文本应由独语到用户参与。在新型主流媒体话语传播中,任何文本都处在若干文本的交汇处,一个文本的价值在于它对其他文本的整合作用,对各种文本进行互文性解读必须走向对文本的动态理解,将每一表述视为众多声音相互交融的结果。作为"连贯的符号综合体"的新型主流媒体文本,包括"语言文本"与"非语言文本"、"单一文本"与"聚合文本"、"固定文本"与"便携文本"。在新型主流媒体话语文本的建构中,所呈现出来的总体趋势是由独语到用户参与,且文本呈现更加具象化和多样性。话语文本是主体间的交锋互动所建构的结晶,话语文本在对话中生成,文本的互文性既包括传者、受众、文本之间的交流,又包括不同文本之间的对话,并且处于互文性状态下新型主流媒体话语文本的文本意义受制于不同的社会语境。

话语传播方式应由独吟到双向交互。随着媒介生态环境的变化、新闻价值规律的回归、受众多元化信息的诉求、媒体自身发展的需要和新媒体迅速崛起,新型主流媒体的话语表述语态和所依托的平台都需要从独吟转为双向交互。不管对话内容多么吸引人,需要找到与之相匹配的对话方式才能达到对话的理想结果。一方面,新型主流媒体要注重双向交互式表述语态的创新,处理好"讲故事"与"讲道理"、"大声讲"与"柔声讲"、"自己讲"与"别人讲"之间的关系,寻找最合适的话语方式最终表达出自己独特的观点、思想和立场;另一方面,新型主流媒体应在巩固其原有主体地位和发挥其原有优势的同时,正视当前多元话语语境带来的挑战,选择正确而合适的路径,并加强互联网新媒体传播的创新,拓展传播渠道,推进新媒体业态的健全和转型,搭建现代多元化话语平台,采取全媒体融合手段,形成立体化传播模式和交互式社交沟通。

话语传播影响应由评价到反馈修正。话语作为研究焦点,考察的不仅是作为结果的"影响力",而且更应该深入到影响力的形成过程并进行细致且全面的分析,这样话语的重要性和功能性才能得以体现。媒介话语影响力形成于话语生产、传播、消费的整个过程,其形成依赖于接触、认知、说服、放大四个环节,这四个环节相互作用,每一环节都和其他环节紧紧相扣,将媒介、内容、受众紧密联系起来。在这四个环节中,媒介话语影响力的衡量因子又包括如下五个:广度因子、信度因子、易读性因子、深度因子、参与度因子。通过对传播环节进行考察以及对媒介话语影响力因子进行归纳,可以得出媒介话语影响力的乘法评估模型。在模型中乘法模型与话语影响力形成链式环节,并且乘法模型中的每一个因子都会对整个过程产生与乘法类似的放大或者缩小的作用,试图将无形的媒介话语影响力进行量化,进而不断反馈、修正话语体系各个环节,在这一过程中不断强化新型主流媒体的话语认同感,提高主流媒体传播力、引导力、影响力和公信力,进而提高其话语权。

第三节　话语研究基本理论

建构媒体话语体系的目的是为了增强其话语权,目前西方学术界有关国际传播的基础理论和话语权的研究成果已经相当丰富,比如约瑟夫·奈的软实力理论、葛兰西的文化领导权理论、全球化理论、媒介霸权与依附理论、现代化信息社会理论等,这些理论成果提供了重要参考。同时考虑到当前我国缺乏构建自身理论体系的能力,所以需要正确解读与运用上述国外理论,重点思考如何基于当前新闻传播态势构建起适合我国新型主流媒体话语体系的理论范式,以期深度探讨如何建构起新型主流媒体的文化领导权。

一、对话理论

对话精神是巴赫金思想的核心,巴赫金首次将"对话"作为一种哲学方法,形成了他的对话理论,并充分应用于对社会、历史、文化等方面的研究。

巴赫金的对话理论萌芽于其早期的主体建构论思想,后来在对陀思妥耶夫斯基作品进行分析时进一步体现,所关注的焦点是主体的自觉意识如何通过对话来实现,这也是巴赫金哲学——美学思想的体现。巴赫金的对话理论阐发了"自我"与"他者"的关系。巴赫金在其著作中多次提出,由于对话是无止境的,所以自我与他者进行沟通和对话的过程是动态的、没有终结的,这样才能实现个人存在的价值,需要在尊重彼此差异的前提下,通过与他人以对话的方式共同参与现实事件。

　　巴赫金对话理论还包含主体性思想,他认为可以在自我和他人的对话中进行人的主体性建构,并且是在主体和对象之间的平等对话中被设想。巴赫金认为,主体的建构、文化的建构,总是在大断裂、大变化的过渡期由自我与他者的积极对话才能实现。对话是一种最终的行为,通过语言沟通或其他建立和确认主体之间不同价值界限的手段来证实主体的存在。

　　巴赫金的对话理论对研究新型主流媒体话语体系提供了一种极具建设性的视角。首先,巴赫金强调对话中自我与他者的双重主体性,认为只有在与他人的对话交往中才能实现个人自我的价值,"自我"与"他者"一起才能构成话语的公共空间,这种表达是一个互动的过程。在传播过程中需要把参与传播过程的每个主体都视为平等的个体,应该重视传者与受者的双重主体性,以使传者与受者在传播中地位平等、价值相当,注重主体间的相互对话关系,承认他们的独立价值,将自我和他者作为平等的主体,并将他人与他人意识看作对话的基石,只有这样才会使对话者在交往过程中在保持各自独立的基础上出现复调。其次,后结构主义的互文性理论把主体对话的概念引入到文本中,认为文本之间也像言谈主体一样经常不断对话,文本的意义从自足走向开放的历史维度。因此,随着全球化步伐的加快,国家与国家之间、人与人之间、文化与文化之间的交流和沟通越来越频繁,在新型主流媒体话语体系建构过程中只能以更加积极的态度在各种交往和对话中丰富和提高自己,使所具有的全球视野更加开放和包容,只有这样,才能获得不断更新和发展的活力。

　　二、话语权理论

　　福柯首次以独立概念的形式提出"话语权",他指出,"一定的社会权力关系会以某种方式隐藏在话语背后"。[①] 福柯的话语权理论对话语权的相互关联性予以详细阐述,同时基于权力视角对话语的概念进行全新审视,福柯指出,话语的陈述主体取决于话语本身,离开了具体话语内容,便无法对话语主体进行界定,当然话语主体也无法独立存在于话语系统之外。对于新闻传播领域中的传播主体而言,传播主体通过行使权力来进行话语的建构、选择以及完善,目前在新闻传播领域很多学者侧重于利用福柯权力话语理论来分析话语,因此本书中的话语体系研究始终与权力话语行使相关。

---

　　① 吴猛:《福柯话语理论探要》,博士学位论文,复旦大学,2004 年。

三、软实力理论

相对于军事实力、经济实力等硬实力而言,一个国家的软实力主要表现为其价值影响力、文化影响力等。约瑟夫·奈首次提出"软实力"概念,他在《注定领导世界?——美国权利性质的变迁》以及发表在《对外政策》杂志上的《软实力》一文中对软实力的概念及内涵进行了详细阐述。约瑟夫·奈认为一个国家在国际交往中的地位不仅取决于其军事实力、经济实力等硬实力,还受价值观、文化等软实力影响,如果一个国家仅仅凭其硬实力进行国际政治交往,则其必然会以失败告终。

在约瑟夫·奈看来,"软实力"既包括价值观、文化等内容,还包括国际话语制约力、国际影响力等,并且他认为一个国家的软实力与传统硬实力存在显著区别。"一个国家的话语权基础取决于其政治实力、经济实力、军事实力等硬实力,但其本身则表现为依托媒体传播的软实力"。① 显而易见,在国际关系中,媒体是文化传播的重要载体,一个国家媒体的传播力与影响力直接影响到该国软实力的强弱。这里需要明确的是,媒体的传播能力很大程度上取决于硬实力,只有硬实力达到一定程度,媒体才具备较强的传播能力,因此本书将从硬实力与软实力相结合的角度对全球化视域下我国新型主流媒体话语体系的建构进行深入探究,尤其是对我国新型主流媒体话语体系中软实力与硬实力建构的合力作用进行研究。

四、传播力理论

结合当下媒介环境来看,传播力的实现很大程度上依托于各媒介,不同媒介之间的竞争焦点主要体现在传播力上,当前有关传播力的定义主要有以下几种观点:第一,基于传播能力视角将传播力理解为媒介的力量。比如学者孟瑾指出,作为传播能力基础的硬件部分主要包括从业者人数、传播机构规模、传输速度、传输技术水平、传播载体数量等。第二,基于传播能力视角将媒体传播力理解为对信息编码与协调的能力。美国学者格雷厄姆·威廉森认为,传播者必须表现出一定的交际能力,即传播者和受众对信息进行编码和协调的能力。第三,基于传播效果视角将传播力理解为对社会存在一定影响且具有一定传播效果与社会功能的媒介能力。第四,基于综合视角将上述观点进

① 刘笑盈:《再论一流媒体与中国的话语权时代》,《现代传播》2010 年第 4 期。

行整合,认为媒体传播力既包括传播效果,也包括传播能力。

综上所述,在研究开展过程中所探讨的主要问题是新传播生态中新型主流媒体如何利用软实力与硬实力来构建并提升自身的传播力,所以传播力是本书所涉及的较为关键性的概念。

五、全球化理论

自 20 世纪 60 年代以来,全球化(globalization)经常被经济学家和社会学家所提及,逐渐成为媒体和日常语言中的热词,但其最初主要用于经济领域的研究。20 世纪末,希腊作家、政治家塔基斯·福托鲍洛斯认为还存在着其他领域的全球化,也就是除经济全球化外,还存在着文化全球化。文化全球化这一概念的提出为研究全球化背景下的媒体跨文化传播提供了较好的基础理论支持。随后,英国政治学者戴维·赫尔德(David Held)提出,全球化是指在国家层面和国际层面上经济信息和文化信息在更大范围内和以更快的速度流动的状态。上述两位研究者对全球化的认识有着异曲同工之妙的解释。

因此,在对全球化进行理解时应基于以下几个方面:首先,经济全球化属于硬实力范畴,包括贸易、投资、金融等领域的全球化;其次,技术全球化是推动全球化趋势的有效工具,它的出现是与经济全球化发展过程中相伴随的;再次,文化全球化是全球化进程中出现的文化和文化现象的交融汇合,在文化全球化的过程中,由于不同国家和区域文化所产生的意义、思想和价值观的传播和流动呈现出各自的特点,必然会导致文化层面的趋同、消亡、融合、多元或者被认同等效果。

基于上述有关全球化理论特别是有关文化全球化的理论阐述,从新闻传播的角度看,文化全球化所涉及的内涵很显然与软实力密切相关。本书将以文化全球化视角为基点,研究新型主流媒体作为我国跨文化传播的主要形式和手段如何发挥国际影响力。

第二章　新型主流媒体话语传播现状

随着网络技术和社会环境的发展,如何既能充分利用新媒体快速发展的优势,又能迅速跟上社会发展,合理优化革新内部因素,应对外部激烈竞争,是需要在不断思考和在实践中探索的问题。那么目前新型主流媒体话语传播过程中现状如何呢? 本部分将从话语传播语境入手,分析目前话语传播现状以及话语传播过程中存在的问题,并试图寻求解决之道。

第一节　语境:环境的嬗变

一、媒介生态环境改变

作为社会系统的重要组成,媒介的存在和发展很大程度上与其他社会子系统息息相关,而且各媒体的介质内不同有机部分之间亦互有紧密联系,上述所有共同形成了媒介生态环境。对于主流媒体而言,其媒介生态环境实际上是各主流媒体机构和媒介使用个人所共同组成的环境,该环境内的各组成要素间均存在特定关系,比如主流媒体和其他媒体之间、主流媒体和各社会要素之间等。对于新型主流媒体媒介生态环境的理解,可以从宏观与微观两个层面进行审视。其中宏观层面上的新型主流媒体媒介生态环境主要包括经济环境、政策环境以及文化环境;基于微观层面而言,由于人类媒介技术的迅速发展促进了人类社会文明的发展,传统传播者与受众之间关系以及主流媒体信息传播方式都出现重大变化,传播技术的快速融合使得原先界限逐渐被消除,信息共享与互通的时代已经来临。

媒介技术的不断进步促使媒介生态环境正在发生巨变,其中相关技术、政策、受众、竞争等方面均出现重大变化,而媒介生态环境也包含了这些方面在变化过程中所产生的一系列相互作用。在媒介生态环境发生巨变的过程中,从本体层面而言,新型主流媒体实现了"由传统媒体转型到融媒体";从制度层面而言,新型主流媒体实现了"由监管媒体转型到监测媒体";从文化层面而言,新型主流媒体实现了"由公共媒体转型到公众媒体",在这一系列转变过程中,政府与媒介、人与人、人与媒介、媒介之间等关系均出现了变化,这些变化共同塑造了全新的媒介文化氛围。

二、传播秩序不平衡

世界各国在信息与文化的交流沟通过程中,"构建全新的世界信息传播秩序"是自 20 世纪 70 年代开始兴起的全球传播改革目标,该目标要求各国共同致力于构建起一种公平、民主、均衡的全球传播方式,但在大众传播发展过程中,"因部分发达国家在全球传播中逐渐占据了信息垄断地位,导致'自由流动'理论成为泡影"。① 诚如施拉姆所认为的,因各国媒介地理的不平坦导致了当今信息在世界范围内流动的不平衡。

联合国教科文组织在 2009 年发布的《世界报告》中明确指出,尽管当前新媒体的兴起为世界各国的跨文化交流提供重要平台,但因全球经济领域和政治领域长期处在不平衡状态,短期内"信息鸿沟"仍无法有效消除,这也大大限制了全球文化传播,大部分跨国文化企业、多媒体企业仍由发达国家控制。如马来西亚电视台对西方娱乐节目的过度引进,导致马来西亚政府不得不出台严格的海外节目引进制度,以此来限制电视频道中西方节目的播出量。因此,基于国际传播格局而言,当前发展中国家的媒体话语权落后现状必须得到有效改善,各发展中国家只有不断增强自身的媒体话语权和传播力,才能逐步扭转国际传播秩序中发展中国家的边缘化地位。而作为当前世界上最大的发展中国家,我国理应尽快提高自身在国际传播领域的地位,扭转"东弱西强"的世界传播格局,不断增强自身的媒体传播力,成为平衡世界传播秩序的重要角色。

第二节　问题:隔离的状态

一、传统媒体与新兴媒体的隔离

新媒体的快速发展让传统媒体面临严峻挑战,当前新媒体已经在全球范

---

① ［爱尔兰］肖恩·麦克布赖德:《多种声音,一个世界》,中国对外翻译公司第二编译室译,中国对外翻译出版公司 1981 年版,第 196 页。

围内兴起,随着新媒体和各类媒体技术的深度融合,大批基于互联网技术的新媒体内容服务逐渐出现,新媒体所呈现出的人性化、社会化、多样化特征日益凸显。

随着信息双向传播进程的加深,始终坚持基于单向信息传播的传统媒体逐渐在与新媒体的市场竞争中丧失竞争力,这些媒体仍然沿用传统思维来进行信息传播,导致其在节目策划、制作、传播等多方面业务逐渐边缘化。不少新媒体利用新兴网络技术逐渐形成了强大的市场竞争力,不仅产业规模得到迅速扩张,而且大有进军全球市场的态势,比如腾讯、阿里巴巴等国内知名互联网企业的广告收入在近几年迅速增长,很多传统媒体只能望其项背。

传统媒体和新媒体的逐步分离,加剧了新旧媒体之争,人们通过新媒体可以运用电脑等终端自主选择信息,这也使得传统传播方式逐渐被时代淘汰,原先人们只能被动接受信息的时代已经过去。"所以基于传统交流工具与现代交流工具的相互补充或相互影响的角度而言,当前最大的问题在于如何让两者之间紧密联系起来"。① 随着新媒介环境的形成,传统主流媒体面临的挑战也不断增多,要想在新环境中得到生存与发展,这些媒体就必须要积极转变自身角色,主动积极地进行改革,依托既有优势逐步朝新型主流媒体方向转型。

二、主流媒体与受众的隔离

美国学者 J.A.巴隆于 20 世纪 60 年代首次提出了"媒体接近权"的概念,并将其定义为是社会大众通过媒体来发表或阐述各自观点并参与各类文化活动与社会活动的权利,媒体接近权所代表的是社会大众对媒体的主动性,这也体现出媒体应向受众开放的必要性。但是在信息传播中传播主体控制信息传播过程的现象极为普遍,大众传媒仍被牢牢掌握在传播者手中,这使得信息传播者在信息传递中占据绝对主导地位,受众只能被动参与传播过程,媒体和受众间的关系隔离特征逐渐凸显出来,造成传播不平衡现象。

在受众中心论到来的时代,越来越多的受众要求传播者重视、尊重自己的参与权和表达权,对平等和自由的追求已成为一种新的传播理念,受众希望通过各种方式阐述自己的主张、表达自己的意愿。如果媒体不通过各种手段改

---

① ［爱尔兰］肖恩·麦克布赖德:《多种声音,一个世界》,中国对外翻译公司第二编译室译,中国对外翻译出版公司 1981 年版,第 112 页。

革信息传播的方式,仍然沿用传统的做法,将不能满足受众需求,会导致媒体与大众关系失衡的局面。随着新媒体的发展以及与受众互动传播方式的变革,使传受双方及时互动、交流意见成为可能,这些都有利于传受双方平等交流权的实现。

三、单向传播与用户的隔离

在网络媒体时代,整个媒体行业发生了重大变革,促使人们的数字内容消费方式也日渐多元化,以往受众仅仅作为被动消费者的模式已经成为历史,主动传播信息的新模式得到人们认可,这也使得很多受众希望利用各类平台或终端来获取信息。在传统信息传播模式下,受众只能"寻找"自己想要的信息,但现如今受众可以利用各类零散时间到处收集各类信息,正是智能终端的便捷性与易用性让当代人的价值需求得到充分满足。社会对媒体服务的要求也在日益提高,人们可以随时随地获取信息服务,国家新闻出版广电总局发展研究中心原主任庞井君认为,从来没有一个媒体像这样成为当今时代人们社会化生存的重要方面,并深度嵌入人们的日常生活。

当前媒体结构领域凸显出新变化与新特征,这主要表现为:首先,大量传统媒体已经开始积极寻求在线渠道,发展在线新媒体业务;其次,不少新媒体公司开始崛起。随着媒体技术的不断进步,新媒体与传统媒体的融合应紧密围绕"人"的需求变化持续深入,"以人为中心"的思想应逐步深入人心,传统媒体想要得到生存与发展就必须摆脱过分依赖终端、环境、平台、时间等因素,不断完善服务内容,让受众能够获得全新体验。

第三节　原因:话语的危机

从媒体自身话语生产的角度来看,出现上述隔离的状态主要存在以下三方面原因:一是传统媒体与新媒体相比较而言,在信息传播时效性上表现不够,因而在很多情况下不能及时有效抢占话语主动权;二是传统媒体与新媒体相比缺乏互动感,不能形成有效的话语对话的开放空间;三是新媒体在采用新的传播方式时容易出现话语失范的缺陷,甚至会导致网络非理性情绪的扩散,对社会带来不稳定因素。因此,新型主流媒体在话语体系构建过程中要力求克服以上因素的影响,试图达成一种较为理想的传播状态。以下将分别从话语主动权流失、话语空间感弱化、话语失范现象严重这三方面来阐述话语的危机。

一、话语主动权流失

由于传统媒体受限于传播渠道等因素影响，难以在第一时间进行有效传播，因而在很多情况下不能及时有效抢占话语主动权。在大众传播时代，传统媒体通过对信息的"把关"，获得信息话语权，完成信息的单向传播。在长期新闻信息采集、加工和传播方面，由于长期积累，传统媒体形成了一套比较成熟的方法、标准、流程和机制，但在这一过程中，不可否认的是，传统媒体耗费了大量的时间、人力和物力，如在报道突发事件时，这一套流程成为受众及时了解事态发展的屏障。在新的传播生态环境中，新媒体的出现无疑给传统媒体带来巨大冲击，新媒体使受众随时随地都可以实现信息的分享与传播，无形中抢夺了传统媒体的话语权，形成新的话语危机。

在移动互联时代，信息技术的进步在带来信息革命的同时也掀起了新一轮的传媒革命。信息化时代，信息传播所需求的快捷化、及时化、便携化在以"两微一端"为代表的新媒体传播过程中得以实现，新媒体的兴起既是信息产业高速发展的过程，也是消解传播边界的过程，尤其目前涌现出的一批 APP 平台，如微博、微信、抖音、快手等，使每个人都可以参与到传播过程当中，成为新闻事件的传播主体，凭借新媒体固有的技术优势，及时迅捷传播社会突发性事件，在加速事件发酵的同时，引发社会关注，并发挥媒体监督职能。

相比新媒体而言，传统媒体反应滞后，甚至"失声"，以致在社会突发新闻中话语权弱化。互联网信息技术的进步带来快捷化传播的可能，但是移动便携式终端的更新换代则意味着为即时传播筑牢堡垒。传统媒体面对新媒体的挑战，投入人力资源，强化即时传播队伍建设，虽然在一般性事件新闻报道中取得了一定的效果，但是面对突发性、重大性危机事件报道时依旧存在诸多缺陷。如 2018 年 8 月发生在山东的"寿光洪灾"事件，以微博为代表的新媒体引发激烈讨论，直至三天之后，主流媒体才作出反应，且部分媒体仅仅从网上取稿，没有进行深度调查，相较新媒体而言，传统媒体不仅落后而且未能充分发挥主流媒体的深度挖掘能力。新媒体即时性的特点，不仅影响了传统的官方话语"主流"，而且也影响了传统媒体强大的话语权力，因此，如果主流媒体面对"话语权"的不断丧失与丢失无动于衷，那么"主流"易主也并非不可能。

二、话语空间感弱化

话语是人类通过自然语言形成的线形空间，也是一种虚拟的思想空间，具有无限延伸性和可拓展性。话语生产承载着社会主流价值传播的需要和功能，并在其发展空间层面显现出对社会主体的导向作用。然而在当下，人们获取信息的渠道多样，并且自己也可以随时随地发布信息，再加上突发事件的不可预见性，很多时候在场的公众成为事件的首发者，他们通过手机自行拍摄发布，让人们第一时间了解到事件的发生。同时，信息的海量化也大大消解了主流媒体信息告知的功能，人们获取信息的真实性无法保证，更无从谈起对人们进行价值观的正确引导了。传统媒体往往受限于地理因素和空间因素，难以在第一时间接受受众的信息反馈，建构有效的话语意义空间，长此以往，这就导致主流媒体话语空间塑造过程中被边缘化的趋势日益明显。

另外，在对公共领域思想的研究中，以公共协商为主的公共话语空间如何在多元主义情境下生成一直是学界讨论的焦点。公共话语空间是协调社会矛盾的重要场所，构建国家公共话语平台、制度化地为人们的社会情绪宣泄找到出口，是建立"社会安全阀"机制的必要条件。理性的公共参与不仅包括公众广泛参与到公共对话中来，也要求参与者要真诚、自主、具有意向性地参与表达。主流媒体作为社会公器，理应成为社会系统运行中各群体、组织之间进行利益诉求、互助沟通的渠道。然而在新媒体时代，碎片化阅读和个性化表达成为当下公众接收和传递信息的主要特点，公众在参与公共事件的讨论过程中往往缺乏更多理性的、公共的视角，因而造成主流媒体所营造的话语空间权威性不强。

如果说新媒体到来之前，公权力主导媒体，受众无话语权可言，公共话语空间的建构无从谈起，那么当下赋权于民的新媒体时代，需要更多思考的是主流媒体如何在相对开放的言论环境中起到架构官民良性沟通的桥梁、发挥出主流媒体作为社会公器的作用。在多元化社会中，要构建社会共识，以便满足不同群体之间的利益需求，在公共话语空间中，媒体应激发公共领域的活跃度，提高公民参与社会治理的热情，确保公民公共领域和政治公共领域之间、官方舆论场和民间舆论场之间的良性互动，在公共话语平台通过互动、交流达成意见的一致，建构公共的利益表达空间，这样将不仅有利于提高社会凝聚力，而且还会形成社会发展中的良性运作机制。

三、话语失范现象严重

新型主流媒体借助网络进行传播,在极大地提升传播速度的同时,也带来了一系列的网络传播所共有的传播失范现象,甚至会导致网络非理性情绪的扩散,这集中表现在网络失实以及网络舆论非理性化传播等方面,给社会带来不稳定因素。

首先是网络失实。所谓的网络失实主要是指传者受限于采访技术等多维因素的影响造成传播片面化,新闻内容包含虚假成分,导致受众不能通过网络信息客观全面了解事件发展过程。网络失实主要表现为网络虚假新闻,受众由于媒体报道的不准确或者出于个人立场片面化截取报道片段,造成新闻报道与新闻事实严重不符,引发错误理解。如在重庆公交车坠江事件中,受众根据网络流传出的照片以及视频,纷纷猜测是女司机驾驶的红色小车逆行导致该事故发生的,但是随着事件的进一步发展,最终发现事故的真正原因在于乘客扭打公交车司机,网络媒体在采访报道时往往忽略事实,简单片面化地报道事件,从而带来不良后果。

其次是网络舆论非理性化传播。网络舆论非理性化传播的后果是导致网络谣言,网络谣言是指以网民为代表的受众发布转载传播脱离事实、缺乏事实依据与基础的故意捏造的网络言论。如 2016 年 2 月 16 日,一名女子在网上发帖称自己本是上海人,跟随男友回江西,但是由于年夜饭难以忍受,连夜返回上海,在网络上引起网民"集体性群嘲",进而引发关于城乡二元的讨论与次生舆情,但随后被证实,整个帖子是江西某女性网民凭空捏造的,纯属虚构。在移动互联时代,随着越来越多的网络化、快捷化传播渠道与方式的使用,新型主流媒体在通过新媒体传播过程中,应尽可能传播真实客观信息,避免新媒体传播失范,这样才能抢占话语主导权。

在新媒体时代,信息传播会以几何倍速上升,随着受众的广泛参与,往往会加速网络舆论的形成与发酵。移动互联网时代下的受众不再是简单的接受者,随着传者与受者身份的多元化转变,用户可以自由地表达言论,发表自身对相关事件的观点和态度。如果网络舆论引导不当,网民、受众等在未完全了解事情真相之前,出于自身利益或者宣泄情感等非理性因素影响,可能采用言语讽刺等方法发表带有明显情绪性、攻击性、偏见性的言论,从而导致网络舆论非理性化传播。

通过上述分析,笔者认为在移动互联背景下新型主流媒体应尤其注重加强舆论引导与疏通,坚持正确的价值导向,充分发挥媒体舆论引导与监督的作用,通过传递客观信息潜移默化地影响受众,并加强公信力建设,积极维护国家形象,在应对网络非理性化情绪时,主流媒体需要及时加以引导,尤其针对我国意识形态安全造成严重威胁的非理性问题应及时反应与规避。总之,新型主流媒体在话语体系建构过程中要力求克服以上负面因素带来的影响,这样才可能实现一种较为理想的传播状态。

第三章　新型主流媒体话语体系建构理念：由独白到对话交流

　　格伯纳认为"传播是利用讯息进行的社会相互作用"①。存在就意味着交流，对话是人类社会最为普遍的交际行为，它是生命的本质，始终存在与"自我"和"他者"之间。习近平总书记在 2016 年 2 月召开的新闻舆论工作座谈会上明确提出了媒体应该"连接中外、沟通世界"的新目标，该目标的内涵可以被概括为我国媒体应多走出国门，成为与世界交流的枢纽。对于新型主流媒体而言，构建其话语体系不仅需要借助各主体的积极参与与相互促进，同时还需要引入大量的现代化手段，提高自身的传播质量与传播效率，不断强化我国与世界的交流与对话。

第一节　新型主流媒体话语传播理念

一、多元对话空间的倡导

　　现如今全球化语境的文化构建已经充分凸显出"开放""多元"的特征，英国学者诺曼·费尔克拉夫在《话语与社会变迁》中详细论述了话语对于意识形态与权力的关系，他认为话语是社会实践的反映，会体现出一定霸权斗争的权力关系。葛兰西与阿尔都塞则通过对作为社会实践的话语进行深入研究，进一步丰富了学术界有关话语研究的理论成果，他们强调话语实践中存在意识形态的介入成分，这使得话语充分体现出有助于权力关系维持或重建的重要意义，也就是从原则上而言所有话语实践均会影响到权力关系。

　　因此，媒体的话语实践与权力关系之间存在紧密关系，这意味着媒介霸权

---

① 　转引自邵培仁：《传播学》，高等教育出版社 2000 年版，第 29 页。

存在意识形态维度,该维度涉及话语实践,关于这一点可以通过当前世界信息流格局得到充分论证。一般情况下,话语霸权往往会导致信息流动的不平衡性,比如信息由发达国家流入发展中国家,因此很多信息资源丰富的国家会以信息自由流动为名来向信息资源匮乏的国家进行文化或意识形态输出,这对于后者是极为不利的,比如发达国家与发展中国家之间就存在这种现象。总而言之,信息的流动往往会出现单一封闭流动的情况,拥有更多媒体机构的信息强国在这一过程中则常常更具主导优势。

实际上话语体系并非完全封闭的系统,它应具有互动性与开放性,不同国家之间、不同媒体之间应具有良性的平等关系,它们都是不可或缺的话语主体。构建话语体系必须容纳多元的话语生态,让各类话语得以在这一体系中共存甚至相互融合,若话语生态呈现出不良性,在单一封闭式的话语体系中,各话语主体难以实现持续发展。因此,结合国内外话语环境来看,一方面,媒体必须以更为开放与包容的态度去接受来自其他媒体或其他国家的信息,消除权威或特权,让各国媒体得以在平等开放的环境中交流;另一方面,发展中国家在与发达国家的对话中往往处于信息弱势方,这需要各发展中国家积极提升国内媒体的传播力与影响力,在信息全球化不断推进的过程中增强自身竞争力,与时俱进,推动世界进入多元、平等、对话的新时代。

二、全球话语场域的营造

话语场域是当前西方左翼理论中的重要概念,它不仅是公共话语空间的一种,同时也是产生价值与意义的重要场所。对于媒体而言,其话语场域则是不同话语权主体在行使其话语权过程中所产生的一系列话语汇集的博弈场所,其本质是不同话语权主体之间的协商、对话、交流、沟通甚至裁决的场所。

但也需要认识到,话语场域的形成必然伴随着不同阶级的出现,布尔迪厄基于结构视角对话语场域存在的阶级必然性进行了深入剖析,他认为"场"是"某种特定的关系构成",这种"特定的关系"是客观存在的,并不以人的意志或意识所转移。这主要体现为该场域所存在的话语具有一定操控性,不同的利益相关者会发出不同的利益诉求,而这些利益诉求之间在所难免地存在冲突。随着话语流动的全球性趋势凸显,"失语症"也随之出现,其原因是中西文化交流存在着固然缺陷,所以在很多新闻传播中对话的平等性原则被人们忽略,其直接后果便是我们不是用别人的传播理论来丰富自己的传播理论,容易基于传播话语层面被强行替换与移植，进而导致自身的理论话语丧失。在和西方媒体实现平等对话的过程中，必须充分认识到新闻传播的"异质性"特征，营造出全球化话语场域。不过需要指出的是，基于全球话语体系视角，构建全球化话语场域必须充分保证各国媒体均能平等发声，使每个参与其中的话语主体均拥有独立言说的权利，这也是促进各国媒体持续发展的重要基石。

第二节　新型主流媒体话语体系建构原则

在建构新型主流媒体话语体系过程中，必须对新型主流媒体运行的基本要求进行深层次解读，基于原则性的高度对话语建构的内涵进行理性把握。巴赫金对话理论强调的"存在即交际""众生合唱复调""双主体性构建"等重要思想成为建构新型主流媒体话语体系的重要理论基础，上述思想能说明对于新型主流媒体话语体系的建构而言，必须注重话语独立原则、平等原则、差异化原则和开放性原则。

一、双主体性建构：话语独立

巴赫金主体建构思想主张单独个体需要在"他者"与"自我"的对话过程中来实现其主体建构，他在《陀思妥耶夫斯基诗学问题》中对陀思妥耶夫斯基的小说特征进行了全面阐述，即主角总能充分体现出独立、自由、平等的价值观，主角"他"拥有独立且自由的主体意识，并且具有一定的自觉意识。因而作者和主角属于典型的双主体性确立与建构，在对话过程中这两个话语主体必须遵循话语独立的原则。

新型主流媒体话语体系建构过程中的"自我"和"他者"也应具有相互独立性，巴赫金认为"不同声音在这里仍保持各自的独立，作为独立的声音结合在一个统一体中，这已是比单声结构高出一层的统一体"。① 主流媒体和受众、国际媒体之间、传统媒体和新媒体之间的交往与对话，需要明确各话语主体的独立地位，才能形成平等的对话关系。就当前的世界媒体传播格局来看，

---

① ［苏联］巴赫金：《巴赫金全集》（第五卷），钱中文译，河北教育出版社 1998 年版，第 26 页。

西方媒体显然处于强势垄断地位,这使得其他弱势国家在国际信息传播中只能被动接收,出现严重信息传播不平衡的现象,这需要对国际话语秩序进行重构,时刻注重自身在对话中的话语立场,促进信息自由流动,促进各国媒体的平等交流。

在遵循话语独立原则时不仅要加强话语独立意识,避免出现失语症,同时还要避免话语扩张与话语掠夺现象的发生。从话语独立意识层面而言,我国主流媒体在很多国际重大事件的报道中,常常未能把握话语权,如在马航事件报道中,我国媒体并未在国际上发出自己的声音,其原因是缺乏独立话语体系,这也造成在国际上我国媒体话语权的丧失,所以要想重新获得国际话语权,必须树立强烈的自我主体意识,消除失语症;从话语扩张与掠夺层面而言,国际话语权争夺中文化殖民及其他意识形态的问题已经十分严重,所以需要尽快建构起独立性较强的媒体传播话语体系,只有这样才能突破我国传统话语的桎梏,并打破西方话语垄断格局。

二、众声合唱复调:话语平等

在巴赫金看来,话语有两种主要类型,一种是"复调型",另一种是"独白型"。"独白型"作品中的主人公缺乏独立意志,其意志往往就是作者的个人意志,尽管该主人公在作品中通过话语发出了属于自己的声音,但这些声音均以人物为对象,并未产生具有独立意义的"多声部"。巴赫金指出作为复调先驱的陀思妥耶夫斯基在其作品中充分体现出声音与意识的多元化,这些多元的声音与意识在对话关系中产生了复调结构,每个声音与意识之间均是相互独立的个体,所以在他的作品中不同的人物有不同的声音与意识,既没有不平等,也没有主客体之分。

作为文化哲学家,巴赫金在复调理论中充分阐述了其独特的思维方式与认知话语,也让人领略到他具有辩证性的思维和极其广阔的视野。在建构新型主流媒体话语体系的过程中引入巴赫金复调理论,并以该理论所强调的"确立他人意识作为平等主体而非客体"为基调,对于新闻信息产品的交流和传播而言,尽管不同话语主体具有复杂性,但让每个参与者都能平等、自由地参与到话语沟通和交流中的原则是始终要坚持的,即必须确保各话语主体的平等权利,也只有充分尊重不同话语主体的平等地位才能确保话语交往的秩序性。

对于国际新闻传播秩序而言,"最理想的交流方式应为双方之间、或至少相互存在反应的伙伴之间进行的持续交流",①但在目前国际信息交流中信息流动并非横向,而是纵向的,同时大部分时候都是单向流动,在这种信息流动模式中,信息大多是从拥有更强技术实力的国家流向弱国,所以也就出现了"新闻流动从北至南,发展中国家之间的交流遭到严重限制"。② 随着信息交流全球化进程的推进,新闻流通不均衡以及信息单向流动现象日益严重,每个国家都在寻求破除信息垄断的方式,而在笔者看来只有构建横向交流体系,营造自由平等的对话环境,才可能让更多新的声音成为交流主体。

三、异质话语范畴交错:话语差异

异质话语范畴交错所体现的是各种异质话语共存的状态,并在此基础上形成各个话语主体间的复杂关系。在陀思妥耶夫斯基的复调小说中存在大量独立意识的个体,这些意识在文本中相互交错,形成了一个互动共生的统一体,也正是由于各话语体系均有独立的话语内涵,因此这些复调作品所体现出的异质文化及话语充满了深层话语张力,这种对话状态即是我们理想中的对话形式。

隐藏在中西方媒体表达背后的正是不同的异质文化,必须看到当前中西方媒体话语无论是表达方式还是文化特征均存在显著差异,而这种差异催生了媒体的传播与整合。众多实践证明,事物所具有的异质性越显著,则其资源可容性就越强,因为事物的差异性特点有利于促进资源的优势互补。如果中西方媒体话语完全相同或几近相似,则不需要进行话语传播,当然也不可能出现话语传播,人类文明的发展正是基于不同事物的差异性,这些差异促使人们寻求求同存异之道,实现多元发展。因此,在建构新型主流媒体话语体系时必须充分尊重这一差异性,在此基础上将我国媒体传播话语体系的丰富个性彰显出来,依托不同媒体间的平等、自由对话来不断完善与创新我国媒体话语,实现优势互补和信息沟通。

尤其对于新型主流媒体而言,新型主流媒体拥有全新的媒介技术,首先,

---

① ［爱尔兰］肖恩·麦克布赖德:《多种声音,一个世界》,中国对外翻译公司第二编译室译,中国对外翻译出版公司1981年版,第205页。
② ［爱尔兰］肖恩·麦克布赖德:《多种声音,一个世界》,中国对外翻译公司第二编译室译,中国对外翻译出版公司1981年版,第200页。

必须注重中西方媒体在表达上存在的固有差异；其次，必须充分注重受众需求，建构起平等的中西方媒体与受众间的传播关系，让媒体的话语表达得以充分保留自身的特征与个性。

四、存在即交际：开放交流

巴赫金在相关研究中明确认为"存在即意味着对话与交际"，[①]同时依托各种方式对人的存在进行了充分肯定，他指出，"人的存在意味着相互关系的建立，不同的人与人之间的交往是依托言语来实现的"。[②] 这种言语交往关系的建立，要求交流的双方必须基于开放交流的姿态，特别是对于国际间媒体的交流而言，各媒体之间在交往对话关系的构建过程中，必须要求我国媒体逐渐从封闭单一转变为开放多元，以此来形成主体优势。

中西媒介话语的融通性十分显著，早在 20 世纪 20 年代，英国学者伯特兰·罗素就立足话语价值视角审视了中西方文明，并明确提出在话语层面中的中西方具有高度兼容性，在《中国问题》一书中他认为，现如今的中国话语已经形成了独立体系，这一体系再也不会受制于欧洲媒介，中西方话语可谓互有优势，要实现双方的一体化最佳交流状态，就必须将双方优势保留且互补互助。对于媒介话语体系构建而言，我们应充分尊重具体环境中中西方话语各自的独特价值，认识到双方的优劣，并立足于当代中国语境把中西方视作相互依存、冲突交融的全息有机体，在双方媒介话语交流中坚持共荣共生和彼此尊重的原则。

第三节　新型主流媒体话语体系建构目标

目标能够明确实践活动的方向，同时也具备维持并组织各方面关系构成系统组织方向核心的重要作用，在建构新型主流媒体话语体系过程中，其目标便是基于当前的媒介生态环境，并在遵循前文所述的各项原则的基础上，破除不同媒体之间的界限，打破"东弱西强"的传播格局，营造出各媒体一体化融合、平等化交流、多样化服务、流程化传播的话语传播环境，以实现整合传播目的。

---

① ［苏联］巴赫金：《陀思妥耶夫斯基诗学问题》，白春仁等译，生活·读书·新知三联书店1988 年版，第 343 页。

② 钱中文：《巴赫金：交往、对话的哲学》，《哲学研究》1998 年第 1 期。

一、改变：隔离的消除

破除媒体的界限。在新媒介生态下，大量新的挑战出现在传统主流媒体面前，当前传统主流媒体迫切需要寻求出一种"能够维护现代交流与传统交流方式之间关系的途径"，①同时"还需要将传统交流形式更广泛地运用到现代大众交流工具节目之中"。② 随着大量新媒体的涌现，传统主流媒体必须要尽快朝着数字新媒体方向转变，让新旧媒体间的界限逐渐模糊，最终实现媒介融合，从而才能充分体现出主流媒体的"现代性"。

在这种情况下，各传统主流媒体应着手进行新型媒体运营机构的构建，逐步实现转型，成为一个多屏融合、多屏内容差异化的新型媒体信息服务商。如当前美国最大的有线电视运营商——康卡斯特，在前几年中康卡斯特一直致力于新旧媒体的融合，曾经推出"电视无处不在"计划，并全面实现了节目内容的多终端分销与精细包装，让各种新媒体业务实现快速发展，如视频订阅、移动业务、宽带业务等，这一系列举措让公司在 2017 年营业收入突破 4000 亿元，不但有效扩大了公司产业规模，同时也成功应对了因新型媒体崛起所导致的传统媒体业务流失的问题。康卡斯特的成功经验为我国媒体转型提供了重要参考，我国主流媒体应审时度势，紧抓发展机遇，走整合之路，从而提高核心竞争力，占据行业竞争优势。

破除时空的距离。随着传播技术的飞速发展，越来越多的受众开始关注"距离"问题，纵观整个人类文化的发展历程，大众传媒的出现和发展，让受众获取信息的能力大大提高，现如今人们已经能够在第一时间了解地球另一端发生的事件。诚如麦克·卢汉所言，"收音机的出现，让人们得以不通过言语交流便能了解演讲者或作者的观点，它对人们的影响是直接的、面对面的。"③

新媒体应用的日益广泛让地球真正成为了"地球村"，现如今各网络新媒体具有交互通信特征，比如卫星电视、互联网移动 WAP 等新型媒体业务，更是让通讯空间的无限拓展和通讯双向互动成为现实，新媒体的全球传播所具

---

① H.K.兰加纳斯：《并未过时的事物：传统的交流工具在印度的作用及其在文化上的地位》，国际交流问题研委会文件第 92 号。

② ［爱尔兰］肖恩·麦克布赖德：《多种声音，一个世界》，中国对外翻译公司第二编译室译，中国对外翻译出版公司 1981 年版，第 112 页。

③ ［加］马歇尔·麦克卢汉：《理解媒介：论人的延伸》，何道宽译，商务印书馆 2000 年版，第 369 页。

备的跨国界、跨媒体优势逐渐凸显出来。这一系列特征让传统通信受制于时空限制的问题得到有效解决，即便双方均不在场也能完成即时通信。新媒体营造出的无垠网络空间不再让人与人之间的通信受制于时空限制，它让各个民族、各个国家的文化被引入到世界舞台，也让来自不同地区、不同国家的人实现了自由交流，真正拉近了人与人之间的距离。

破除错位的传播。美国学者 D.麦奎尔提出"受众即市场"理论，新型主流媒体传播中各媒介必须重视受众需求偏好，尽可能让传播方式与信息内容能够充分满足受众需求，以此来形成良性的对位传播关系。人类社会的新媒体出现是为了更好地满足日益增长的个人需求，和传统媒体比起来，新媒体已经让受众的生产方式与信息获取方式发生巨变，它的互动性、即时性等传播特征都是传统媒体所不具备的。因此在全新传播环境中，无论是传播内容还是传播主体都已经出现巨大变化，受众也从原先的被动信息接受者逐渐转变成主动信息寻求者，有些受众甚至还成为信息的生产者与传播者，受众已经具备信息发布、自由互动、自主获取信息的能力，受众依托新媒体传播渠道能够在不同领域创造并传播各类信息。

新型主流媒体传播模式必须打破传统的双方传播关系，才能让受众更加主动地参与到这一传播过程中来，比如在电视媒体领域，很多电视台通过传播者服务观众模式调动观众的参与积极性，在制作节目时邀请大量观众作为嘉宾，并建立门户网站让观众广泛参与到节目中来，这样不仅可以让受众能够依托新媒体技术充分感受到用户自身的价值，同时也能增强信息接受者与发送者之间的互动，促进双方的平等对话关系形成。

二、目标：整合的传播

融合一体化。随着信息时代的来临，网络新媒体和传统媒体的融合趋势已经凸显，依托先进的信息技术，传统媒体和现代媒体在卫星、有线、计算机技术等新型通信手段的广泛运用下实现了深度技术融合。数字技术的快速发展已经让新旧媒体之间的一体化融合进程加快，这种"我中有你、你中有我"的融合态势将持续深化，这也让大众的个性化、大容量信息需求得到更好满足，并衍生出多元化的传播模式，为促进传媒业的持续发展提供重要依托。

不少西方学者曾表示"出现变化的并不仅仅只是媒体的终结或'自媒体文化'的形成，两者之间的融合才是真正的变化，它促使传统媒体与新型媒体共同迈向一种全新认知方式。"①未来的新闻业格局势必会是百花争鸣的新局面，当前新媒体的崛起让传统媒体的转型速度进一步加快，根据目前现状来看，我国省级以上的主流传统媒体已经全面开展新媒体业务，以此来进一步提升核心竞争力，比如提供客户端、微博、微信等服务。当前在网络新媒体时代中，信息传播一体化融合趋势已经成为必然。随着传播生态的迅速变化，为了进一步推进我国新兴媒体和传统主流媒体的深度融合发展，社会各界对于如何建立起与新传播生态相适应的主流媒体话语体系必然会引起充分重视。

传播流程化。就新闻内容生产而言，当前传统媒体受新媒体影响主要表现为"组织化新闻生产向社会化新闻生产转型"。② 在新媒体时代背景下，流程化传播更注重营造一个多元、兼容、开放的新传播环境，随着各类新型传播技术的涌现，传统媒体更应注重利用手机客户端、微博、微信等新型平台实现业务再造，寻求新发展方向，不断提升自身的影响力和传播力，逐渐从传统媒体转变为新型主流媒体。

随着传统媒体和新媒体的融合进程逐步推进，媒体内容的流程化传播特征逐渐凸显，如各类客户端传输、多重互动、微信话题推送等，这一系列的流程再造让传统媒体的业务模式得到根本性改变，传统媒体需要以更低成本来获取更为高效创新的自主途径。比如在电视新闻制作过程中，随着新媒体环境的形成，传统媒体在制作电视新闻时必须打破传统单一线性模式和一次性制作模式，从而才能有效打破受众一次性消费格局。对于电视媒体而言，应结合自身的实际优势形成特有的新媒体思维，在播出平台、信息传播等多个环节实现整合发展，才能真正提高电视新闻制作质量。

比如凤凰卫视创办的《全媒体大开讲》节目便是传统媒体与新媒体技术的流程化传播典型案例，凤凰卫视利用自己作为传统媒体在新闻制作和包装上的专业优势，通过微博、微信等平台提高观众的参与度，并通过全媒体多时空传播让观众和节目得以有效互动。凤凰卫视通过为观众提供大量节目信息接收渠道，让观众利用各类移动终端、车载蓝牙等多种途径观看或收听节目，节目的播出吸引了大量年轻观众的参与，可以说凤凰卫视正是因为与凤凰新

---

① ［美］比尔·科瓦奇、汤姆·罗森斯蒂尔：《真相：信息超载时代如何知道该相信什么》，陆佳怡、孙志刚译，中国人民大学出版社 2014 年版，第 179 页。
② 张志安：《新闻生产的变革：从组织化向社会化》，《新闻记者》2011 年第 3 期。

媒体的融合传播，才大大提升了其媒体影响力与竞争力。

服务多样化。现如今各行各业中，"服务"已经成为核心价值取向，新闻传播领域也不例外，它要求各媒体在收集信息、处理信息以及传播信息中都要充分突出为客户提供优质服务的核心思想。对于受众而言，随着新媒体时代的到来，受众信息需求也日益多元化，越来越多的人希望能够在第一时间获得最真实的信息服务，这也让以微信、微博等为代表的新媒体迅速崛起，并一度成为各传统媒体的"标杆"。因此，各媒体必须树立现代化服务意识，尤其是传统媒体，更应从原先的内容型媒体转型为服务型媒体。

特别是随着视听新媒体时代的到来，主流媒体应充分强化用户意识，力求能够为受众提供更加多样化、个性化的服务，这就要求主流媒体做好受众特征分析，充分掌握各用户的真实需求，实现精准推送。比如传统广播媒体应形成服务意识，以上海 SMG 为例，该媒体为了提高受众收听节目的便捷度，推出了"动感 101 小移"与"驾车宝典"两款新媒体产品，实现了在线评论、歌曲查询、热点活动以及录音等一体化功能，突出了"个性化定制"的传媒理念，因此备受受众青睐。目前在线广播、网络广播中的"个性化定制"特征已经凸显，比如喜马拉雅、蜻蜓 FM、豆瓣电台等平台都已经实现了精准推送，通过对各类用户的信息偏好进行归纳分析，掌握不同用户的实际需求，再以此为依据进行精准推送，提高节目的定制性，从而达到吸引受众的目的。

交流平等化。随着现代信息传播技术的全面普及，人类社会已经进入到信息爆炸的时代，传统传播关系正在迅速嬗变，视听新媒体逐步营造出分享、互动、平等的传播环境，传统的单向大众传播方式将被网络状、社交化传播所取代，交流平等化也将成为信息传播的关键词。

纵观人类社会的发展历程，公平与正义是人类始终追求的核心价值观，对于新闻传播领域也是如此。无论是发展中国家还是发达国家，无论是媒体弱国还是媒体强国，均在追求信息传播渠道和传播方式的公平与正义，作为发展中国家的重要代表，我国媒体不仅要充分了解信息传播规律和新媒体技术，同时也要基于全球视野来进行文化交流和传播，建立独立于西方媒体的新闻传播体系，打破西方媒体作为全球标准思维模式的格局，以开放的胸襟和平等的视角将多元性与丰富性的中国本土文化展现给全世界，实现与世界各国的平等对话。比如在 2018 年 4 月举办的戛纳电影节上我国向各国媒体推荐了《朗读者》《声临其境》《国家宝藏》等多个中国原创综艺节目，以期能够通过这些节目实现对国外的文化输出，让更多国外观众了解我国文化，这也有助于拓展我国影视节目的文化传播价值，促进我国影视节目走向全球，进而提高我国主流媒体的影响力和传播力。

第四章　新型主流媒体话语主体的确立：
由独唱到多元一体

　　"主体意识"指的是主体所具备的自我意识，是属于典型的自觉意识的范畴，它是个体得以突出其主观能动性、主观能力与价值的关键基础。新型主流媒体的话语传播凸显出话语主体自主意识的重要性，话语场域内的各话语主体拥有不同的话语特征，特别是在新媒体快速发展的当下，话语主体的多元化趋势日益突出，这也促使不同话语主体间的话语关系出现微妙变化。如何建立和谐的新型主流媒体话语传播生态，并形成不同话语主体间平等的对话机制，建立起新型主流媒体话语主体体系，实现从单一化向多元化的发展转变，这对于各媒体话语主体的共存与共赢至关重要。

第一节　自我与他者关系的主体建构

一、对话交往中主体建构类型

　　传统媒体与新媒体的对话。按照技术的革命性变化来划分，世界媒介发展历史上报纸、广播、电视被称之为三大传统媒体，网络媒体被认为是第四媒体即新兴媒体，新媒体形式的出现并不意味着对原有媒体形式的取代，而是在人类媒体发展过程中的相互借鉴和适应，诚如罗杰·费德勒所认为，所有形式的传播媒介均在不断扩大且复杂的自适应系统中不断演进，最终形成了共生共存的局面。

　　本书所研究的新型主流媒体即由传统媒体和新媒体深度融合而成，依托网络新媒介技术手段，具有丰富的内容体验、多样的内容来源、多元的内容形态、无处不在的传播渠道、多功能化与兼容性的传播终端等特征。当前随着新媒体与传统媒体对话的推进，一系列缺陷逐渐暴露出来，尤其是对话过程中缺乏广度,结合当前新媒体受众消费市场的情况来看,信息的提供无法实现对新旧目标群体的兼顾,传统媒体目标受众的老龄化趋势日益显著,而新媒体则以年轻群体为主要受众,这种受众的显著差异使得两者之间缺乏对话广度。

因此,在新媒体迅速发展的今天,传统媒体和新媒体间必须形成良性的竞争关系,这种关系应以互补共存为主旨,促使双方进入到一种平衡状态中。无论是传统媒体还是新媒体,双方均有各自优势,因此需要双方在竞争合作中充分发挥各自长处,做到优势融合,从而实现共同发展,形成良性"竞合关系"。新旧媒体的合作方式十分多样,传统媒体可以适当借鉴新媒体特征,比如能动性大、交互性强等,从而实现与新媒体的长期共赢。芒果 TV 可以视作认为国内传统媒体和新媒体融合较好的典型案例,作为湖南卫视旗下的互联网视频供应平台,在最近几年中,芒果 TV 一直着手打造国家化网络视频平台,芒果 TV 首先将芒果传媒与湖南广播电视台的各项资源进行整合;其次全面创新服务应用,不断改善用户体验,充分拓展传播领域,形成全新的视频传播业态;最后彻底消除各终端间的界限,实现平板、手机、电脑、电视的一体化观看模式,并适时推出移动增值、互联网视频、湖南 IPTV、互联网电视等新媒体业务,受到大量年轻受众的青睐。

主流媒体与受众的对话。巴赫金在谈及听众、主人公、作者之间关系时指出,"除具决定性作用的主人公外,还有听众也参与其中,而且听众对主人公与作者之间的相互关系存在直接影响,听众对作品内容也存在最本质影响。"[1]媒体在传播过程中,所传递的信息、传播者和受众之间的关系实际上就是巴赫金所说的听众、主人公、作者之间的关系,在媒体传播中受众的地位极其重要,传播者在进行信息传递时的话语表达必须充分兼顾受众感受,将受众视为平等的作者。特别是在当前复杂的传播生态中,由于传统一对多的传播模式被新媒体打破,多对多的新型互动传播模式逐渐成为主流,传播者与受众之间的界限开始模糊,比如网络通信中的传播者与受众已经很难明确区分。所以随着新媒体的迅猛发展,主流媒体和受众之间的沟通和对话必须从单向沟通和灌输式沟通转变为平等双向沟通。

---

① ［苏联］巴赫金:《巴赫金全集》(第二卷),钱中文译,河北教育出版社 1998 年版,第98 页。

首先,新型主流媒体必须结合所处的互联网环境,以服务受众为原则,树立与时俱进的互动传播理念,为受众提供个性化、精准化的信息服务。如凤凰卫视在《全媒体大开讲》节目中鼓励观众们多多参与到节目制作中来,而且整个节目过程中都设置了互动环节,节目组充分利用微博、微信等互联网媒介吸引了大量受众,让整个节目内容更加丰富多彩。此外,节目在播出时也十分注重与观众互动,观众通过互联网开展专题讨论,有些甚至发文字、声音、图片来参与节目互动,让受众的个性化需求得到充分满足,同时也进一步增强了节目的用户黏性。

其次,随着新媒体的崛起,受众得以在信息传播中获得更多话语权,这也促使主流媒体进一步缩短与受众之间的距离。在以往简单生硬的传统传播方式中,传播者对于受众而言往往是高高在上的,这种单向灌输式传播并未将受众需求考虑在内,因此这种缺乏对话性的传播方式最终成为典型的"独白式",这也大大影响了其传播效果。但是新媒体的出现,受众得以通过一系列新媒体来获取更多话语权,比如当下我国各级政府通过新媒体方式来广泛听取群众意见与建议,并在两会及政策制定中充分将这些意见与建议考虑进去,让民众有了更为宽泛的意见渠道,这不仅拉近了政府与民众之间的距离,也提高了民众对政府的信任度,并且民众也有了真正意义上可以自由表达意见的渠道。

国际媒体间的交往与对话。巴赫金的研究理论突出了他者在主体建构中的作用和地位,他认为主体就是传统意义上的客体,主体与客体二者可以独立地发出声音,有着完全平等的地位,二者彼此依附,缺一不可,否则就没有了存在的意义。可以从不同的层面来把握话语主体在国际传播中的多元性,众所周知,不同国家的文化和国情各有不同,所以国家的媒体话语权也是独一无二的,不可能类同。爱德华·赛义德整合了葛兰西"领导权"理论和福柯"权力话语理论"的内容,认为应该以一种包容并蓄的态度对待东西方文化,作为后殖民主义哲学家的他认为人们应当尊重每一个国家的话语权,要自觉抵制话语霸权的现象。因此国际媒体之间应该从以下两个方面进行交流和合作:

一是传播内容的对话与交流。"全球对话"这一新颖的概念最初是由英国BBC提出的,此概念拉近了国家之间的文化距离,一些媒体通过精心的包装,将充满国家和民族特色的文化资源和信息内容转化为充满魅力的影视作品,推向全世界,其中以《功夫熊猫》(迪士尼公司制作)最具代表性,迪士尼公司通过推广和包装,向世界展现了中国传统文化的特点;我国电视剧《李小龙传奇》是针对海外受众创作的武侠电视剧,除了向观众展现李小龙的武学造诣之外,还展示出李小龙不向强权低头、为弱者伸张正义的大侠风范。《李小龙传奇》获得了国际市场上的好评,剧中的"中国功夫"成为了中国被世界所熟知的标签。在武侠电视剧共有的价值观上,如对于力量和正义的追求等精神特质,世界各国都是共通的,不会受到地域、历史、文化和语言的局限。以上这些都是世界各国媒体在全球范围进行的传播内容的交流与对话并获得广泛好评的典型案例。

二是传播信息产品的对话与交流。在网络快速发展时代,国际媒体的全球化已是必然趋势,世界各地的受众都能轻松地接触到某个媒体的信息产品,最近几年,我国媒体正在主动与日本、英国、德国、美国的主流媒体进行对话、沟通,以期将我国优秀的文化展现在国际舞台上,巩固国际之间的媒体合作地位,提升我国媒体在国际上的影响力。比如中非媒体在第三届媒体合作论坛上就如何建设和强化媒体合作能力、如何落实广播影视政策、如何发展广播电视和新兴媒体展开了深入的讨论和研究,中非各自提出了自己的观点和看法,双方的人文和传播特点在平等对话和协商下得到了充分体现,从而降低了国家和政治制度对国际传播的影响。

二、对话交往中主体建构方式

巴赫金的大部分研究都是就主体的建构和主体之间的对话展开的,巴赫金早期的研究成果被克拉克和霍奎斯特称之为建构论(architectonics),从某种角度来看,这一理论与建筑学有一些共同之处,但却是以人的主体性建构为主要内容,其本质是人类学,需要从哲学的角度来理解。可以借助此理论来研究媒体关系,世界各国的媒体都是彼此联系的,不可能找到任何一个可以独立存在于这个体系之外的媒体,换言之,各国媒体之间的交流、对话、价值交换就是媒体主体建构的内涵。然而众所周知,媒体环境并非是一成不变的,媒体应该如何顺应这种变化并且逐渐确立起"他者"与"自我"的基本范畴,且在建构社会整体关系时,媒体应该采用何种方式呢? 笔者认为需要从以下两方面进行。

一方面,整合传播平台、加强国际对话。现如今,受众可以采用多元方式来获得信息渠道,只有认真梳理媒体与受众之间的关系才能达到预期的传播效果,要采用任务分工的方式,充分发挥现有传播工具在扩大传播范围、强化传播效果方面的作用和价值,从而使得更多目标受众群体都被涵盖进去,现代媒体与传统媒体在构建新型主流媒体话语体系的过程中要有目的地对传播平台进行整合,唯有如此,才能在整合传播的大背景下实现不同国家媒体之间的国际对话。

以广播电视传输环节为例,新媒体平台和传统传播平台之间的界限越来越模糊,这也是全球广播电视媒体的发展趋势,混合播放已成定局,互联网服务与广播电视服务的融合就是混合播放的主要内容,这种新的传输技术是在传统广播电视阵营的支撑下发展起来的,混合播放对美国而言就是美国数字电视 ATSC 标准发展的成果,其设计宗旨就是整合宽带网络和广播电视资源,具体而言就是将互动应用程序置入广播电视当中,目前所使用的是 ATSC3.0标准,未来还会继续升级。

在豆果网播放的《舌尖上的中国》第二季(下文简称"舌尖2")也是传统媒体平台与新媒体彼此合作、融合发展最具代表性的表现。豆果网通过推广中国美食的方式整合了传播体验平台,为受众带来良好接收体验,"舌尖2"中展现了许多美味食品的制作过程和列举了所需的材料,而且节目推出不久之后豆果网就立即研发了两款移动应用,分别是"舌尖2"APP 和豆果美食APP,据有关资料显示,豆果美食 APP 在"舌尖2"播出期间每天都有 200 万活跃用户、1000 万下载量,用户之间通过 APP 讨论中国美食、切磋厨艺,传播效果不言而喻。

另一方面,具有国际视野、突出中国视角。在全球范围内,我国媒体在话语体系的建构过程中应该从全局的角度来实现信息的传播,既要在充分理解他者的前提下与其他国家的媒体通过对话和交流来实现中国文化的传播,又要以一种主动的方式,展现出自己参与全球化建构的自信和优势,坚守中国观点和中国意识,从全球化的视角实现话语体系的建构。在这一过程中要主动与西方媒体平等对话、交流,要将自己的东西以一种对方能够理解的方式表达出来,强化中国软实力。

香港凤凰卫视在"拉近世界华人距离"方面做出了巨大的贡献,自 1996年开办以来,凭借新颖的风格赢得了其他国家的高度关注,备受肯定和好评,凤凰卫视将华人的声音传播到了世界各地，很好地展现出我国媒体的风采。在突出中国视角方面，积极传播社会主义核心价值观、挖掘并传递中国传统文化的思想精华，针对"信息需求"，选取"全球内容"，阐述"中国价值"，构建强有力的"中国话语体系"，这些都是实现国际交流和增强我国媒体话语权的良好起点。

第二节　话语主体自觉意识的确立

每个话语主体在新型主流媒体传播过程中都拥有自己的自觉意识，他们在平等对话和沟通当中形成了浓厚的话语氛围，这个氛围使得他们可以将自己的观点和看法自由地表达出来，丝毫不用顾虑自身历史局限性的影响，这种平等的对话可以拉近国内外媒体以及传统媒体和新媒体之间的距离，从而使得每一个主体都可以通过交流表达自己的诉求，实现传播内容、方式、渠道的共享，并孕育出一些前所未有的思想和理念。

一、主体间性互动中的对话交际

德国哲学家胡塞尔是最早提出主体间性概念的学者，他将主体之间彼此的理解和沟通称之为主体间性，认为这是不同主体内在关联程度的一种表现，这种表现主要通过他们彼此的互动程度和统一程度反映出来。如果用"我与你"的关系来描述传播过程中"我与他"的关系，也就意味着传播和对话过程中需要对参与者的主体性进行明确，也就是说，主体并非是唯一的，各个参与主体之间的彼此互动形成一种传播趋势，由此就形成了不同主体之间平等互动的主体间性。一切有主体资格的媒体与媒体之间、媒体与受众之间的关系属性，如交往、沟通、对话、交流都是媒体传播主体间性的探究内容，在新型主流媒体话语传播过程中，主体间性主要通过以下几种方式实现其对话和交往。

"我与你"的传播与对话。主体和对象的反映与被反映并不能完全囊括"我与你"之间的关系，还包括主体彼此之间的能动作用，关于这一点，巴赫金明确表示，"不同个体要形成一种超在的理想境界以及彼此交融的境界，就必须彼此回应、对话、交流"。[①] 在新型主流媒体传播过程中，"我与你"的媒体

_____

① 刘康：《对话的喧声：巴赫金的文化转型理论》，中国人民大学出版社 1995 年版，第 11 页。

与媒体之间的互动对话正在不断增强,这个过程实际上也是传统媒体向全媒体转型以及向新媒体延伸拓展的过程,不仅如此,众多互联网媒体的服务和内容并非是完全免费的,它们可以通过收费来维持自己的发展,在传播主体之间的平等对话和互动过程中,传统媒体和新媒体这两大阵营不断进步与发展中。

如雅虎、亚马逊、网飞等公司纷纷在 2018 年开始参与到视频制作领域,2018 年上半年,微软 Xbox 制作的自制剧多达 10 部,索尼 PlayStation 与谷歌旗下的 YouTube 就开播独家节目签订了协议,ABC 和 NBC、FOX 三大电视台授权其子公司 Hulu 独家播放多个真人秀节目和喜剧的资格,为了外购版权,母公司还斥资 10 亿美元。YouTube 是谷歌旗下的主要视频网站,成功实现了内容服务免费到付费的转变,YouTube 于 2018 年加大了建设原创视频内容的力度,投入的资金多达数百万美元,后来还在原创视频内容方面与 13 家日本本土内容商结成了稳定的合作关系,成功打开了亚洲市场,传统媒体和互联网新媒体依托这种将自我与他者转变为"我与你"的交流实现了平等对话,"我与你"也因为兼顾了个性与共性的价值追求而得到了世界各国媒体的认可。

主客体的转换与对话。新闻的传播过程涉及了符号、受众、文本、媒介、传者等主体的交流和对话,这些主体在新闻传播过程中平等对话,实现了彼此的互动。受众、传播内容、传者是这些传播主体当中最为重要的三个要素,三者之间的关系是对话顺利与否的关键,他们之间的对话是一个复杂的过程,包含断裂与联系、一元与多元、被动与主动等,这其中不但有彼此对共通性与一致性的追求,也有对差异性和多样性的认可。实践经验告诉我们,以大众传媒为依托的单向传播模式自身存在许多漏洞,这种传播模式传递和扩展信息的方式是自上而下的,就好比金字塔一样,只能从上向下传递,没有底层的反馈,"传播主体和受众被割裂,处于主导地位的永远都是传播者"。① 也正是因为如此,受众真正需要的信息可能无法被传播者所满足,这导致独白状态的存在,使得传播主体和受众之间总是有一条难以跨越的"鸿沟"。

所以在新闻传播过程中应将单向传播模式转变为双向传播模式,实现各

① 刘继南等:《国际传播与国家形象——国际关系的新视角》,北京广播学院出版社 2002 年版,第 230 页。

个主体之间的平等对话,双向传播强调了信息传播主体和接收主体之间的参与性和互动性,双方可以围绕信息展开沟通、交流,实现信息自上而下以及自下而上的传递,这样就区分了不同的受众和传播群体,传播主体在话语传播过程中可能会受制于权力话语,使得某些特定信息只会在特定群体当中传播、反馈。也就是说,话语对买家这一主体进行建构的过程中也对卖家进行了建构,建构医生的同时也对患者进行了建构,建构球员的同时也对教练和裁判进行了建构。在新型主流媒体传播过程中主客体都应遵循主体不能凌驾于客体之上的原则,主体和客体应拥有完全平等的地位。

二、权力话语主体的建构与支配

在《话语的秩序》一书中,法国后现代主义家、思想家福柯解释了何为"话语权",他认为,在建构和支配权力话语主体的过程中,话语权是一种不易被察觉的力量,它使得不同的话语主体之间彼此约束、彼此支配、彼此改变、彼此控制,各种话语的相互交错孕育了这种力量。比如发达国家的媒体就擅长利用本国文化、经济、政治资源上的优势,针对话语符号权力资本的运作提出自己的看法和观点,但是其他国家的媒体就无法做到这一点,其争取权力空间的方式就是需要发出媒体自身的"声音"。

不仅如此,话语主体只有严格遵循话语规则才能抢占主导权,福柯表示,主体能够以构建话语主导地位的方式来实现自我表征,并基于此掌握话语权,但需要指出的是,正是由于话语规范的客观存在,所以话语主体关于"能说什么"、"是否愿意说"并非是完全自由的,新型主流媒体也不例外,作为话语传播主体,其表面上似乎什么都可以"说",但因为受制于一定的权力关系,大多数情况下只能说某种语境中的"话语"。

在中西方媒体报道中,权力话语主体会因为话语规则的差异而在话语表达上存在显著差异,西方媒体的生存模式具有极强的商业性,所以满足受众需求就是其主要目标,他们会主动考虑受众的需求。总而言之,对于西方媒体而言,因为受到各种因素的影响,为引起受众兴趣,"惊悚性"和"特异性"往往会成为新闻报道的首要特征,这与我国媒体新闻传播是有本质区别的。

三、差异与复调中的平等对话

巴赫金对话理论中的"复调"是一个重要概念,即在整合两个或两个以上的旋律时,所有的旋律都既能融入多声部当中,又能保持自身的独立性。从哲学角度分析,马丁·布伯(第一个提出现代"对话"概念的学者)注重的是对话的平等性,而巴赫金注重的是对话的必然性。在构建新型主流媒体话语体系时应综合巴赫金和马丁·布伯的观点,确保各个主体在此体系中是一种相互依赖、平等交流、相互制约的关系。

改变传播语态。巴赫金认为,他者(主人公)与自我(作者)之间的对话关系是完全自由、独立、平等的,主体之间的对话能够使得所有主体的声音都得到体现,这一过程中双方特有的价值观念、立场均不会发生改变。"独白式话语"和"对话式话语"也是新型主流媒体传播语态常见的两种形式,前者是一种主体客体对立、一元中心倾向、大一统权威、封闭的关系;后者是一种非中心的反权威、开放的关系。新型主流媒体只有对自身传播语态的变化给予足够的关注,提倡相互之间平等交流、彼此碰撞、自由对话、平等相处,才能充分参与到对话式话语体系的建构当中。

一方面,主流媒体要尽快融入互联网时代,创新传播语态。没有载体,传播也就无从谈起,传播载体不可能一成不变,所以要适时调整传播理念和方式。主流媒体在整合媒介的过程中应当拥有一定话语权、选择权、主动权,做"清醒个体"而非"沉默个体"。所以,新型主流媒体除了要改变过去"我说你看"的传播格局之外,还要转变互联网时代传播理念,融合各项技术,创新传播模式,迎合新媒体时代受众的需求。

以电视新闻节目为例,目前媒体环境已经不同于往日,受众也希望媒体可以朝着数字化方向发展,这必然会引发新闻节目话语形态的变革,比如《全媒体大开讲》这个由凤凰卫视独创的新闻节目就打破了传统的播出格局,其在语言运用上采用新颖的话语形式,简化所要传递的信息,达到简单易懂的效果,评论员和主持人以"民众批评奥巴马缺席巴黎反恐大游行,你觉得总统都不出席是几个意思?""点赞"等简单易懂且诙谐的语言来向受众传递信息,这些话语理解起来十分简单,而且相当"接地气",很容易吸引受众。

另一方面,国内媒体要顺应国际传播的传播语态,结合我国媒体的特点,构建独特的话语形式,以达到更好的对外传播效果。我们应该采用中国式的语言表达方式将信息传递出去,从而满足不同国家、不同地区受众的心理文化需求,如果能够在对外传播中充分运用上述方法,那么将有助于加深国外对中国文化和特色的了解,从而提升我国主流媒体的国际地位。

在党的十八届五中全会召开期间，新华社在其官方 Twitter 上发布了时长3 分钟的《十三五之歌》MV，以民谣的形式反复吟唱"十三五"，按照"十三五"是什么、谁制定、怎样制定、制定完成还要执行、完善等逻辑顺序，层层推进，对每个问题的诠释、演绎都非常通俗，在网上迅速蹿红，深受网民们喜爱。《十三五之歌》的走红充分说明了外国观众有了解中国文化的需求，而中国通过这种方式来传递中国文化与政策，也意味着我国媒体有对外传播的诉求，通过软化、萌化这种严肃的政治主题，可以加速国内媒体适应国际传播语态的新形势。

注重互动体验。在交往式的对话中，对话双方是相互沟通、相互理解的，两者处于真诚交流的联合互动之中。巴赫金也认为："文本不是物，所以绝不可把第二个意识、接受者的意识取消或淡化。"[①]传播中的对话立场就是要肯定信息传播过程中受众的作用，提供各种渠道让受众充分参与到传播过程中，而且鼓励他们保持自己的个性，实现自己的价值。

在新型主流媒体话语传播中，传播者应当对受众的互动体验和信息需求进行考虑，激发其自觉意识。例如在媒体关系日益密切的当今，中央电视台非常注重根据受众的需求来选择新闻内容，央视早在 2015 年就推出了拉近自身与受众距离的传播方式，即以手机为载体进行，实现了"电视＋"、"互联网＋"与媒体传播的结合，两会期间推出的专题报道《我有问题问总理》就是典型个案，另外两会召开期间还推出微信摇号、向网民征集视频、新闻媒体"V 观"等活动，其目的就是让观众充分参与到两会当中。

新型主流媒体对外交流与合作的方式也发生了变化，媒体应该从不同的角度去接触海外受众，了解他们的信息诉求，而不是一味地将时间、精力和成本放在如何制作信息内容和产品上。比如英国 BBC 就提出了"马提尼媒体"的概念，具体而言就是在互联网的支撑下，使受众能够随时随地上网了解英国BBC 的内容，这一举措可能会超越传统广播电视机构在数字电视领域的地位。另外，中央电视台中文国际频道举办的第十一届观众联谊活动，其目的就是为了拉近自身与海外受众的距离，参与本次活动的海外观众多达 54 万，他

---

① ［苏联］巴赫金：《巴赫金全集》（第四卷），钱中文译，河北教育出版社 1998 年版，第305 页。

们来自 120 多个国家,总而言之,在制作和运营节目的过程中,新型主流媒体机构要整合各个领域的资源和优势,满足受众对内容的需求,打造良好的品牌口碑,通过整合和重塑内容与渠道,形成传播合力。

第三节　传播主体的多元一体:消除了媒体的界限

从哲学的角度看,系统具有内部结构的完整性、有序性和优化性等特点。在新闻传播过程中,传播主体可以是单一的传播个体,也可以是多个传播个体的优化组合,这种由相互联系以及相互作用的传播个体组合而成的统一整体,形成了传播主体的"多元一体"系统,这种"多元一体"系统将有助于消除媒体的界限,真正形成一种立足全球视野的新的媒体系统生态格局。在"多元一体"系统内,各媒体之间没有版权之争,没有国别之分,在新的媒体环境下,媒体之间正在逐渐消除彼此界限、相融共生。

随着科学技术和全球经济的快速发展,媒体与媒体之间的交往日益密切,"多元一体"系统格局已经逐步产生。在国内,各媒体间交往合作日益紧密,在国际上,各国家媒体之间的交流日益密切。因而进一步建构、发展传播主体的多元一体格局,创新传播新生态,从而消除各媒体之间的界限,成为新型主流媒体发展的必然趋势。以下将通过分析当下国外、国内传播主体的类型及其之间的"引力"关系,从而探究现今媒体背景下传播主体的"多元一体"格局。

一、传播主体的类型

传播主体是信息内容的源头,同时也是信息内容有力的传播者。就传统的媒体传播方式而言,新闻信息的传播者是作为传播主体的大众传媒,新闻信息的接受者是传播主体的传播对象,即广大受众。长期以来,传播者与信息接受者处于较为分割的状态,如今随着科技发展和时代进步,新媒体时代已经来临,传统意义上的传播主体地位发生了变化,信息的传播由单向转为双向传播。传统意义上的传播主体在新媒体的冲击下寻求转变与突破,传播主体不再是单一的传统媒体,而是多元一体的传播主体,新型主流媒体逐渐成为信息传播的主流承担者。以下将对新型主流媒体传播主体所处的社会环境进行简要分析。

政治环境是保障。任何媒体的存在和发展都离不开稳定的政治环境。我国一直高度重视传媒业的发展，对传媒业给予高度重视和支持。早在 2013 年的全国宣传和思想工作会议上，习近平总书记就强调要加快传统媒体与新兴媒体融合的速度，以及将二者融合的必要性。2019 年 1 月 25 日，习近平总书记在第十九届中共中央政治局第十二次集体学习时作了重要讲话，认为促进媒体整合发展，建设全媒体已成为当务之急。可见，我国非常重视媒体行业的发展变化，国家政策的大力支持与鼓励为新型主流媒体的发展提供了稳定的政治环境。

经济环境是基础。新中国成立以来，我国整体经济水平逐步提升，传媒业也在随着我国经济的进展而发展，在我国，很长一段时期内媒体在运行过程中大部分资金来自财政拨款。改革开放之后，我国提出了传媒行业应当实行新的经营管理方式，即"事业单位、企业管理"，除了国家和政府给予部分资金支持外，媒体大部分资金来源需要通过自身走市场化道路来获取，尤其在当下新媒体传播形式多样化的背景下，国家财政支持与市场化相结合的运作方式使我国新型主流媒体在经济上有运行保障。

文化科技环境是动力。随着我国经济的快速发展，人们综合素质整体提高，从事传媒业的相关人员有着较高的思想文化素养以及从事媒体工作所必备的专业技能。科学技术的发展促进了传媒业的发展，先进的媒体设备和通讯技术，使信息的传输和使用能力大大提高。此外，5G 时代即将来临，5G 技术的使用将进一步提高信息的传输和使用效率，大大加快媒介发展进程，其对传媒业发展所产生的动能不可估量，将提高新闻信息生产的效率并大大缩短"传受"双方进行新闻信息交流的时间，这一良好的文化科技环境为新型主流媒体的发展提供了不竭动力。

在上述三大环境背景之下，传统媒体与新媒体的融合发展之路虽有所曲折，但终将会融为一体并形成新型主流媒体。那么，在当下传播生态中，新型主流媒体传播主体所形成的多元一体格局是什么样的？按照地域分布、业务形态和媒体级别，可将新型主流媒体传播主体分为国外传播主体与国内传播主体、传统媒体与新媒体、中央级媒体和地方媒体。后面将通过对上述新型传播主体的研究，分析各传播主体之间的多元一体的关系。

多元之"国外传播主体"。随着全球化进程的进一步加快，世界上的任何一个国家都离不开与其他国家之间的交流与合作,各国之间的交往随着"地球村"的形成越来越密切。媒体是各国之间交往的特殊渠道之一,各国之间的交流与交往离不开媒体之间的交流与合作。放眼国际,世界各国都有各具特色的主流传播主体,如表4.1所示,包括英国BBC、美国CNN等主流传播主体,这些传播主体分布于世界各个国家之中,主要服务于其所处地域内的受众,传递本国以及世界其他国家发生的重大新闻消息。如2016年G20杭州峰会期间,上述传播主体便对峰会进行了积极报道,其中英国BBC对G20峰会的报道有11篇,美国CNN对G20峰会的报道有6篇。世界各国对G20峰会的正面报道有利于我国国际形象的塑造,让世界进一步了解中国。可见,国外传播主体已成为当今世界媒体多元格局中不可或缺的传播主体之一。

表4.1 多元之"国外传播主体"

国家	传播主体	
英国	BBC	……
美国	CNN	……
日本	《朝日新闻》	……
俄罗斯	俄新社	……
巴西	《圣保罗业报》	……
……	……	……

多元之"国内传播主体"。在国内,新型主流媒体的传播主体主要包括传统主流媒体和传统主流媒体旗下的新媒体、中央级主流媒体和数量众多的地方主流媒体等,这些传播主体共同构成了我国新型主流媒体的传播主体。在新媒体时代背景下,传统主流媒体应积极吸收和借鉴新媒体中的精华部分,进行媒体融合,致力于打造新型主流媒体,从而引领社会潮流、服务大众。如表4.2所示,以我国各级报纸、广播、电视为例,新型主流媒体既包括《人民日报》、CCTV、武汉广播电台等众多的传统媒体平台,又包括人民日报微信公众号、荆楚网等众多新媒体平台,并覆盖当下最流行的微信、微博、客户端、网站等新媒体运营方式。传统媒体与新媒体共同构成了我国新型主流媒体多元系统的主干。

表 4.2　多元之"国内传播主体"

类别		传 播 主 体			
传统媒体	报纸	《人民日报》	《湖北日报》	《恩施日报》	……
	广播	国际广播电台	武汉广播电台	恩施广播电台	……
	电视	CCTV	湖北电视台	恩施电视台	……
新媒体	微信	人民日报微信公众号	湖北日报微信公众号	恩施新闻网微信公众号	……
	微博	@人民日报	@湖北日报	@恩施新闻网	……
	网站	人民日报官网	荆楚网	恩施新闻网	……

多元之"中央级和地方媒体"。在我国省份众多且媒体众多,除中央级别的媒体外,各省、市、县等地方媒体分布于全国各地。如表 4.3 所示,中央级主流媒体方面,有《人民日报》、中央广播电视总台和国际在线等。地方主流媒体方面,以湖北为例,省级媒体包括《湖北日报》、湖北电视台和荆楚网等,市、州级媒体包括《恩施日报》、恩施电视台和恩施新闻网等,县级媒体包括利川人民广播电台、利川电视台和利川新闻网等。从中央到地方各省县市,各区域都有其主流媒体的传播主体。

表 4.3　多元之"中央级和地方媒体"

类别		传 播 主 体			
中央级媒体		《人民日报》	中央广播电视总台	国际在线	……
地方媒体	省级媒体	《湖北日报》	湖北广播电台	湖北电视台	荆楚网	……
	市、州级媒体	《恩施日报》	恩施人民广播电台	恩施电视台	恩施新闻网	……
	县级媒体		利川人民广播电台	利川电视台	利川新闻网	……

随着党中央对传统媒体和新兴媒体融合发展的重视,县级融媒体中心建设被提上了日程。2018 年 8 月 21 日,习近平总书记在全国宣传思想工

作会议上表示,"要扎实抓好县级融媒体中心建设,更好引导群众、服务群众"①。打造县级融媒体,是未来一段时间内我国传媒机构运行的工作重点之一。县级融媒体是最贴近基层人民群众生产和生活的重要媒体,加大对县级融媒体这一传播主体的重视力度,促进县级融媒体又好又快发展,需要地方媒体工作者的加倍努力,同时也离不开中央级媒体乃至全国媒体的大力支持。

中央级媒体是全国媒体的领头羊,地方媒体紧紧跟随中央级媒体,它们共同构成我国主流媒体,成为引领我国社会思潮的媒体类别。2019 年 3 月 3 日,全国两会拉开序幕,无论是中央级媒体还是地方媒体,都保持着与时俱进、奋力拼搏、不断创新的态度,并以新技术、新手段,积极合作,在主流信息传播过程中为广大新闻信息的接受者所喜爱。如果将中央与地方媒体比作一棵树,中央级媒体则为树的"主干",地方媒体则为树的"枝干及绿叶",二者共同构成我国媒体多元系统体内的"骨架"。

通过对上述传播主体的分析,可以发现,在当前传媒行业中,新型主流媒体传播主体呈现出"百花齐放"的多元状态,并且各传播主体之间并非是完全独立的个体,在传播内容、传输机制、传输手段等方面有着千丝万缕的联系与合作。如国外传播主体报道我国 G20 杭州峰会,必然会与国内传播主体进行交流;国内各传播主体在信息传输过程中,也必然缺少不了交流与合作;中央级媒体离不开地方媒体的信息扩展,地方媒体也离不开中央级媒体的主流引导。总之,在全球一体化、新媒体加速发展的传播生态下,新型主流媒体各传播主体正处于快速发展的多元化趋势之中。

二、传播主体的一体化

"一体化"是指把多个原来相互独立的主权实体通过某种方式逐步结合成为单一实体的过程,传播主体的一体化就是把多个传播主体通过各种方式逐步发展并融为一体的过程。随着互联网技术的高速发展,媒介技术也进行着巨大变革,技术的变革必然引起媒介环境的改变。新媒体的出现导致传统媒体不能满足受众对获取庞大信息量的需求,传统媒体的主流引导力下降,话语权威性较以往也有所下降,传统媒体面临着巨大挑

---

① 《习近平谈治国理政》第三卷,外文出版社 2020 年版,第 313 页。

战。我国主流媒体作为舆论引导与信息传递的传播主体，必然要紧随时代发展潮流，迎接新挑战，融合新媒体，构建能够引领社会主流思潮与价值观的新型主流媒体。同时，还需要增加各种媒体之间的交流与合作，促进它们之间的交流和沟通，并实现内容共享，从而更好地传播主流价值，服务于大众。

国外传播主体与国内传播主体一体化。早在 1968 年，麦克卢汉就在《地球村的战争与和平》这本书中预言：不断兴起的新科技将会引起全球传播媒体的变革，进而导致对整个人类社会的巨大冲击。正是由于技术的不断发展与更新，使得国内国外媒体之间的交流与合作逐步成为可能，呈现出传播全球化的趋势，尤其在针对同一新闻事件进行报道过程中国内国外传播主体不断进行交流与合作。目前国外传播主体与国内传播主体一体化发展的态势愈加明显，一国媒体能够在其他国家参与新闻报道，并且和其他国家的媒体共同报道重大新闻事件便是最好的体现。如在 G20 杭州峰会期间，英国 BBC、美国 CNN、日本《朝日新闻》等媒体都来到中国，对 G20 杭州峰会的始末进行了详细的报道。这些国家主流媒体的报道内容，对于我国形象的对外塑造有着较大的影响，因此需要增强国内外媒体的交流与合作。

国内传播主体一体化。目前国内传播主体一体化主要体现为传统媒体与新媒体的融合，这一过程也就是新型主流媒体的构建与融合过程。2019 年 1 月 25 日，习近平总书记在十九届中共中央政治局第十二次集体学习时发表重要讲话，认为当下我们面临的一项紧迫课题就是推动媒体融合发展。由此可见，党和国家极为重视媒体融合向纵深发展，良好的政策环境必将有利于推动传播主体的一体化。在我国，新型主流媒体的发展主要表现为传统主流媒体与新媒体的融合发展。如《人民日报》《湖北日报》《恩施日报》等传统媒体都积极与新媒体接轨，分别开办了人民日报微信公众号、人民日报官方微博以及人民日报官方网站；湖北日报微信公众号、湖北日报官方微博以及湖北日报官方网站；恩施新闻网微信公众号、恩施新闻网官方微博以及恩施日报官方网站等新媒体平台。传统媒体积极融合新媒体，努力构建新型主流媒体，呈现出国内传播主体一体化的态势。

中央级媒体与地方媒体一体化。我国拥有世界上竞争最为激烈的媒体市场，包括"出版社 585 家、公共广播节目 2800 套、县级及以上电视台 2609 个，网站533万个"。① 我国媒体分布于中央和地方各省市,在庞大的媒体市场背景下,我国中央级媒体与地方媒体逐渐呈现出一体化的态势,即中央引领地方,地方紧随中央。

通过上述分析,可以发现,国外传播主体与国内传播主体、传统媒体和新媒体、中央级媒体和地方媒体都呈现出传播主体的多元一体状态,他们之间相对独立却又相互融为一体,共同构成了传媒业开放多元的格局。从图4.1传媒业"多元一体"示意图中,可以直观地了解,传统媒体、新媒体、中央级媒体和地方媒体四者相互交融,共同组成了国内传播主体,他们之间相对独立,又在一定程度上相互交融与合作。国外传播主体与国内传播主体都属于传媒业系统内的一部分,二者在构成全球传播主体的基础上,架构起传媒业"多元一体"的系统格局。

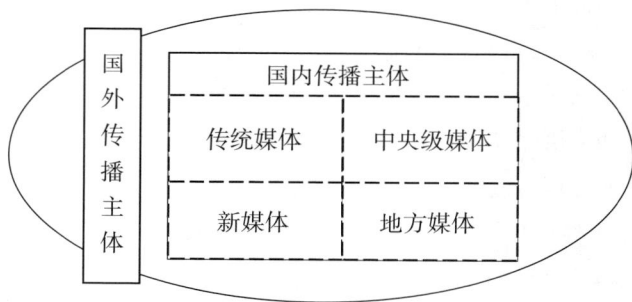

图4.1 传媒业"多元一体"示意图

三、传播主体"一云多媒"系统格局

哲学上认为,一切事物都处于不断发展变化之中,发展就是新事物代替旧事物的过程。作为信息传递重要渠道之一的媒体行业,其所能生产的价值和造成的影响不容忽视。媒体行业应与时俱进、勇于创新并敢于革新,在我国,中央三台的融合之举便是媒体创新发展的重要体现。2018年3月21日,我国实行"三台合一",取消中央电视台(中国国际电视台)、中央人民广播电台、中国国际广播电台建制,合并组建中央广播电视总台。中央广播电视总台的成立,增强了我国媒体舆论监督水平和国际传播能力,增强了我国广播电视媒

---

① 姜涛:《媒体生态重塑,大众传媒小众传播时代来临——2018中国媒体市场趋势》,《北方传媒研究》2018年第5期。

体行业的协调与配合能力，有利于推动媒体融合，有利于进一步讲好中国故事，有利于新型主流媒体的构建。"三台合一"的融合是我国媒体在发展过程中的必然结果，同时也是我国中央级主流媒体进行深入式融合发展的典型范例。

随着全球化进程的加快，融合将必然成为整个世界范围内媒体行业的发展趋势，今后媒体融合发展过程中离不开"一云多媒"硬条件的创造。仇勇在《新媒体革命在线时代的媒体公关与传播》一书中，在观察古典媒体和在线媒体之间的逻辑时提出了"一云多媒"的构想，他认为内容是"云"，纸质出版物、电台、电视台只是端口之一，"一云多媒"的关键在于"云量般的内容汇聚和媒体端口的产品化能力"。① 在此基础上，可以将"一云多媒"定义为："一云"即一个媒体云库，"多媒"即众多生产新闻内容的媒体主体。"一云多媒"即全球范围内各自由媒体生产的新闻内容都汇聚于媒体云库内，以供各媒体端口自由使用。

当下，随着科技发展的日新月异，"云服务"技术正逐步走入大众视野。2013 年，在美国情报界出现"云端设想"，"一项名为'网络入云'的项目在美国启动，其目的是希望在云计算的帮助下，获得更强大的情报分析与整合能力，同时对美国的情报网络工作进行重组"。② 根据王权所写的《美情报界的"云端设想"》一文中的相关事实数据可以获知，云服务的安全系数要远远高于本地网络服务。阿里巴巴是我国互联网公司的代表者之一，其旗下的阿里云是全球领先的云计算及人工智能科技公司，阿里云致力于以在线公共服务的方式，提供安全、可靠的计算和数据处理能力。阿里云服务着许多领域，从宏观上看，有制造、交通、金融、政务等领域；从微观上看，有购物消费的淘宝、支付宝等领域。

由此可见，未来"云端技术"不仅在军事情报领域的影响较大，其在大众日常生活中的影响也不容忽视，"云端技术"将一步步融合于社会方方面面。媒体行业是社会上不可或缺的行业之一，因此媒体行业也将与"云端技术"融合发展，运用"云端技术"进行媒体间的信息交流，媒体之间的界限也会逐步

---

① 仇勇：《新媒体革命：在线时代的媒体公关与传播》，电子工业出版社 2016 年版，第 67 页。

② 王权：《美情报界的"云端设想"》，《中国国防报》2019 年 2 月 26 日。

消除,在不断革新发展之后,"一云多媒"的构想将会实现,为此,笔者初步构建了如图4.2"一云多媒"系统模型示意图。

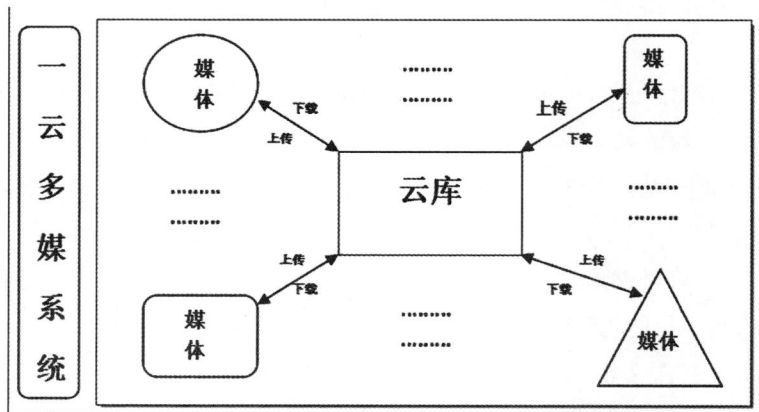

图 4.2　"一云多媒"系统模型示意图

如图4.2所示,图中的"云库"便是"一云多媒"中的"一云","多媒"即为各种媒体机构。通过该图,可以看出在"一云多媒"系统内,任何媒体机构主体都可以通过云库自由上传或下载信息内容,各媒体之间呈现出内容共享的互惠互利状态,这种状态消除了媒体之间的界限,能够在最大程度上达到信息内容的共享,也能够在最短时间内进行信息内容的传递与再创造。

那么,如何保证各媒体机构及时上传全部信息内容?如何保证各媒体所上传内容的质量?倘若上述两个问题被解决,"一云多媒"系统格局的实现便有了强有力的保障,传媒业"多元一体"系统也将更快实现。仇勇在《新媒体革命:在线时代的媒体公关与传播》一书中认为:"如果生产方式和定价机制不创新,所谓新媒体只是披着互联网的皇帝的新衣。"①因此,在"一云多媒"系统格局中需要创新信息内容质量检测与信息内容价值回报机制,这两者的创新在某种程度上将有利于促进"一云多媒"系统格局的实现,最终促使所有媒体机构参与到"一云多媒"系统格局内部,从而实现真正意义上传播主体的"多元一体"。

---

① 仇勇:《新媒体革命:在线时代的媒体公关与传播》,电子工业出版社2016年版,第156页。

创新信息内容质量检测技术。对于媒体行业发展来说，创新是其发展的不竭动力。2008 年"新闻巨头"默多克收购了《华尔街日报》，他发现在《华尔街日报》的信息生产过程中，"一篇文章从生产到最终印制需要经过 7 个半小时的编辑环节"。① 可见，在传统媒体的内容生产模式下，一篇成熟信息内容的产生，需要经过复杂的编辑环节。在传统媒体时代，这种复杂的编辑环节有利于高质量信息内容的产生。在新媒体时代，传统的编辑模式已经大大阻碍了信息内容生产者的生产力与创造力，无法有效利用信息内容生产者及时传播海量信息内容。自党的十九大召开以来，习近平总书记极为重视创新发展，并极力要求把创新摆在国家发展全局的中心位置。信息内容质量检测技术就是对各媒体上传的信息内容进行质量把控，类似于现在媒体中的"守门人"。但与"守门人"不同的是，这种技术能大大提高对信息内容的检测效率，保证所上传的信息内容都是合法且高质量的新闻产品。创新信息内容质量检测技术，有助于解放信息内容生产力，同时也有助于提高信息内容创新力。

创新信息内容价值回报机制。信息内容价值回报机制就是在"一云多媒"系统下，任何上传信息内容的媒体都享有该信息内容的版权，任何复制该信息内容的媒体都将给予上传者一定回报。当下科学技术的发展达到了前所未有的高度，信息内容的生产也达到了前所未有的丰富状态，受众可以随时随地获取到大量的信息内容，我们正迎来经济学中所认为的认知盈余时代，每个人都是信息内容的生产者和发布者，同时也是信息内容的使用者和接受者。在信息内容价值回报机制下，各个媒体都将努力生产高质量的信息内容产品，并将其上传到"一云多媒"的"云库"内，这将会在一定程度上促进各媒体机构"多元一体"状态的形成。

综上所述，笔者从传播主体类型、传播主体的一体化和"一云多媒"系统格局的构建三方面对传播主体的多元一体格局进行了分析和思考。在全球化进程不断加快、国家之间交往日益密切、媒介融合不断发展的情况下，对于新型主流媒体而言，媒体间的界限正在逐步缩小甚至消除，从而形成一种"大家庭"般的媒体共融共生的状态。

---

① 仇勇：《新媒体革命：在线时代的媒体公关与传播》，电子工业出版社 2016 年版，第278 页。

第五章　新型主流媒体话语文本的建构：由独语到用户参与

当代人文学科中会常常出现"文本"这一概念，人文学科的研究和思维对象都是依托文本而存在的，"文本问题"很早就引起了巴赫金的注意，他在《文本问题》一文中罗列了自己对于此问题的研究成果，他认为所有人文学科的第一性实体和出发点就是文本。结合当下新型主流媒体传播特征，从符号学的文本类型角度对媒介话语文本进行划分，有"语言文本"与"非语言文本"之分；从传播形态的角度划分，有"单一文本"与"聚合文本"之分；从接收终端的角度划分，有"固定文本"与"便携式文本"之分。上述无论划分依据如何，在建构新型主流媒体话语文本的过程中，由独语到用户参与将成为整个新型主流媒体的发展趋势，它将本文的多样性和具象化体现得淋漓尽致。

第一节　话语文本的类型

一、语言文本和非语言文本

"对于人们而言，只有通过语言叙述才能让发生在其它时空体系的事实进入我们的视野"。[①]"每一个文本都会影响和制约另外一个文本"，[②]文本信息内容在整个文本中能真实再现某个声音，有着属于自己的世界价值观、个性色彩，而且受多种因素的影响，如情感因素、作者因素等。信息离开了符号就无法传播，它是信息的外在形式。

语言文本在媒体传播中所传达出的指向性意义是特定的，我们可以从这

[①]　韩震等：《历史·理解·意义——历史诠释学》，上海译文出版社 2002 年版，第 106 页。

[②]　［苏联］巴赫金：《巴赫金全集》（第四卷），钱中文译，河北教育出版社 1998 年版，第 297 页。

些描述社会团体及其成员的词语中对其中蕴含的观点、视角和意识形态进行把握和理解，以电视为例，屏幕文字、画面语言、播音语言都是电视语言文本。2012 年 11 月，习近平总书记在新任政治局常委与记者见面会上围绕人们最关注的问题发表了讲话，此次讲话十分贴合受众需求，拉近了领导与普通民众之间的距离，也加深了政府对于人民诉求的理解，整个对话与交流都是平等进行的，氛围良好。在遣词造句方面，习近平总书记频繁地使用"大家好""孩子们""同志""打铁还要自身硬""大家久等了"等十分接地气的通俗化用语，这些用语不同于官方正式语言，可以让百姓感受到官方的诚意，使他们愿意向官方表达出自己最真实的想法和诉求。在说话者权力高于听者权力的语境下，通过这种遣词造句的方式可以减少听者对说话者的疏离感，能够在一种轻松的氛围中宣传政治理念。

非语言文本即在传播过程中同时兼顾了视觉和听觉的文本，比如，电视具有信息载体（如视觉、听觉）的符号系统就是其非语言文本，可以将之理解为是艺术与声音的集合体，电视媒介通过非语言符号传播信息的比例高达75%。以俄罗斯媒体对普京的报道为例，他经常在打猎、骑马、钓鱼的过程中展现自己的"肌肉"。媒体也乐于报道，这种生动且直白的非语言符号将其"铁腕总统"的特点体现得淋漓尽致。非语言符号在媒介传播当中寓意深刻、形象生动，能够使传播效果"更上一层楼"，美国人类学家摩尔根表示，非语言符号使用起来不仅简单可行，而且效果极佳，还不会引起对方的反感。在新闻传播过程中，非语言符号凭借其动作、姿势、实物、表情等对受众的触觉、视觉产生影响，可能带来出其不意的传播效果。

利用各种语言文本和非语言文本强化媒体传播效果是一种常见且有效的方法，在这一过程中还能将媒体的优势和特点展现得淋漓尽致。微博作为移动互联技术带来的典型传播方式，比起传统媒体相对单一的信息呈现方式，能够运用多种表现形式完成对信息的呈现，微博的这种特征也决定了在微博中呈现的叙事文本形式具有多样化特征。如在关于十九大报道中，人民日报官方微博在话题"给青年的一封信"话题中运用了语言符号与非语言符号来进行叙事，一般的非语言符号为视频、音频以及图片等，在"给青年的一封信"话题中运用最多的非语言符号便是视频。比如《我们的征途是星辰大海》这篇文章中附有一个时长近七分钟的名为"中国的特色梦想"的短视频，《有了健康,你才能去搏风击浪》页面顶部便是一个来源于《见字如面》的短视频——"对不起,妈,我生病了",《你最牛的背景,就是今天的中国》中附有一首名为《信》的歌曲 MV,解释为四个"九零后"写给祖国的信。一般来说,在叙事文本中,非语言符号的使用以图片、视频最为常见,文字能给人细腻的感受及广阔的想象空间,而视频对于具体的展现文本内容则更有帮助,能使接受者有更真切的体验。在十九大报告中,"实施健康中国战略"单独列为一节,可见"健康"的重要性,《有了健康,你才能去搏风击浪》一文正是响应了"健康中国"的号召,文本围绕"健康"二字展开论述,提到不仅要身体健康也要精神健康和思想健康,而"对不起,妈,我生病了"的视频更像是一个导入语,通过一个患白血病的男孩给妈妈的一封信来表明健康的重要性,然后再展开文本的叙述。比起文字,视频给受众带来了真真切切的画面,当文字所描绘的内容与视频高度契合,更能引起接受者的共鸣,使叙述者想要传递给接受者的内容被更好地接受。

二、单一文本和聚合文本

在传播活动中,文本这种表义结构包含了符码和符号,作为受众理解话语内容的载体,文本是在媒体层面所运行的符码所构成的意义生成与交换的中心,巴赫金认为"所有文本都含有一种依托技术因素而存在的东西"。[①] 当下,传统媒介因为文本载体传输模式、传播技术的进步而发生了翻天覆地的变化,这使得传播文本之间更容易受到介质的影响,传统媒体一家独大的情形被逐渐改变,新媒体文本应运而生,媒介本文的不断聚合就是新媒体文本最显著的特征。

文本在聚合关系中不断在不同语言符号之间转换,使得文本交互模式变得新颖且多样化,就如同多声部的符号交响一般,建构出一种多元、多层次的文本表意结构,而且新媒体文本与传统媒体文本之间的维度也逐渐多元化,新媒体文本与传统媒体文本二者彼此共存,通过互换、并列、对位的方式将文本属性的多元性、多重性体现得淋漓尽致。这种聚合式新文本是传统媒体发展到一定程度的产物,表现出十分明显的统一性、可塑性,而且在表意实践当中超越了听觉文本和视觉文本。在新媒体日渐成熟的当下,新型主流媒体聚合文本也表现出了对大数据的依赖,如中央电视台于 2015 年 10 月推出了名为

---

① ［苏联］巴赫金:《巴赫金全集》(第四卷),钱中文译,河北教育出版社 1998 年版,第297 页。

《数说命运共同体》的节目，节目共有 7 集，每 1 集都会用大量的视频、图片来表述新闻事件，可以把它看作是一档数据新闻节目。节目采用可视化技术整合了现有数据，实现了各个领域新闻的集合和汇总，然后还详细地分析了"一带一路"参与主体的情况和特点，在这种先进视频技术的支撑下，镜头与图片相得益彰，使得新闻叙事不再那么枯燥，受众观看的积极性瞬间被调动了起来，而且节目播出之后立即上传视频供人们反复观看，并且在新媒体平台如客户端、微信、微博上开通讨论板块，方便传受双方讨论交流。

三、固定文本和便携文本

"补偿性媒介"这一概念最初是由美国媒介理论家、传播学者保罗·莱文森提出，他认为旧媒介并不会因为新媒介方式的出现而退出历史舞台，旧媒介会因为新媒介的出现而更加完善。在科学技术日新月异的当下，新媒体已成为传播主要方式，其传播主体也变得多元化，其中以数字广播、网络广播、社交电视、手机电视、互动电视、移动电视、数字电视、互联网电视等最为常见，这些传播主体凭借其与生俱来的传播优势，如交互性、低成本、及时性等特点，逐步由固定文本向便携式文本转变。

以接收终端手机为例，现代人们在生活和工作的双重压力之下，无法长时间接触媒介，但是手机的出现使得人们可以在乘车、候机、等人的过程中接触媒介，这种"微媒介"在传递"微内容"方面的表现优于传统媒体，而且提供了多元化、碎片化、个性化的形式，能够言简意赅地通过碎片化的方式呈现传播内容。以手机新闻文本为例，手机新闻客户端不会用冗长的语言描述整个事件，会以简短的方式为受众提供信息，用户可以通过阅读这些内容来了解新闻，这不仅可以满足受众信息需求，还可以节约受众时间。

移动终端的布局是新型主流媒体目前比较关注的重要问题，它们对终端平台的依赖性比较强，所以信息对用户群体的覆盖方式也比较广泛、多元，便携文本在传播文本中的地位逐渐凌驾于固定文本之上，它能有效提升信息传播的即时性，使得用户能够轻而易举地获得不同信息。在网络视频传播过程中，传播文本的即时性被体现得淋漓尽致，例如"体育+视频直播"这种传播方式就成为播放 2016 年里约奥运会的首选，备受观众的好评，"乐视体育"即为转播此次奥运赛事的直播平台。以互联网技术为依托播放里约奥运会，再配以节目录制和独家访谈，可以将奥运盛况呈现在受众面前。里约奥运会开始之后,"乐视体育"专门选择北京时间的早上和上午作为转播精彩项目的时间,很好地解决了时差问题,这一贴心之举广受网友好评,这种做法为其赢得了许多受众,虽然有些观众无法通过电视观看转播,但是他们可以用手机观看,"乐视体育"这种做法使得用户将自己的碎片时间充分利用了起来,很好地解决了过去只能通过传统媒介收看重大节目的问题。

第二节　话语文本的语义空间

一、话语表述的超语言性

美国社会学家查尔斯·霍顿·库利曾表示,"一个人只有经历某种表达才能成为一个人,没有这种表达作为支撑,其存在就无法变得高级。"[①]毫无疑问,人的最基本诉求和特质就是沟通,沟通是人与人相处和彼此了解的第一步,新型主流媒体的传播过程也不例外,媒体通过语言了解受众诉求,受众通过语言反馈感受,但是这种表达并非只有语言可以做到,巴赫金对所有主体的话语位置和意识形态给予了极高的关注,他认为意识形态立场会以语言为载体而彼此影响。

在大众传播过程中,符号学研究方法发挥着举足轻重的作用,人们对图像意义形成机制进行把握时可以充分利用符号学中的文本表达,从思想上建立声音与图像之间的关系,并基于此对新闻传播的图像文本或视觉文本进行分析。所以,在符号学分析中,应当对文本的符号系统予以重视,通过分析文本可知,符号系统孕育了程序的意义,比如,若电视剧文本被当作一个符号系统,那么其中有烤马铃薯、苹果派、沙拉、牛排等的晚餐就各有自己的意义和含义,它们象征着国籍、品位、境界、社会地位等,因此从这个层面而言,符号文本已经凌驾于单纯的语言之上。

以第二次世界大战为例,广播文本的表述对于交战双方国家而言就起到了一种"浸润"和"煽动"作用,从而最大程度地发挥出了广播对于战争的辅助作用,当时的广播使用了只有军队才能听得懂的隐语,从根本上提升了指挥所

---

① 苗棣,王怡林:《脱口成"秀"——电视谈话节目的理念与技巧》,中国广播电视出版社2006年版,第7页。

的"开放性"。比如，英国 BBC 在加密处理战争信息时采用了这种方法，这样就算信息流到敌方，敌方也不清楚其代表何种意思。战争中的宣传工作备受美国前总统艾森豪威尔的重视，他曾明确表示："每在宣传上支出一美元，就等同于在国防上支出了五美元。"这充分说明了战争中宣传的地位和价值。

所以，新闻报道作为话语文本必然是建构意义的关键，话语一方面具有叙述客观事实的作用，另一方面也可以体现出主体的意识形态。对于社会而言，媒介的存在意义在于具有界定、解读、选择和评价原有社会事实的作用，除此之外，它还能通过建构意义场来对复杂的世界进行呈现。所以当代社会背景下媒体的话语权，不仅包括传播主体发言和说话的权利，还包括意识形态的控制权。

二、话语文本与话语语境

在话语分析过程中，视角作为语言使用单位，它由语境和文本两部分组成，文本视角对各个层次的话语结构进行描述，语境视角除了具有此种功能之外，还对社会文化、再现、认知过程等因素进行分析。话语分析强调语境与文本的相关性，需要通过对社会文化语境进行描述来形成特定的认知，而且话语分析包含了社会语境和认知语境的研究，话语实际上就是包含社会互动和话语解释的过程。

巴赫金表示，在对话语中的词汇进行把握时，需要对其蕴含的意义进行理解，在理解过程中，应当分析语言表达所会受到的文化、社会、历史等因素的影响，巴赫金针对话语表述构建了一个独特的对话交流传播模式，其中包含了复调、应答、主体等元素，这一对话交流传播模式可用图 5.1 来表示。①

结合图 5.1 内容可知，个体的感知背景会因为其话语表达和理解的不同而异，同时还会随社会环境的变化而变化，说话人的综合背景与说话人表面结构的含义存在明显的相关性，如个人喜好、了解程度、专业知识等，而说话者自身所处的社会背景则受到更深层次结构的影响，由于话语文本在不同话语语境中有着完全不一样的含义，所以"在对话过程中，传者和听者之间横亘着意义，而且只有当他们主动了解彼此时才会产生这种意义。在双方彼此互通的过程中，意义的出现可以说是一瞬间的事情"。②

---

①　赖彦：《新闻话语对话性的文本分析与阐释》，博士学位论文，南京师范大学，2011 年。

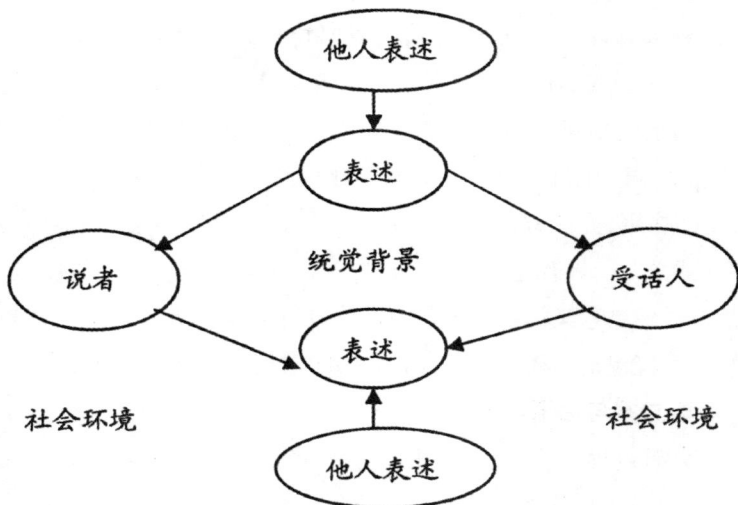

图5.1 巴赫金对话交流传播模式①

　　国家和社会语境影响着话语文本的意义,在《神话学》一书中,罗兰·巴特(1997)提出了"神话"这一全新的符号学概念,"神话"是人们长期对某事物形成的固有影响,是一种集体无意识和符号内涵意义的运作。人们不排斥神话传递出来的价值观念,是因为神话可以使得人们将意指系统等同于事实系统,其具有固化能指与所指关系的作用,媒体话语文本中引入到神话之中,神话所指代的含义与其社会语境、国家背景有关。受众的解读语境影响着话语文本意义,"表述是话语的文本,一切意义都会因为文本而彼此相关,其表述可以被置于特定范围的语言交际当中"。② 在特定媒体传播语境中,受众要通过解读来对话语的意义进行激发,媒体内容在主流媒体话语传播当中已成为文本,受众是生产文本意义的主体,媒体文本此时已转变成文化商品,其潜能只能通过受众被激发出来,受众会采用"生产式阅读"的方式来进行解读,媒体内容便在这个过程中蜕变成为了真正意义上的文本。

---

　　① V.N.Volosinov. *Marxism and the Philosophy of Language*, Harvard University Press, 2007, p.100.

　　② [苏联]巴赫金:《巴赫金全集》(第四卷),钱中文译,河北教育出版社1998年版,第302页。

三、传播文本的互文性

从对话性发展而来的互文性,为文本意义的生成和理解提供了独特的关系视角,因此可以把文本意义放在两个层面进行思考:联系的(文本之间的交流)和转换的(在这种交流关系中的文本之间的相互转化)。互文性意味着无论在表达还是理解时,都应跳出当前对象的语义规定,不应局限于当前文本,进而关注文本之间是如何相互牵连、彼此渗透、相互诠释的关系。因此新闻话语不再是单一的文本,取而代之的是包含了诸如语言、图像、声音等模态的复合文本,以及媒介融合视阈下的新媒体文本,这些现代化手段丰富了意义的表达形式,打破了媒介常规表达方式的单一性,体现出交际模式的多样性。

互文性特征在不同文本的表意实践中得到了最为详细的体现,它使得一个文本与其他文本之间发生对话性关系,并将其他文本纳入自身。尤其是新媒体在参与文本表意的过程中,由于广泛而系统地介入了传播、接受和反馈等过程,从而对文本意义的生成和传播产生了深远的影响。在新型主流媒体传播过程中,由于互联网等新媒体"语图文本"的意义生成,视听新媒介中的图像和语言都发生变化,图像文本和语言文本彼此交际互动,语言符号和图像符号交互共生,在表意实践中实现一种对单纯的语言文本和图像文本的双重超越,共同作用于这一聚合型文本的动态语义场。

如"央视新闻"手机客户端,就充分发挥出央视对突发事件的报道能力,为受众提供最新最快的政府部门权威消息和来自现场的独家报道,关注民生改善,见证时代变革,呈现独家视频,给网友提供看得见的新闻。从表现形式上来说实现了与电视深度融合无缝链接,针对用户时间碎片化和使用随身化的特点,以影像新闻精品的运营思路,打造全方位的移动新闻报道体系,为受众提供节目点播、新闻直播、新闻导读、独家视频等多重选择,以视频新闻为主,兼有图文报道。其"电视+"板块中分为"看电视"和"听电视"两部分,将手机电视文本和网络广播文本完美结合,实现多重文本的更新、浓缩、移位和深化,满足不同受众的不同需求。因此,在新型主流媒体传播过程中,一个文本的价值在于对其他文本具有整合作用,任何文本都处在与其他若干文本的交汇处,对各种文本进行互文性解读必须将每一表述看作是众多声音交融的结果,从而走向对文本的动态性理解。

第三节 基于多模态话语分析法的话语文本分析

近年来,研究者越来越发现单一的语言符号难以表达出全部意义,视觉、声觉等多方面因素影响着话语文本意义的生成,多模态话语分析法逐步运用于宣传片、广告、新闻报道、翻译、电视节目、纪录片等领域研究,"多模态话语是运用听觉、视觉、触觉等多种感觉,通过语言、图像、声音、动作等多种手段和符号资源进行交际的现象"。① 多模态话语研究建立在韩礼德的系统语言功能学的基础上,目前多模态话语分析法已在话语研究过程中被广泛使用。

在西方,法国符号学家罗兰·巴特(Roland Barthes)在 1977 年发表的论文《图像修辞学》中探讨了图像在表达意义上与语言的相互作用,开始了多模态话语分析方面的研究。奥图尔(O'Toole)(1994)开创了一种新的多模态语篇分析模式,主要把系统功能语法理论运用到视觉艺术分析。克雷斯、范·勒文(1996)认为,视觉语法可以应用于声音、姿态、版面、眼神等非语言符号的研究中。美国学者冈瑟·克雷斯(Gunther Kress)指出,多模态语篇是任何通过一种以上符号编码实现意义的语篇。在国内,自李战子(2003)在《多模式话语的社会符号学分析》一文中评述克瑞斯和勒文(1996)《阅读图像》中社会符号学的多模式分析以来,国内多模态话语研究迅速发展,相关研究学者有李战子、张德禄、朱永生、胡壮麟、冯德正等。如胡壮麟(2007)在《社会符号学研究中的多模态化》一文中比较了多模态符号学和多媒体符号学的异同,并指出人类已经进入社会符号学多模态化的新世纪。朱永生(2007)在《多模态话语分析的理论基础与研究方法》一文中认为模态是指交流的渠道和媒介,包括语言、技术、图像、颜色、音乐等符号系统,并肯定多模态话语分析能够弥补话语分析的不足。冯德正、张德禄等(2014)在《多模态语篇分析的进展与前沿》一文中认为,"意识形态与态度操控不仅可以通过语言构建,还可以通过视觉图像、音乐等更加隐蔽的形式实现"。②

多模态话语研究具有跨学科性,对传播学、文艺学、认知学等学科进行多

---

① 张德禄:《多模态话语分析综合理论框架探索》,《中国外语》2009 年第 1 期。

② 冯德正,张德禄,Kay O'Halloran:《多模态语篇分析的进展与前沿》,《当代语言学》2014 年第 1 期。

模态话语分析的研究，正在打破传统系统功能理论研究的范式，融合跨学科背景试图建构新的研究框架。多模态最开始适用于语言学的语篇分析，后来才逐渐拓展至新闻传播领域研究。冯德正（2017）在《多模态语篇分析的基本问题探讨》一文中指出，在建构多模态语篇分析框架时可以综合系统功能语言学理论与其他学科理论。张德禄（2009）在《多模态话语分析综合理论框架探索》一文中沿用马丁（Martin）（1992）系统功能学语言理论构建起话语分析框架，从文化层面、语境层面、内容层面和表达层面展开。姚银燕、陈晓燕（2012）在《对视频语篇的多模态话语分析——以一则企业形象电视广告为例》一文中借鉴克瑞斯和范勒文的视觉图像语法分析框架，框架包括再现意义、互动意义和构图意义三部分，以企业形象电视广告为例探究各种模态和符号如何关联以及共同实现语篇的整体意义。辛红娟、陈可欣（2020）在《多模态话语分析视角下外宣纪录片翻译研究——以〈四季中国〉为例》一文中建立了"语境化、同步化、系统化、一体化"的多模态语篇翻译分析模式，对《四季中国》英译过程中的话语意义进行分析。

通过上述文献梳理发现，虽然目前多模态话语分析方法并未在新闻传播领域形成统一的研究框架，但张德禄的多模态话语分析理论框架具有一定系统性、权威性与典型性，所以本部分以张德禄的多模态话语分析框架为基础进行分析。张德禄所提出的多模态话语分析框架，在系统功能学语言理论的基础上，分为文化层面、语境层面、内容层面和表达层面四个层面，文化层面会影响到语境层面，二者相互紧密关联，所以将张德禄的文化层面与语境层面合二为一，下面将从语境层面、内容层面、表达层面进行分析，既深入研究多模态的具体表征，又通过话语内容分析解释社会文化现象。基于此，本部分以中央广播电视总台 2019 年推出的短视频《主播说联播》新闻栏目为考察对象，从语境、内容、表达三个层面对《主播说联播》新闻栏目进行多模态话语分析，语境层面将从文化语境、情景语境展开，内容层面将从形式层面与意义层面展开，表达层面将从传播语态、语用方式、表达平台三方面展开，试图探讨当下新型主流媒体转型过程中电视媒体话语文本建构的变化，通过分析其变化以及传播意义，从而对新型主流媒体话语体系的建构方式进行对照检讨。

一、多模态话语语境层面分析

《主播说联播》是中央广播电视总台新闻新媒体中心于 2019 年 7 月推出

的短视频栏目,节目采用录制短视频的方式,内容密切关注热点,结合当天重大事件和热点新闻,用通俗的语言传递主流声音,与传统新闻节目《新闻联播》相比较,其在受众群体、传播内容、传播渠道、传播方式等方面都发生变化。《主播说联播》作为一档短视频电视节目,节目视频内容呈现出多模态特征,除语言符号之外,还有诸多非语言符号如图像、手势、身体语言、文字等相互补充,一同构建话语意义。由于受到纷繁复杂的场域影响,媒介在进行话语内容生产过程中,多模态话语所形成的语境分为文化语境与情景语境两方面。

（一）文化语境

"多模态(Multimodality)是一种融合了多种交流模态(如声音、文字、图像等)来传递信息的语篇"。[1]《主播说联播》短视频栏目包含图片、文字、声音等符号系统,是典型的多模态语篇,研究多模态语篇需要将交际行为置于文化语境中去,关注交际的形式与技术。张德禄(2009)提出"文化层面包括由人的思维模式、处世哲学、生活习惯以及一切社会的潜规则所组成的意识形态,和可以具体实现这种意识形态的交际程序或结构潜势,称为体裁"。[2] 文化语境包括"意识形态"与"体裁"两方面,交际活动的具体场景及实现效果都受意识形态的影响,体裁在交际目的的实现过程中也会产生作用。基于此,对文化语境的研究将对意识形态与体裁进行综合考量,具体分为多元化语境、受众信息消费习惯、新媒体语境三个方面,其中多元化语境与受众信息消费习惯属于"意识形态"层面,新媒体语境则属于"体裁"影响层面。

第一,多元化语境。后现代主义反对现代社会中提出的"中心"和本原,"批判以普遍性、同一性压制个体性、差异性的传统思想模式,更注重个性与差异性"。[3] 随着经济快速扩张,西方后现代主义思潮入侵,国内受众追求个性与自由意识高涨,受众个体趋向于追求多元化的表达与呈现,《主播说联播》栏目适应当下受众多元化需求,选取不同的具有个性化的议题以建构媒

---

① Kress G.& Van Leeuwen, *Reading Images: The Grammar of Visual Design*, London: Routledge, 2006, 2nd ed, p.177.

② 张德禄:《多模态话语分析综合理论框架探索》,《中国外语》2009 年第 1 期。

③ 张世英:《"后现代主义"对"现代性"的批判与超越》,《北京大学学报(哲学社会科学版)》2007 年第 1 期。

介话语。第二，受众信息消费习惯。在当前新闻传播过程中，受众趋向于快餐式、碎片化的消费习惯，短小、实在、内涵丰富的信息内容将更受受众青睐，《主播说联播》栏目充分研究受众群体的心理特点，将每期视频长度定在1—3分钟。第三，新媒体语境。新媒体时代信息传播快速、便捷，受市场流行化导向的影响，新闻传播不仅局限于传统的单一模态语篇，而且延伸到丰富多样化的多模态语篇，如短视频、可视化新闻、沉浸式新闻等，《主播说联播》作为央视在新媒体语境下媒介融合的典型产品，其市场定位与传统的《新闻联播》较为不同，侧重于捕捉年轻受众群体的注意力，争夺年轻消费群体市场，因此在话语传播内容以及方式等方面，《主播说联播》为适应文化语境的改变适时进行了调整。

（二）情景语境

情景语境是话语发生时的实际场景，其为多模态话语意义的构建提供了基本条件，包括话语文本所涉及的活动、交际双方的角色和社会关系、交际媒介及渠道等。语言学家韩礼德（2007）认为情景语境由三个变项组成：话语范围（field），指发生了什么事、从事什么活动等；话语基调（tenor），指谁和谁谈话、他们之间的角色关系是什么；话语方式（mode），指语言在语境中的作用，下面将采用上述三个维度去分析《主播说联播》的情景语境。

话语范围。语言与非语言系统的使用在构建语言意义上受情景语境的制约与影响，《主播说联播》在话语文本的构成中通过话题与内容设计限定话语范围，展现出其新闻节目的独特性。《主播说联播》节目定位为短评节目，对时政、经济、科技、社会热点与新闻报道等进行评析，发表意见与看法，改变以往《新闻联播》新闻播报式的方式，转为评议为主，在话语范围方面，包括国内与国外新闻，兼顾硬新闻、软新闻。对《主播说联播》2019年6月29日至7月29日的栏目内容进行梳理，共27个节目，话题分布具体如表5.1所示，话题区域范围既包括国内也包括国外，国内报道共18个，国际报道共9个，话语内容类型主要包括社会、政治与经济层面。总的来看，《主播说联播》栏目集中报道国际国内的社会、政治等相关事件，通过设置议程有选择性地对事件进行报道，报道的话语范围广泛，从而影响受众的认知、态度及行为。

表 5.1 《主播说联播》2019 年 6 月 29 日至 7 月 29 日报道内容分类表

内容类型	数量(个)	话题区域	数量(个)
社会	10	国内	18
政治	12	国际	9
经济	3		
军事	1		
节目本身	1		

话语基调。情景语境会影响语言与非语言系统的使用以及其构建语言意义的过程,叙事者在传播过程中要注意讲述语气、措辞、内容以及口吻,即要注意话语基调的影响。韩礼德认为,话语基调就是话语活动参与者之间的角色关系。詹姆斯·马丁认为,协同交际双方的地位、情感、接触等社会关系是话语基调研究的关键。在融媒体发展语境下,《新闻联播》同步推出《主播说联播》新媒体品牌,关注当天新闻热点,观点犀利、语态年轻,主播转换话语风格,语气、措辞等话语基调都发生变化。一方面,主播转变严肃的官方腔调,使用网络流行语、表情包、网络梗,拉近与受众距离,主播与受众的关系趋向平等;另一方面,主播使用接地气、通俗易懂的语言,引发受众评论、点赞与分享等行为,主播与受众互动感增强。如 2019 年 8 月 12 日,主播欧阳夏丹评论称香港暴徒的行为是在"玩火",并喊话暴徒:"恐怕,你们离凉凉也不远了",主播使用活泼的流行语,使受众感受到有情感有温度的新闻,使受众潜移默化地接受主播对香港暴徒行为的意见、态度与话语意义,观众和网民纷纷评论"真的越来越爱央视新闻了"。

话语方式。话语方式是人们在交际过程中用来表达思想的形式,探究话语方式有助于增强语言在语境中的作用。话语方式支配着语言的表意功能,影响着语体、语言系统、词汇语法、意义生成等方面。首先,《主播说联播》栏目沿用了《新闻联播》的话语方式,保留了以往新闻语言中的词语与结构,语体呈现出较为正式的特点,如主播在评议新近发生的时政热点事件时,会采用官方话语表达意见,如"台湾买军火意义何在""别人玩双标而中国有两个目标""全民安生就是民意"等词汇、句式的使用,体现出我国对破坏团结统一行为的不惧怕态度,建构起宏大的国家话语。其次,《主播说联播》也会适应动态变化的语境,采用口头语体,整体上呈现出口语化特征,话语方式上强调对话交流，节目通过使用重复性的词汇、承上启下的连接词与搭配使用的其他词语，提升话语文本的整体连贯性，营造出主播与受众就某一事件的即时聊天之感，让受众更容易理解主播报道的内容，扩大传播的实际影响。最后，《主播说联播》在话语方式上大多采用较为简单的表达形式，选取言简意赅的标题、句式结构、语法表达话语意义，如祈使句"五一五亿真是给力"、被动句"被好消息刷屏的一天"等的使用，降低了受众解码信息的难度，有利于受众理解完整的话语意义。

二、多模态话语内容层面分析

《新闻联播》作为我国受众范围最广、影响力最大的电视新闻栏目，自1978年开办以来迄今为止历经43年，近年来为适应移动互联时代的要求，《新闻联播》不断做出改革尝试，入驻各大短视频平台，开设独具创意的《主播说联播》栏目，一改以往严肃、刻板的形象，给受众耳目一新之感。在张德禄的多模态话语分析框架中，内容层面分为形式层面与意义层面的分析，下面也将从这两方面去探析《主播说联播》的内容转型之道。

（一）形式层面

马丁（Martin）（1992）将形式定义为实现意义的系统，包括语言语法系统、视觉语法系统、听觉语法系统与触觉语法系统，不同模态的语法之间呈现互补与非互补的关系。张德禄对多模态关系进行了拓展研究，他认为："区分互补关系和非互补关系。在互补关系中，区分强化关系，包括突出、主次、扩充，非强化关系，包括交叉、联合、协调。在非互补关系中区分交叠、内包和语境交互等。"①不同符号、不同模态之间相互补充、相互关联，共同体现话语意义。

《主播说联播》在多模态话语形式层面，采用视听符号相结合的方式，通过文字、图片、声音等实现多模态话语表达，让视觉、听觉与声音相互补充，使语言系统与视觉系统、听觉系统协同、融合，并相互补充，以期建构完整的话语意义，从而提升受众视觉、听觉的体验感。《主播说联播》通过字幕、主播语言等语言符号以及声音、情景音乐、体态、姿势、表情等非语言符号共同建构话语。《主播说联播》报道新闻的画面场景与字幕、节奏分明的音乐、关联性场景画面等符号形成互补关系，如2020年3月8日《主播说联播》在三八妇女节

---

① 张德禄：《系统功能理论视阈下的多模态话语分析综合框架》，《现代外语》2018年第6期。

当天,制作了一期主题为"欧阳夏丹:你们勇敢的样子,很美"的内容,视频中融合了驰援武汉的女性医护工作者动态工作的场景以及格斗运动员张伟丽荣获冠军的场景,这些动态的视频符号与激情澎湃的背景音乐、欧阳夏丹的语言符号相辅相成,共同表达出对优秀女性工作者的尊敬。

(二)意义层面

基于韩礼德的语言三大元功能即概念功能、人际功能及谋篇功能,张德禄在话语意义层面进行思考,其认为话语意义是由话语范围、话语基调与话语方式所制约的概念意义、人际意义及谋篇意义所组成。以下将采用张德禄的分析框架,从概念意义、人际意义与谋篇意义三方面分析《主播说联播》栏目的话语意义。

1、概念意义。多模态话语的概念意义是在实践中已形成的约定俗成的语言符号的认知规则或范式,不同语言符号所建构的概念意义会有所不同,同类型的语言符号也可能呈现出不同的概念意义。话语文本中的词语是符号的载体,也是意义的延伸,"好"意味着积极的意思,而"棒"则意味着比好更好,是更好层面的评价,因此不同的语言符号可以承载程度不一的意义。《主播说联播》作为一档新闻栏目,每期内容都以主播评议事件的方式展开,视频界面下方配有字幕,字幕作为语言符号,与图片、声音等非语言符号一同建构出与主题相适应的话语意义。视频中需要特别说明的词语则通过一定方式进行强调,强调的方式包括加粗词语、加引号强调、用黄色标出词语等,如加粗"浪"、"6到飞起"等,用黄色标注"留守儿童的监护缺位,校园霸凌"等,运用这些方式可以使得被强调部分的内容获得更多注意力,其所建构出的意义也更容易被受众识别,从而实现更好的传播效果。

2、人际意义。韩礼德认为人际功能与人际意义是可以互换的概念,人际意义在语言交际中可以体现出情景语境的话语基调。人际意义的主要目的不仅可以认知世界,而且还可以体现出参与者之间的社会交际与社会关系。语言不仅有传播信息的作用,还具有表达讲话者的动机、态度、情感倾向等功能,讲话者可以在某种特定情景语境中通过语言传递其自身的认知、情感与态度,从而影响接受者的态度与行为。在新闻传播过程中,传播者有选择性地对新闻素材进行二次加工,借助语言进行议程设置,建构"拟态环境",影响受众的认知、态度与行为,利用语言表达人际意义。

2020年4月3日,《主播说联播》栏目发出一期名为"愿所有逝去的同胞安息"的短视频内容,播出国务院发布的公告"为纪念逝世同胞,4月4日将举行全国哀悼活动",并报道我国新冠肺炎疫情的防控措施与防疫成果。主播运用评述性的话语表明这是一场人民的战"疫"、人民是真的英雄,表达对逝去的白衣战士、公安干警、社会服务者等的深切哀悼。在短视频中主播通过语言、眼神、姿态等增强与受众互动,如主播在说"我们"时做出手势将手放在心口,减弱疏远感与受众共情,使得主播的立场、评价与态度逐渐被受众所接受。《主播说联播》短视频中体现出主播、视频所呈现的世界与视频观看者之间的人际意义,这些评述反映出参与者以及视频观看者对视频可能产生的态度,隐含了特定的价值倾向性,建构起视频的主题意义。

3、谋篇意义。韩礼德系统功能语言学的语篇功能主要关注语言前后的连贯性,关注语言在语篇的整体性和衔接性作用。张德禄的谋篇意义是以谋篇功能为基础提出来的,他认为语言在语篇中的整体意义由于受具体情景影响,在不同情景中其谋篇意义也会发生改变,谋篇意义并不仅仅是词语、句子、段落意义的简单相加,而是上述因素基于语境系统的有机融合,并受语篇整体的制约与影响。潘艳艳认为视频中的图文关系主要是"详细阐述"和"具体化"的关系,即"图像使文字更具体,文字也对图像意义进行概括"。① 视频中图像与文字一同构成语篇,探析图片与文字的意义应将其置入特定的历史背景、特定主题以及服务人群等语境中,研究视频的谋篇意义。

《主播说联播》的主播刚强于2019年12月26日称"暴力伤医是一种病必须要治理",他首先从全国扫黑办部署开展扫恶除黑行动谈起,再说到扫恶除黑对人们及社会的好处,最后分析暴力伤医等行为的后果。整个视频的语言符号按照一定顺序、逻辑由此及彼地引入相关话题,主播前、中、后的话语都紧密围绕暴力伤医"黑"行为展开,另外,在评述伤医事件时在视频界面配发了相关图片,形象生动地展现事件所造成的危害。《主播说联播》视频通过语言符号与非语言符号,建构起作品特定的主题意义,即暴力伤医行为害人害己,要坚决抵制、遵纪守法、珍爱生命。受众在解读视频中的语言符号与非语

---

① 潘艳艳:《多模态视阈下的国家安全话语分析——以中美警察形象宣传片的对比分析为例》,《外国语文》2019年第1期。

言符号意义的时候,会根据视频所传递的以和为贵的文化理念去理解视频的谋篇意义,从而有利于推进社会治理与现代化建设。

三、多模态话语表达层面分析

随着信息数字化与网络新媒体的迅猛发展,受众信息接收习惯发生较大改变,媒体的语言表达方式也随之应有所改变。媒体以协同分工的方式表达意义,建构媒体话语,影响受众认知、态度与行为。《新闻联播》通过内容表达,发挥出传递信息以及舆论引导的基本功能,引导受众树立社会共识。《主播说联播》栏目立足于移动化、社交化的时代背景,建构媒体话语之时会受到媒体内外因素影响,其多模态话语表达层面会受到传播语态、语用方式与表达平台等因素影响,以下将分别从这三方面进行探析。

(一)传播语态

无论是从新闻传播学角度还是从语言学角度,"语态"的定义尚为模糊,《现代汉语词典》中有两层含义,第一种释义为:动词特定的形式或特殊的转意方法,第二种释义为:说话的态度。"媒介传播语境决定着媒介的传播语态"①,不同时代以及传播环境下媒体的传播语态有所不同,媒体从以往的新华语态转变到平民语态,再到日趋流行的网络语态,都在不断适应新的传播环境。传统的《新闻联播》节目是"新华体"或"中新体"语态,而《主播说联播》栏目的传播语态则更加灵活、互动,幽默而富有人情味,更能激发受众参与,塑造主播与受众之间的平等地位。

传播语态是传播过程中传播者的观念、态度、情感的表达,在这一过程中会使用多模态符号营造传播氛围,《主播说联播》栏目的传播语态通过视频中主持人形象、视频画面分布以及视频形态等进行综合呈现。就主持人而言,《主播说联播》的主播就座状态靠前,视频视角采用的是平视视角,打破了以往主播"高冷"的官方代表形象,有利于实现与受众的互动交流;就画面分布而言,《主播说联播》的人物画面和字幕呈现在正中央,使受众的注意力聚焦于中间位置,提升传播效果,而解释说明性的文字或视频被置于左边,成为前景的视觉中心;就视频形态而言,《主播说联播》采用竖向排列的视频,以适应受众使用移动设备竖直观看视频的要求,不断适应日益变动的市场环境,掌握

---

① 孙凤毅:《央视经济节目传播语态探析》,《东南传播》2011 年第 2 期。

表达的主动权。

（二）语用方式

"语用顾名思义即语言的使用"，①媒体一旦形成惯用的语用表达方式，会使媒体具备自身的辨识度与知名度，并且媒体还可以依据使用场景调整语用方式，实现传播效果的最大化。如《主播说联播》栏目的每期内容的开头都按照"主播说联播，今天我来说，今天……"的语用方式进行表达，视频中的每位主播都以统一的句式开头，围绕"说"进行策划与传播，使节目内容吸引受众眼球，加深受众对《主播说联播》的印象，长此以往，有利于扩大节目的传播影响范围，提升中央广播电视总台的形象。

《主播说联播》作为我国主流媒体中央广播电视总台的短视频栏目，在语用方式的使用方面体现出较强政治性与权威性，栏目旨在通过解读国家权威政策，发挥正面宣传与引导作用，引导受众理性认知与建构社会意义。如主播郭志坚于 2020 年 3 月 15 日解读疫情数据，发现境外输入疫情数据超过本土数据，呼吁国外同胞要严格防控，并为有意愿回国者介绍回国应遵循的流程，主播在选取国内外重大事件进行报道时，为适应微博、微信等新媒体平台的传播特点，在语用方式上既保留了官方话语又增加了民间话语，以实现二者的有机结合，这样既体现出媒体的专业与权威，构建出权威专业的主流媒体形象，又体现出媒体的幽默与亲和力。

（三）表达平台

随着社会化媒体的出现与发展，媒体逐步拓宽信息表达平台，《新闻联播》节目除了以往的电视媒介传播平台，还增加了《主播说联播》社交媒体短视频表达平台。《主播说联播》节目采用录制短视频的方式，在微博平台上首先进行推送，并开通微信公众号设置专门入口"主播说"，随后《主播说联播》入驻抖音、快手等短视频平台，在学习强国、哔哩哔哩等平台也广泛传播，截至 2020 年 6 月，"新闻联播"抖音号已突破 2700 万粉丝，收获 1.5 亿个赞。《新闻联播》栏目组在传播过程中，充分发挥市场运作规律，完善全媒体传播矩阵，丰富新闻传播表达平台，力求让电视媒介、互联网媒介相互补充，搭建分众化的精准传播平台，以实现传播效果的最大化。

① 顾曰国：《礼貌、语用与文化》，《外语教学与研究》1992 年第 4 期。

　　表达平台的增多使受众也逐渐成为参与式传播的主体,《主播说联播》是新媒体时代下应运而生的短视频栏目,具有社交属性与媒体属性,受众可以自主参与到传播过程中,塑造出"PGC+UGC+OGC"的内容生产格局。一方面,对于受众而言,可以依据传统媒体提供的内容进行二次创作与传播,如众多自媒体账号从《主播说联播》中提取关键信息,添加带有个人色彩的观点,发掘潜在议题;另一方面,由于《主播说联播》带有强烈的主播个人的主体性,能引发网民分享、评论、点赞等行为,因此反馈互动性比传统《新闻联播》强。总之,中央广播电视总台推出的《主播说联播》网络短视频栏目,采用全媒体矩阵分发模式,激活受众个体的分享传播力量,全方位打通全网表达平台,实现新闻内容全网化传播,使主流媒体与受众之间的距离变得更近。

　　综上所述,本部分以张德禄多模态话语分析框架为基础,从语境层面、内容层面与表达层面分析《主播说联播》的多模态,将话语研究的关注焦点转为多样化的话语模态,《主播说联播》综合使用视觉模态、触觉模态、听觉模态等多模态,与语言系统相互补充建构出完整的话语意义,适应了当前媒介生态环境的变革,呈现出移动互联时代话语表达丰富复杂的特征,充分调动受众积极性,有利于增强主流媒体的传播实际效果。

第六章　新型主流媒体话语方式的改变：
由独吟到双向交互

　　在对艺术作品进行分析时，巴赫金实现了作品内语气、语调、风格与主角价值位势的对接，认为"叙事作品深受作者与主角联系程度、位置与距离、叙事观点、叙事角度、叙事口吻等要素的影响，而且每一种叙事风格都不是孤立存在的，其必然与其他有所联系"。① 所以对话方式有效是达到理想对话效果的关键，在文学作品中，"在某个话语情景中，如果他人的声音无法传到作者耳中，此时作者就是一个孤立的存在，那么这一话语能否成为新闻作品的建筑材料呢？"②显然不能，同文学作品一样，新型主流媒体话语表达语态和所依托的平台也需要由独吟转为双向交互。

第一节　双向交互式表述语态的创新

　　在巴赫金的语言模式和文化模式图中，主题、意义、言谈、听者、传者是彼此依存、相互影响的关系，其中艺术的话语和生活的话语构成了一个完整的系统，生活的话语非常依赖于社会语境，而艺术话语则比较重视话语交流和对话当中的语调，如图 6.1 所示。

　　媒体话语本是一种艺术形式，话语语调决定了艺术话语与现实生活话语的关联程度，以及与大众化、生活化的关联程度，语调在沟通交流过程中起到

---

① ［苏联］巴赫金：《巴赫金全集》（第四卷），钱中文译，河北教育出版社 1998 年版，第 310 页。

② ［苏联］巴赫金：《巴赫金全集》（第四卷），钱中文译，河北教育出版社 1998 年版，第 304 页。

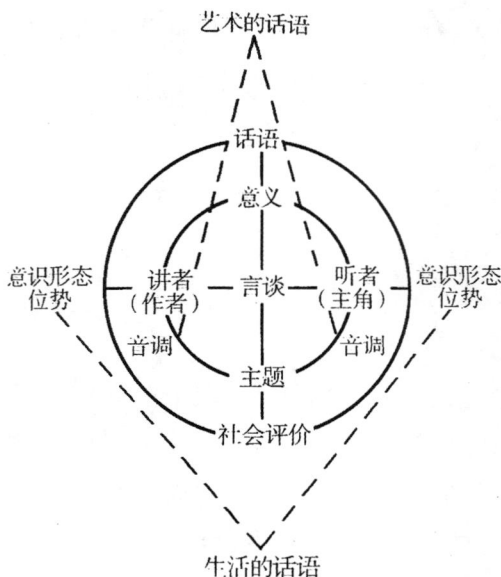

图 6.1 巴赫金语言模式和文化模式图①

了表达情感的作用,当说话者的语言传递到听者那里时,语言中所蕴含的情感也会流露出来,但最终的传播效果会因为话语主体表达方式和报道风格的不同而异。因此新型主流媒体话语传播过程中传播主体采取何种报道风格和表达方式至关重要。

一、讲故事与讲道理

西方新闻界用"news"来表示"story",这说明所有文化产品的本质都是叙事,在《十年——从改变电视的语态开始》一文中,孙玉胜就明确表示,要运用新的语态来实现表述方式的创新,换言之,电视媒体应该改变自己说话的语气,毫无疑问,孙玉胜提出的这种观点意在阐明"语言是受众接受新闻的关键"这一内涵,他认为电视媒体报道新闻时采用的语言风格、叙事方式、叙事语式等是电视语态的全部内容。新型主流媒体除了要将百姓的故事详细报道出来,还要从宏观角度将中国的故事也报道出来,并且还要懂得用中国和其他国家受众能够接受的语言来"讲故事",在叙事过程中,应该将想要让大众理解的观点以讲故事的方式表达出来,不能过于强势、强硬地灌输。

---

① 刘康:《对话的喧声——巴赫金的文化转型理论》,北京大学出版社 2011 年版,第 115 页。

　　新型主流媒体拥有各种各样的传播方式，兼顾声画等多种传播手段，媒体可以巧妙的运用话语、画面、现场音效等要素来讲述故事，从思维的层面串联故事，从而赢得受众的认可和支持，最终突显出节目的特点，比如在金砖国家领导人第五次会晤过程中，中国之声的时政记者就用一个在南非做生意的中国人的故事展现了中国和南非关系，也顺势阐明金砖国家友好共处的重要性，这些小故事的引入使得受众对中南关系能有更多的了解和把握。

　　在我国，新型主流媒体还需要掌握一些"讲故事"的技巧，以此来加深其他国家对中国的了解。"中国故事是什么？每一个故事都是对中国特色进行了解的一个窗口，这些故事就是中国发展历程的写照。"①如何"讲好中国故事"是当下新型主流媒体应该思考的问题，具体而言，就是呈现故事的方式要足够恰当，站在百姓的立场上讲故事，最好用细节来打动人心，增加故事的真实性，这才能体现出报道的价值。电视纪录片一直以来都是讲述中国故事、传播中国文化的纽带，近年来，我国纪录片顺应时代发展，改变自身表现形式，在"讲好中国故事"方面发挥出比较好的作用。如纪录片《舌尖上的中国》就是一部"讲好中国故事"的典范节目，节目以美食和美食制作流程为主要内容，然后以美食为纽带宣传中国文化，体现出中国人最重视的人情味和乡情，将中国人的生活真实地呈现出来。每一集虽是独立的单元，却彼此联系，最后串联成一个大故事，节目将中国故事娓娓道来，令人忍不住想要去聆听、了解。

　　二、大声讲与柔声讲

　　在建构新型主流媒体话语体系过程中，立足中国历史和现实是最关键的一个环节，并且还须采用一些传播策略和技巧，探寻"大声讲"和"柔声讲"的策略，这样才能使传播内容真正被受众所接受。在对外传播"硬新闻"的过程中，我国主流媒体要敢于将自己的意见和观点呈现在国际舞台上，这样才能响应习近平总书记"讲好中国故事"的号召，从而使国际对我国的文化政策、政治、经济有更为深刻的理解。但是在"软新闻"传播过程中，尤其是文化、娱乐新闻传播过程中，我国主流媒体要兼顾内容和表达方式，要刚柔并济，唯有如此，才能从根本上改变传播效果长期停滞不前的状态。

---

　　①　吴恩东：《媒体人如何用新闻讲好中国故事传播中国声音》，《西部广播电视》2016 年第10 期。

我国媒体在与西方受众、国际受众互动的过程中不能一味地使用国内受众喜闻乐见的话语表达体系,而是要对国际受众的审美需求、欣赏能力、阅读习惯予以综合考虑。比如新华社于 2015 年 10 月 28 日在官方 Twitter 账号上传了《十三五之歌》的短片,歌曲将当时中国的"十三五"盛况以民谣说唱的方式表达了出来,歌曲一经推出就受到追捧,被网友们称之为"神曲",部分歌词内容如下所示:

女:每一个五年　规划的蓝图

两会将要通过十三五

为了更好　我们要努力

喔　十三五　为了我和你

男:规划的内容千千万万

一时半会儿也说不完

我们来说说规划怎么制定

合:我们的未来要走好每一步

大家一起关注十三五

十三五　十三五　十三 what　十三五

男:那是谁在规划　十三五

五年的蓝图　是谁在做主

党中央　各级的政府

工人　农民　企业家

专家　教授　还有你我他

规划到　渗透到每一个环节

就像中国结　我们必须团结

合:我们的未来要走好每一步

大家一起关注十三五

为了走好我们的道路

外国人通过这首歌曲也对中国"十三五"规划有了更为直观的了解,所以媒体在对外传播的过程中应该主动对国际受众的思维特点进行了解,然后用能够被他们所接受的话语传播方式将自己的思想和观点传递出去,实现中国文化、观念、政治思想的传播。

三、自己讲与别人讲

在《东方学》一书中，西方学者萨义德曾引用马克思的观点认为"他们无法表达自己，必须要借助他人才能将自己的意思表达出来"。① 东西方之间一直都存在差距，所以在通过媒体传播中华文明、普世价值的过程中要使用易于被西方受众所理解的话语，然后再将自己的观点和立场传递出去。

英国 BBC 于 2016 年 2 月拍摄了一部名为《中国春节：全球最大的盛会》的纪录片，纪录片播出之后立即引起了一定的热度，一时好评如潮，这就是"别人讲"最直观的表现，这部纪录片将"什么是中国春节"完美地呈现在国外受众面前，加深了英国人对中国春节和传统生肖文化的了解。海外华人和外国观众观看此纪录片后产生极强共鸣，英国伯明翰城市大学媒体理论教授史蒂芬妮认为，国外受众对中国文化的了解因为这一纪录片的播出而更加深厚，"我们迁移和交流知识的能力很大程度上取决于我们对世界的理解程度，这一点是毋庸置疑的"。②

然而换个角度来看，对中国春节最了解的还是我们自己，但我们为什么不能制作出一部如此有影响力的关于春节的纪录片呢？ 这一点也应该引起我们的反思，我国媒体自我塑造能力的薄弱也是我国媒体国际地位低的原因之一。近年来，我国综合国力日益提升，许多国际事务中都能看到中国的身影，此时更应该利用新型主流媒体来提升国际地位，通过高效的沟通、信息的传递来增加其他国家对中国的了解，当然在此过程中还应保持一定的话语关注度，既要体现出我国媒体话语传播的个性，又要能够顺应国际传播趋势增强国际话语权。

第二节　现代立体式话语平台的建构

传统媒体因为互联网技术的进步和普及发生了较大变化，在当下信息爆炸时代，传播生态已不同于往日，新型主流媒体应对多元话语语境的特点予以高度重视，保证自己所选的路径是合理而科学的，并且主动运用互联网新媒

---

① ［美］萨义德：《东方学》，王宇根译，生活·读书·新知三联书店 1999 年版，第 1 页。

② 环球网：《中国春节：全球最大的盛会》，2016 年 3 月 8 日，见 http://world. huanqiu. com/hot/2016-03/8673762.html。

体、利用多样化的媒体渠道来强化综合传播能力,从而整合资源,实现更多信息的融合,使得话语表达影响的深度和广度得到扩展。

一、立体化传播平台

新型主流媒体会随着现代传播技术的进步而朝着"大媒体"的方向发展,它们会在实现传播模式立体化的过程中充分发挥现代传播技术的价值。回顾国内新型主流媒体构建立体化传播平台的情况不难发现,一般而言,通常都是围绕基础式传播平台、自身延展式传播平台和其他补充式传播平台三个方面进行构建的。首先,基础式传播平台。传播格局的变化使得传统主流媒体平台不得不做出转变,新媒体虽然表现出了前所未有的生命力,但是依然不可能完全取代传统主流媒体,传统传播平台依然有其存在的意义,依然是立体化传播格局内的基础传播平台。其次,自身延展式传播平台。这是构建立体化传播格局最关键的环节,在这一过程中要完成微博、微信公众号、移动客户端、网站的构建,其中最关键的就是要发挥移动互联平台和互联网的作用。再次,其他补充式传播平台。除上述两种媒体传播平台之外,媒体还会积极拓展其他补充式传播平台,如车载媒体、互联网电视、交互式网络电视(IPTV)、户外大屏、移动电视等。图 6.2 即为新型主流媒体立体化传播模式结构图。

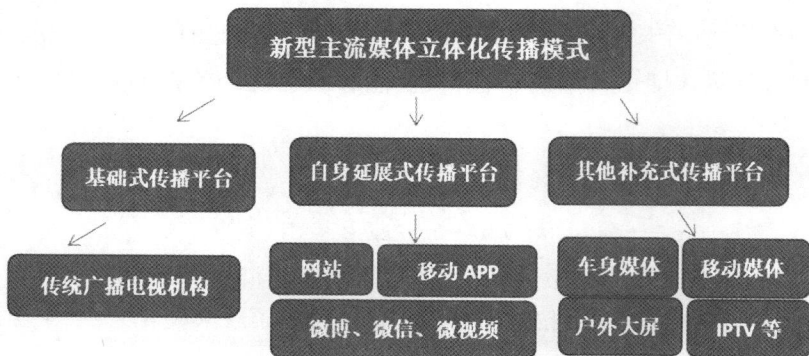

图 6.2　新型主流媒体立体化传播模式结构图

由图 6.2 可知,所有的传播渠道和传播模式都被涵盖在新型主流媒体立体化传播格局之中,受众可以通过任何新媒体和传统媒体渠道获得自己想要的信息。随着国家政策、传播技术、受众习惯等因素的发展改变,新型主流媒体的立体化传播模式会随之与时俱进，当其发生变化时，传播模式中的渠道和平台也会顺势变化，当下媒体传播渠道和受众接收终端朝着立体化、高覆盖率、全时效的方向发展，这不仅可以满足受众对个性化信息的需求，而且可以使得信息传播形式彼此关联且有序叠加。

二、全媒体融合手段

媒体信息内容的发布和呈现方式会由于数字生产和网络技术的进步不断变化，随着 IPTV、视频网站、移动电视等新媒体的出现，主流媒体传播进入到媒体融合时代，互联网成为其制作、收集、传播媒体信息内容的载体，除此之外，计算机和其他多媒体终端也能达到此种效果。所以要依托新型主流媒体来最大限度地体现媒体平台的连通性和内容相关性，从而对异构、海量的媒体内容进行科学管理。

内容生产的集成和聚合。"聚合"在本研究中所指的是聚合媒体功能，在现阶段，不存在拥有一切资源的单个媒体，因此媒体之间唯有合作才能实现各种媒体产业要素的聚合。媒介内容产品在生产流程、技术应用、生产方式等方面的整合就是媒介内容生产的交融与聚合。受众的收视习惯因互联网的出现而发生了较大变化，如何融合内容就成为新媒体和传统媒体必须要考虑的问题，媒体内容生产的聚合与整合已经引起主流媒体的较多关注，具体如图 6.3 所示。

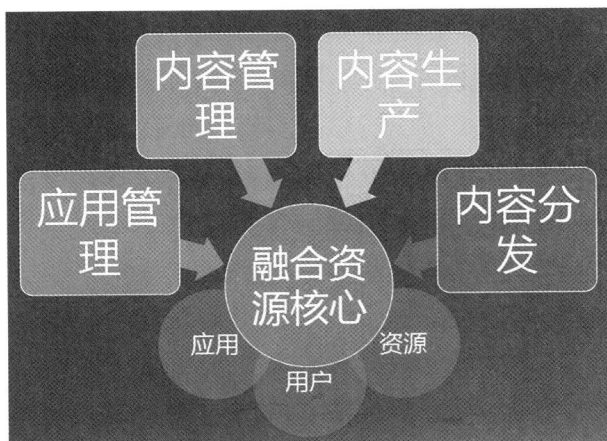

图 6.3　新型主流媒体媒介内容生产交融聚合图

以"中国广播云平台"为例,它是一个依托互联网技术整合全媒体内容的采编系统,具有融合新媒体和传统媒体的功能,"在各种技术(智能检索、云计算、大数据处理)的支撑下实现了平台之间的互通"。① 在内容交融聚合方面,湖北广电集团也有很多可以值得学习的地方,比如该集团从全局布局现有资源,通过全媒体模式下内容分发的方式,基于"长江云"新媒体平台来整合新媒体和传统媒体资源。

总体而言,在对内容生产集成平台进行构建的过程中,网络信息技术(云计算)平台是重中之重,是中央级主流媒体和地方主流媒体争相应用的,这也是构建互联网大数据平台技术的前提条件。在媒体融合过程中,因为数字技术的客观存在,新型主流媒体必须要拥有协同调度、数据分析、业务调度、过程控制的能力,否则就无法实现融合目标。

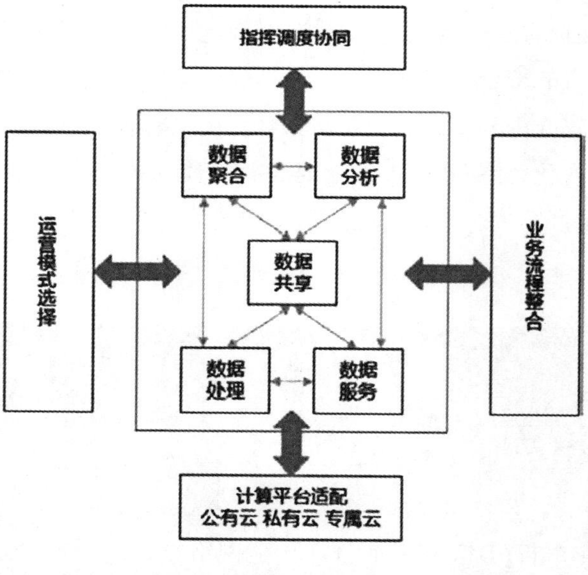

图 6.4 新型主流媒体内容融合平台建设图②

平台渠道跨界对接。由于互联网时代到来,新型主流媒体平台渠道的跨

---

① 央广网:《网络视听大会汇聚各方声音央广将以融合重塑广播》,2016 年 12 月 9 日,见 http://news.cnr.cn/dj/20161209/t20161209_523313878.shtml。
② 沈汉场:《广播电视转型升级与融合媒体平台的建设技术》,《电子技术与软件工程》2016 年第 12 期。

界对接,既包括平台整合,也包括渠道整合。平台整合是媒体融合成败的关键,即采用特定的方式实现各种用户平台与用户数据库相对接,然后形成一个汇融贯通式的大平台,满足人们共享信息和数据的需求。渠道融合是媒体融合的制高点,运用这种方式可以使得信息产品在"网络+终端"的模式下以不同的方式呈现在用户面前,换言之,要达到预期的传播效果,应该实现传统传播渠道到网络传播渠道的转变,具体如图 6.5 所示。

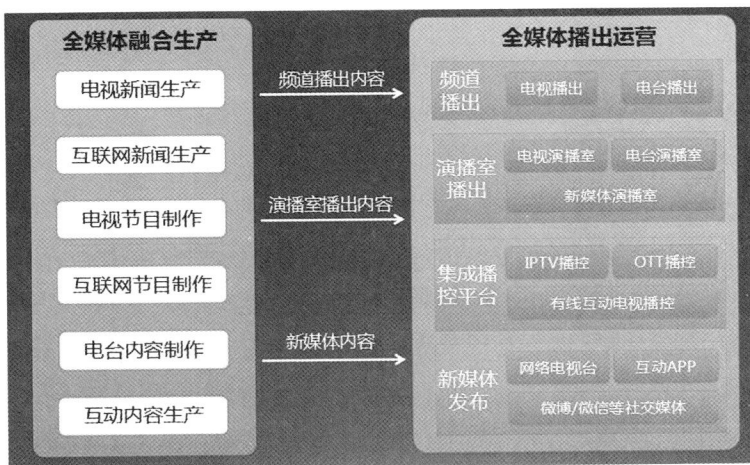

图 6.5　新型主流媒体全媒体传播渠道图

随着传统媒体行业与视频网站、终端生产商、通信制造商、电视机制造商之间的联系越来越密切,不同产业参与者之间的融合是互联网和主流媒体平台渠道跨界融合发展的趋势,这从根本上提升了传媒产业的开放性,传统主流媒体在新媒体技术不断进步的当今需要跟上时代的节奏,以电视领域为例,目前就已经出现了许多新的电视形态,包括交互式网络电视(IPTV)、互联网电视(OTT)、数字电视(DTV)等,而且在构建网络平台的过程中,传统电视机构与互联网优势互补,当中最具代表性的就是中国网络电视台(CNTV),它实现了网络传播和电视传播特点的融合,借助视听的力量,提升受众观看电视节目的便捷性。

英国 BBC 第三台自 2015 年秋季就不再在电视台上播出,转为在网络上播出,这一节目以 16—34 岁年龄段的群体为主要受众,他们可以利用自己的碎片化时间收看节目,英国 BBC 改变播出方式的这一举措就是传统电视与移动终端充分融合的表现,这很好地突显出了智能手机、平板电脑等移动终端的价值。又如英国天空广播公司在对传输体系进行架构的过程中也采用互联网技术为受众提供"Now TV"的流媒体服务,同时还通过提供优质服务、便捷支付、扩展终端、增加频道等方式强化竞争力。

三、交互式社交沟通

在当下新媒体快速发展的背景下,由于人们接收信息习惯的改变,新型主流媒体应学会如何在整合碎片化时间的过程中发挥出新媒体的价值和作用。众所周知,新媒体具有极强的便捷性,在移动化传播的过程中发挥新媒体技术的价值可以在任何时间和地点实现对碎片化信息的整合,在接收信息的过程中充分运用新媒体可以有效提升社交传播和移动互联的影响力。

移动社交化传播。在移动互联时代,移动传播和社交传播正逐步成为新型主流媒体的建设重点,根据思科公布的《2014—2019 年全球移动互联网发展趋势报告解读》,"2014 年全球共有 74 亿台移动互联网终端,2019 年在此基础上将增加至 115 亿台,其中视频服务提供 72% 的移动流量,亚太地区移动终端 2014—2019 年的移动流量水平将维持在 67%"。[①] 如图 6.6 所示。

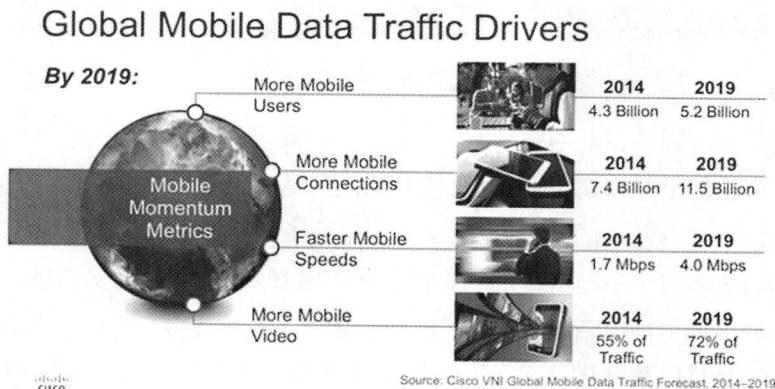

图 6.6　全球互联网移动终端使用情况统计图[②]

---

① 思科:《2014—2019 年全球移动互联网发展趋势报告解读》,2015 年 3 月 9 日,见 http://www.woshipm.com/it/140771.html。

② 思科:《2014—2019 年全球移动互联网发展趋势报告解读》,2015 年 3 月 9 日,见 http://www.woshipm.com/it/140771.html。

移动社交媒体已成为新闻和视频传播的重要传播渠道，提供移动互联网和社交应用服务已成为当下各媒体重点发力的方向，例如美国 CNN 在新闻报道中已经开始率先应用社交媒体平台和其他新兴媒体技术，美国 CNN 在报道世界新闻的过程中会派出数百名新媒体编辑，负责搜集全球各地的资讯，就传播方式而言，受众可以通过 Facebook 发送表情、弹出评论、观看直播等功能观看自己喜欢的内容，并与其他受众互动，这样一来，美国 CNN 不仅可以满足用户对多元新闻内容的需求，而且还会提供让用户沟通的平台，使得用户对其媒体品牌黏度很高。

个性互动式体验。多屏互动目前已经成为了一种趋势，以美国为例，随着媒体用户群体的年轻化，人们的消费行为越来越具有互动性，众多年轻人越来越喜欢在各种游戏情景当中获得用户体验，所以未来必然会出现媒体和互动游戏高度融合的趋势，比如引入衍生游戏 APP 已成为电视剧营销的一种常见手段，传统电视机构（如历史频道、探索频道等）会优先选择具有教育意义、可操作性、娱乐性的内容作为美食节目、探险节目、知识节目的内容，然后通过开发终端游戏 APP 的方式来提升用户的游戏体验和个性化体验。

尊重和满足移动端用户的场景交互习惯，也往往成为行业发展新的突破口。2017 年新华网在十九大报道中就采用了全息全景的报道方式，这种全新的报道方式能将用户带入到特定场景中，让用户自己亲身体验、操作与参与，在整个参与的过程当中不仅会调动用户的视觉，同时还会连同其他感官一起调动起来，将特定传播的信息更好地传达给用户，而用户基于场景化感染会起到自觉接收信息的效果。

如《全息全景｜身临其境看报告》是 H5 新闻场景代入的典型案例，用户只需用智能手机扫描二维码就可进入新闻主页面，新闻主页面的背景图是一个充满时代感且极具仪式感的人民大会堂会议场所，将用户带入十九大开会的特定场景当中，使用户产生一种身临其境的感觉，极大地增强了用户的新闻阅读兴趣，此时用户只需点击"入场"即可进行报告听取，整个新闻页面的仪式感极强，而且相比于其他类型的新媒体新闻阅读方式，H5 新闻在点击进入下一层级的新闻页面之后，拥有更稳定的注意力，这也是场景化阅读的优越之处；进入会场后将会进入"全景模式"，整个模式由音乐、画中画、双屏互动、全景三维等方式组成，将整个报告的重点摘取出来，借由习近平总书记的语音报告出来,用户不仅可以听取重点报告,而且还可以浏览新闻中的图片展示,达到眼观耳听脑记的良好传播效果,同时用户还可以浏览整个会场,对于需要了解的报告内容可以重新点击进行收听和收看,极大地满足了用户的阅读需求。整则新闻的制作完全是以用户为核心进行制作,其亮点在于新闻内容的精选与设置,以及以可视化的呈现方式充分满足用户的视觉感,此外,用户的参与感也得到极大满足,拉近了十九大与用户之间的距离,使用户对于十九大的关注度有了极大提升。

第三节 平等对话式话语模式的重塑

随着时代的不断发展以及社会文明的不断进步,人们越来越关注我国社会各行各业的发展状况。面对新闻传播形态改革需求,应当认识到媒体在新的时代、新的理念下所呈现出来的重要价值。在新时代、新理念影响下我国主流媒体需要重塑平等对话式话语模式,尤其在传播和报道时政新闻过程中,要改变以往传播形态,革新报道内容,以现代化、多渠道的方式向受众告知国家的最新政治活动信息,并让受众了解到国内及国外的政治、经济和文化发展情况。

传统的时政新闻往往给受众一种约束感,领导人讲话和政治会议呈现出的气氛比较严肃,使受众感觉自身与时政新闻并不存在密切关系。对于主流媒体而言,应当保证新闻信息的真实性和及时性,并且能够在上述基础之上深入进行调整,满足时政新闻报道创新的传播需求。在创新时政新闻传播形态及方式的过程中,只有重塑平等对话式话语模式,才能满足普通大众对社会政治、经济、文化发展的切实了解需求,因此下面将从媒体对十九大的相关报道入手,深入分析我国主流媒体在时政新闻报道过程中的话语传播内容以及话语表达方式的创新,从而希望能够在我国时政新闻报道过程中推广积极的正能量,弘扬伟大民族精神,推动社会健康发展。

一、生动细节取代刻板笼统描述

只有改变传统的刻板和笼统描述的方式,选择用生动细节代替刻板描述,才能够达成新型主流媒体话语传播的创新方式,提高受众的认同感和参与度。尤其是主流媒体在对时政新闻进行报道的过程中,以往会选择固定的表述方式进行播报，内容也按照固有规范统一撰写，缺乏对时政新闻内容的细致解读，容易让受众感到枯燥乏味，严重影响了时政新闻传播的价值，让整体的政治、文化和经济事件都呈现出场景、变化趋势、结局的模糊性，影响了事件以及人物形象的刻画。在传播环境发生急剧变化的当下，对于新型主流媒体而言，应采取创新的理念以生动的细节替代传统的刻板笼统模式，建立时空架构，融合长时间的画面展示，让时政新闻更加生动，具有充分的感染力，这样才能够满足时政新闻多元化传播的需求，满足人们多层次的体验感受需求，同时提升时政新闻的传播价值。

另外，新型主流媒体在创新信息传播话语表达过程中，从形态上而言，应从传统的书面语言播报形式转变为丰富的音响呈现模式，使话语表达形式更为多元化，也更加生动、丰富，能够真实地展现信息内容，并且拉近受众与媒体之间的距离，让人们感受到信息多元化传播的魅力和价值。比如在现代时政新闻的声音处理过程中，处理方式更为多元化，不仅可以选择同期声模式，还可应用背景收音的方法，实现艺术的表达与处理要求。

二、百姓语言取代官话套话大话

21 世纪初我国开展的"走转改"活动开启了媒体报道话语转变的先河，如今随着社交媒体的崛起更多公众参与到传播中，公众的"低语境"特性在社交媒体所孕育的"人人皆是传播者"的土壤中被最大限度地"激活"。媒体如何在此种语境框架中寻求政治话语与公众话语的合一显得更加重要，这也是媒体转变话语的根源所在。在主流媒体传播的认同与内化环节中，理性的认同机制逐渐取代了教化式的认同机制。如何在政治与平民化解读中寻找平衡点，主流媒体需要格外关注。"高大上"的精英视角在报道话语中逐渐式微，话语的层次化和亲民化方式成为主流媒体报道时的重要视角。

美国社会学家戈夫曼认为，人们会把日常生活的现实图景放在框架中去理解和应对社会情境。人们利用这个框架来识别和理解事件，并赋予生活中的行为一定的意义，否则这些行为和事件就没有意义。因此主流媒体的话语表达需要在当前媒介语境下进行现实转换，如 2017 年下半年"打 call"一词在网络平台中迅速走红，频频出现在主流媒体报端。除此之外，"厉害了我的国""点赞"等网络热词也频见"屏"端。这些都展现着主流媒体打破语境沟錾,寻求话语表达方式的转变。尤其是面临网络话语的不断冲击的当下,主流媒体的这种做法诚然可以起到不错的反响,但如果这种转换仅停留在"粗线条"式的话语层次,与网络话语影响力相比仍有一定差距。因此,主流媒体还应该要优化话语表达的层次感,从内容生产来说,要紧扣自身媒体的传播特性生产出与之相符的内容产品,最为关键的是要在内容的话语表达方面进行"映射"式编排。在完成话语层次的搭建之后,媒体尤其应注意平民化叙事视角的转变,满足大众的阅读需求和兴趣,把所传播的信息内容与公众的切身利益连接起来,增添时政新闻的可用性、亲民性,进而彰显出媒体话语传播的人文关怀。

选择贴近百姓生活的语言替代传统新闻报道中的官话、套话和大话,能够让新闻报道受到更广泛的受众支持,让受众在接受新闻信息过程中更有认同感和参与感。经调查发现,由于记者在采访和编辑的过程中选择的角度不够新颖,实际撰写的稿件内容比较老套,其内容枯燥乏味,缺乏吸引力,受众对于传统新闻播报方式的认同感仍有待提高,影响了新闻传播效果。传统的新闻话语传播方式比较陈旧,导致受众人群不断减少。在新的时代要求下,转变新闻话语传播方式刻不容缓,要尽量多用百姓语言取代官话套话大话。

如习近平总书记在十九届中共中央政治局常委同中外记者见面会上的讲话有一个鲜明的特色就是口语化、接地气,他经常用一些质朴、平实的"大白话"来表达思想,让群众听得懂、记得住,具有非常强的感染力和亲和力。习近平总书记在这次讲话中体现出平民化的风格,拉近了和百姓的关系,并且实现了政治信息的有效传播。首先,用词比较通俗易懂,人称代词一般使用"我"、"我们",不仅缩小了传播主体和受众之间的心理距离,而且达到了传播的目的;其次,句式一般为陈述句,并且多用排比句型,鲜明地表达了讲话人的立场,强调了语势,使传播更有力量,容易让群众信服;另外,讲话采用交流式的语调,无论是语气、重音、节奏、停连还是词语的选择都体现出平等交流的特点,打破了传统上的政治人物严肃的风格;最后,讲话具有鲜明的逻辑,整个讲话始终围绕着"责任"和"人民",层次分明、逻辑清晰,使党和国家想要传达的精神进一步得到强化。在此次讲话过程中,习近平总书记较多运用百姓语言,比较接地气,取得了较好的政治传播效果。

三、议程设置取代传统导向架构

议程设置是大众媒介影响社会的重要方式之一，1968年传播学者马克斯韦尔·麦库姆斯和唐纳德·肖通过调查研究发现大众媒介议题的显著性程度对公众议程具有重要的影响。随着媒介融合为主导的传播生态日臻成熟，议程设置理论得到了进一步发展。如今面临网络的冲击，议程设置日渐推动媒体舆论态势的走向，以往由国家主导的政治议题设置模式逐渐转变成国家、媒体、公众共同设置议题，其中媒体议程设置在新闻传播过程中扮演着重要角色，尤其对于主流媒体而言，可利用其所掌握的传播资源对国家政治信息进行"再解读"，从而营造舆论氛围，引导主流价值观。

回顾近年来主流媒体在政治报道过程中，媒体主要从宏大意识层面设置议题进而开展政治动员与政治宣传。具体而言，在议题的建构环节过程中媒体将其掌握的政治信息进行宏大化叙事以突显重大政治意义。无疑，宏观层面的意识形态叙事可以塑造强大的国家形象，取得立竿见影的传播效果。但是久而久之受众在宏大的议题叙事面前将媒体的议题设置认为是一种仪式化的程序，媒体极力强化的议题可能会导致受众"自动屏蔽"其政治议题，这不仅造成媒体与受众的共同意义空间逐渐"窄化"，而且也不断加深国家与受众之间的"天然鸿沟"。加之近年来新媒体的快速发展逐渐打破了传媒的垄断格局，公众的表达欲望被日益激活。由此而言，媒体的宏大议题设置难以适应新的政治传播生态，具体来说，一方面，公众能够通过网络平台进行议题的构建，表达自己的政治诉求；另一方面，宏观化的议题设置在与公众议程设置过程中的矛盾日渐突显。基于此种传播环境，受众会通过新媒体进行议程设置，不断倒逼主流媒体的议程设置作出调整。因此新型主流媒体的报道方式，需要从议程设置角度进行创新，建立全新内容提供流程，满足受众新闻需求，采取更为多元化和丰富的模式向受众传播时政信息。

如《中国青年报》在党的十九大召开期间推出了"十九大报告与青年"系列解读报道，先后刊登了《新时代，青年生活如何更美好》《新时代，青年公务员的机遇和挑战》《新时代，强军梦召唤更多学子从军》《新时代，青年就业新机遇》四篇文章，充分发挥媒介议程设置功能，从青年视角解读十九大报告产生的影响和对青年人未来发展方向的展望，将党的十九大这一盛会引入青年受众视野。纵观四篇文章中出现的人物故事，选取的都是平民百姓的故事，文章正是透过平民百姓生活中的故事来诉说国家政策对他们产生的影响。在《新时代,青年公务员的机遇和挑战》一文中,文章开头引用一位年轻公务员的"苦恼"来说明现存官场的"圈子文化、码头文化"现象,由此引出十九大报告中关于"坚决防止和反对宗派主义、圈子文化、码头文化"的论述。在《新时代,强军梦召唤更多学子从军》一文中讲述了大学生士兵蔚晨阳的从军故事,以及清华大学学生门良杰、中国人民大学在读博士生周晓辉的故事,这些都是平凡的学子形象,可正是因为这些平凡的学子在从军以后做出了不平凡的事迹,也成就了他们自身意义非凡的人生。《新时代,青年就业新机遇》中选取的是广东青年律师肖刚在读完十九大报告后对就业环境的领悟和见解。从这些平凡人物所处的环境特征入手,为读者打造出一篇篇朴实生动的新闻报道,读者能够透过普通人的小故事来启迪自己,从平凡人的实践中汲取经验,使十九大成为当时青年受众热议的话题,取得较好传播效果。

四、微观视角取代宏大主题叙事

新闻传播系统的健康运行建立在国家战略与社会结构的良好生态基础之上,为此,需要不断探索政治与话语传播之间相互依赖与相互竞争的规律,试图在主流媒体运行过程中构建传播生态的平衡。近年来,各大媒体不断尝试探索新的新闻叙事形态,如创新出对话式新闻。尽管这种叙事形态增加了新闻内容与受众之间的互动性,但容易使受众忽略对新闻内容本身的关注。通过观察可以发现,目前大部分媒体仍沿袭旧有的宏观化叙事框架,这一特性突出表现在主流媒体对时政新闻的报道,如领导高屋建瓴的讲话、展望未来的美好愿景等,这些宏大的叙事框架往往限制了公众对政治信息的感知度和理解度。基于此种态势,主流媒体在政治传播过程中其叙事方式需要从宏大叙事转向更加微观化的视角建构,具体而言,可从宏大的"顶层设计"议题转向微观"社会利益"议题的建构。

这就要求主流媒体更加贴近基层、贴近受众多元而广泛的需要。在政治传播过程中,主流媒体除了要对政治信息进行宏观化叙事的解读,也要加强对政治信息的微观化叙事。主流媒体在进行政治信息内容的生产时,要有意识地根据当前传播语境,对采集到的政治信息进行分门别类的整合加工,将微观化的叙事框架纳入到内容的生产过程,进而形成系列化的矩阵报道。这样一来,不仅可以增强政治信息的深度性,也更加有利于国家形象的构建。美国学者马丁等认为,国家形象是一个"多维度"的建构,进行国家形象的"多维度"建构就必须把握微观化叙事对政治信息的"多维度"阐释。由此可见,未来微观化叙事将成为主流媒体报道的方向口。

　　如央视针对党的十九大的报道采取了宏观主题思路和微观视角形态相结合的叙事方式,达成了时政新闻传播的新形态,传播效果较好。党的十九大召开期间,央视推出了一系列报道内容,如《十九大时光》、《数字五年》以及《时间都去哪里》等,这些节目都建立在十九大会议精神的宏观主题之上,聚焦我国各地现实情况,报道群众迎接十九大的喜悦景象、我国社会现代经济发展的良好趋势以及我国社会市场经济的瞩目成绩。在报道中通过对个人微观的采访方式收集到人们对于十九大会议的热切期盼,从微观的采访中感受到百姓的喜悦和收获,也见证着我国社会发展的重要历史轨迹。在《焦点访谈》节目中推出"这五年"特别报道,节目中介绍了我国创业、精准扶贫等众多内容,其中科技创新和绿色发展的理念展现出伟大的中国梦,让受众在微观而具体的新闻叙事氛围中体会到深深的参与感和荣誉感。

第七章　新型主流媒体话语影响力调研分析

第一节　媒介话语影响力评估模型

媒介话语影响力作为话语分析和媒介影响力的交叉研究地带,本书中话语研究依托于费尔克拉夫的批评话语分析,媒介影响力主要来源于我国学者郑丽勇的媒介影响力评价指标研究,二者的融合不仅能够在研究形式上可以进一步融合,而且可以对媒介及其所生产的内容对受众所产生影响进行深层次探究。在这一过程中如何将两种研究方法融合并合理分类划定指标是研究的重点以及难点。

一、相关理论基础

费尔克拉夫批评话语分析法。费尔克拉夫建立了被学界认为是较为系统且完整的批判话语分析框架,即"辩证—分析"分析框架,其将话语不单单作为文字与文本而是将之视为一个过程,并且这个过程同外界种种因素相联系。费尔克拉夫在《话语与社会变迁》一书中将话语分析总结为三个维度:文本分析、话语实践分析和社会实践分析。

微观层面的文本向度分析。文本分析既包括词汇、语法、连贯性和文本结构等方面,也包括话语风格、话语技巧、话语文本等角度。其中,词汇分析主要涉及个体语词,语法分析涉及语句与语词,包括及物性、语态等方面,语言风格、技巧等则关注语言本身。微观层面的话语表达不仅是进行字词句段的拼贴使其组成具有完整表意功能语段的过程,还是形成影响力的重要步骤。媒介易读性研究表明,媒介的易读性越强,受众越容易找到信息并准确地理解,并且也会更倾向于通过该种媒介渠道来了解信息。反之,如果媒介所传播的话语内容咬文嚼字、晦涩难懂,受众便不愿意继续通过该种媒介获取信息,媒介话语影响力便无从谈起。

中观层面的话语实践向度。费尔克拉夫认为话语实践维度包括话语的生产、分配和消费过程,这一过程受到特定时期政治、经济、文化等因素的影响,此外费尔克拉夫还认为话语实践层面最重要的是互文性,它贯穿于话语生产、分配和消费的各个环节。新媒体的产生改变了以往社会话语传播的模式与结构,人们由以往单纯的"受众"转为新媒体中的参与者。即便是作为传播权力中心的传统媒体在新媒体平台上所发布的各种内容,新媒体用户也可以通过新媒体平台上所设置的点赞、评论、转发等按钮参与到话语的二次传播与再造。具有强大话语影响力的媒介,其强大话语影响的形成从来不仅仅只是单纯依靠自身,也依靠其忠实受众的二次推广与再传播,媒介的话语影响力同媒介话语生产传播的过程是紧密结合的。

宏观层面上的社会向度分析。社会向度分析将话语置于更为广阔的社会系统中去考量,并研究在政治经济等影响下话语实践是如何进行的。在我国,新闻媒体一方面作为市场经济主体进行各种经济行动,另一方面其传播权由党和人民所赋予,因而也具有党性与人民性。习近平总书记指出:"新闻工作者要把握时代的脉搏,认识新闻的作用,要看到新闻事业是党和人民的喉舌,担负着反映舆论、引导舆论的一个重要任务"[①]。在对不同媒介进行话语影响力研究的过程中,其所对应的行政级别、覆盖的行政区域是不可或缺的考虑因素之一。

郑丽勇等媒介影响力评价研究。喻国明等学者将传媒影响力发生与构建分为接触、保持、提升三个环节。接触环节是指传媒依靠规模和特色积聚起的社会注意力,保持环节是指媒介通过必读性、可读性、选读性来建立受众对媒介的忠诚度,提升环节则是指选择最具社会行动能力的人群,占据最重要的市场制高点,提升媒介影响力。学者赵淑兰则在喻国明的基础上加上了接受环节,意指受众对媒介的选择性接触、理解、记忆的过程。学者郑丽勇在上述基础上将媒介影响力归纳为四个维度:广度、深度、强度、效度。广度是指在接触环节媒介能在多大程度上引起受众注意力,能吸引多少受众的注意力,用传阅率、视听率来衡量。深度则是在受众接触环节,媒介满足受众需求的能力越

---

① 习近平:《摆脱贫困》,福建人民出版社 1992 年版,第 63 页。

强,媒介对受众影响力则越大,采用受众平均接触时间来衡量。强度指在保持环节,媒介影响力的形成和保持取决于两个影响因素:媒介内容本身和媒介品牌,采用李克特五级量表法对受众进行调查。效度则是指受众接触、接受媒介传播的内容,并因此发生态度上的改变并且外化为行为,效度因子的计算方法依托《当代中国社会阶层报告》(2002)中社会十大阶层中主流人群占受众总体比率之和。

综上所述,费尔克拉夫和郑丽勇等学者的理论和研究为进行新型主流媒体话语影响力调研分析提供了理论基础和研究方法的指导,也为在媒介影响力分析的基础之上更进一步进行媒介话语影响力的考察提供了可能。

二、媒介话语影响力发生的四个环节

话语作为本研究的研究焦点,考察的不仅是作为结果的"影响力",而且更应该深入到影响力的形成过程进行细致且全面的分析,这样话语的重要性和功能性才能得以体现。如上所述,喻国明、赵淑兰以及郑丽勇等学者所划分的媒介影响力发生和构建的过程中有诸多环节,而结合使用费尔克拉夫的分析方法将媒介话语影响力的形成过程划分为四个环节,可以有助于深刻而准确地洞察媒介影响力的实现过程。

接触环节:这是媒介信息吸引目标受众注意力的过程,媒介话语能够产生影响力的第一个环节就是媒介所传播的信息能够吸引到自己的目标受众,媒介只有将自己的产品或者服务传递到受众面前,让受众接触到媒介信息,才能够引起受众认知、心理和态度以及行动层面的变化,进而媒介话语才能够产生影响力。而在费尔克拉夫批判话语分析中社会向度的视野下,社会分析将话语放置在更大的社会背景中,媒介话语受到政治、经济、文化等社会因素的影响。因此在我国"二级电视、三级报纸、四级广播"的传媒结构基本框架的背景下,不同行政级别的媒体的覆盖面和目标受众规模必然是不同的,不同信息所引起的受众注意力也不同。因此在受众的媒介接触环节从某种程度而言,起决定作用的就是媒介本身所对应的级别,如由于《人民日报》面向全国发行,其所能覆盖的受众范围必然大于主要面向湖北省发行的《湖北日报》,《湖北日报》的受众覆盖范围又大于主要面向恩施州发行的《恩施日报》。

认知环节:传播学者郭庆光认为传播效果可以分为认知、心理和态度、行动三个层面,认知层面是指外部信息作用于人们的知觉和记忆系统,引起人们知识量的增加和认知结构的变化,这也是受众对媒介信息进行选择性注意、选择性理解和选择性记忆的过程,而这种选择性处理与传播主体和传播对象紧密相关联。因此在认知环节既要考察传播主体所传递的媒介信息的难易程度,即媒介信息的易读性,又要考察传播对象即受众对于媒介信息的处理路径,具体表现为受众对媒介的使用时间。

首先,在传播主体所传递的媒介信息方面。费尔克拉夫话语分析中的文本向度认为,媒介话语信息通过词汇、语法、连贯性、文本结构以及话语风格、语言技巧、话语文本等呈现出来,不同媒介将符号按照一定的逻辑和话语表达规则进行组合来表达完整的意义。这些符号在组合过程中会有两种结果,一是使媒介信息意义晦涩难懂,二是使媒介信息意义通俗易懂。换言之,也就是媒介信息易读性的强弱程度不同。受众在接触到媒介话语信息之后,根据媒介信息易读性的强弱程度会做出不同的选择,这会使得媒介话语影响力产生出不同的效果。因此,在认知环节,媒介易读性是衡量媒介话语影响力的重要因子,纸质媒体与新媒体由于媒介性质不同,在话语表达规则和话语文本方面会有所差异。

其次,在传播对象(受众)方面。受众在接触到媒介内容以后的行为会出现多种选择,社会学家理查德·佩蒂的"详尽分析可能性"理论认为,人们会用两种方式对信息进行处理,一种是个人认知需求强烈、责任感较强并且拥有相应认知能力时,人们会沿"核心路径"对该信息进行详尽处理,也就是用详尽的方式和严谨的思考来处理信息,反之则沿"边缘路径",以一种较为简单粗略的方式来处理信息。在大多数情况下,这两种信息处理路径是同时存在的,就媒介内容而言,受众可能会根据自己的需要和能力认真阅读媒介上的全部内容,沿"核心路径"进行详尽处理,也可能会仅仅通过新闻标题沿"边缘路径"进行一般处理,而最大的可能性是受众对于媒介上的部分内容和知识比较关注,沿"核心路径"进行处理,对一些没有兴趣和动机的内容则沿"边缘路径"进行处理。受众沿"核心路径"详尽处理媒介信息的情况越多,受众认知的内容越多,媒介信息所引起的受众认知结构的变化会更加深刻,媒介话语所产生的影响力相对就会越大。笔者认为可以通过受众对媒介信息的接触时间来衡量媒介话语影响力的大小,受众接触媒介信息的时间越长,沿"核心路径"处理信息的次数越多,接受的信息内容也就越多,虽然不一定成正比,但是至少是正相关。因此在认知环节的传播对象(受众)方面,衡量媒介影响力的指标应该是受众对媒介信息进行详尽处理的次数,即受众对媒介的使用时间。

说服环节:这是媒介影响力真正产生的环节,受众在对媒介内容做出行为选择后,受众的观念和价值体系就会发生变化从而引起感情或情绪的变化。受众态度的改变会受到多种因素或环节的影响,包括传播主体、传播内容、讯息载体、传播技巧和传播对象等。在传播主体(这里特指媒介)方面,同样的媒介内容作用于不同的受众会产生不同的效果,因为受众的态度可能会受到自身政治立场、经济利益、文化背景等既有倾向的影响。传播学者霍夫兰的可信性效果理论认为"信源的可信度越高,它的说服效果就越大;可信度越低,说服效果就越小"。媒介要想获得更大的影响力需要提高自身可信度,也就是要提升自身的信誉以及权威性,因此,说服环节的评价指标应该是媒介的可信度也就是媒介的公信力层面。

放大环节:这是受众对媒介内容进行二次传播的过程,媒介信息的传播实际上在上述接触、认知、说服环节已经完成了,然而拉扎斯菲尔德的两级传播理论认为,大众传播的过程可以分为两个方面,一是作为信息传递过程的"信息流";二是作为效果或影响的产生和波及过程的"影响流",信息的传播可以是一级的,而影响的传播则必然是多级的。因此接触、认知、说服这三个环节只是完成了媒介信息的传播,而媒介话语影响力的传播还要受到意见领袖的过滤。同时费尔克拉夫"话语实践"向度认为在话语的生产、分配和消费过程中,受众消费的环节不是传播过程的结束,而是二次传播的开始。在新媒体时代,由于媒介技术的发展,受众在传播过程中的角色以及作用发生了很大变化,他们从信息的接受者发展成为信息的二次传播者,新媒体时代的意见领袖很多是由普通受众承担的,普通受众可以通过对信息的转发以及分享来对媒介信息进行二次传播,这个二次传播的过程实际上就是媒介影响力放大的环节。

三、衡量媒介话语影响力的五个因子

上面对媒介话语形成环节进行了相关分析,总结出了媒介话语影响力形成的接触、认知、说服、放大四个环节。接触环节所指的是受众接触到媒介的过程,因此在此环节衡量媒介话语影响力的应是体现媒介受众规模的广度因

子;认知环节所对应的两个因子即易读性因子与信度因子,由于在认知过程中受众和媒介文本之间存在着双向选择,文本内容的难易程度可能会造成受众的理解程度不同,受众既有的知识结构、认知需求也可能会造成其认知差异,媒介本身的公信度水平也会影响到受众的信息判断,因此在认知环节衡量媒介话语影响力的是易读性和信度这两个因子;说服环节衡量的是媒介及其内容对受众影响程度的深浅,因此在此环节衡量媒介话语影响力的是深度因子;放大环节所考察的是受众对媒介内容进行二次传播的过程,衡量受众参与到媒介内容生产以及传播过程的程度,因此在此环节衡量媒介话语影响力的是参与度因子。综上所述,媒介话语影响力的衡量因子应包括如下五个:广度因子、信度因子、易读性因子、深度因子、参与度因子,下面将分述之。

广度因子:在我国不同级别的媒体依据其所对应的行政划分,有各自不同的相对应的目标受众群体,因此其媒体影响范围必然有所不同,级别高的媒体受众规模必然大于级别低的媒体受众规模。《恩施日报》主要面对的是恩施州内受众,《湖北日报》所面对的主要是湖北省内受众,《人民日报》所覆盖的是全国范围的群众。在媒介接触环节,受众规模代表着媒介能多大程度上引起受众注意,吸引多少受众的注意和接触,这是媒介话语影响力形成的基础条件,因此需要对其进行精确度量。在传统媒介话语影响力度量过程中,最主要的衡量方式应为发行量与传阅率的乘积,或是覆盖区域总人口阅读率(收视率、收听率)。由于新媒体与传统媒体平台性质的差异,本书研究过程中对于三家新型主流媒体话语影响力广度的考察分别采用不同的衡量方法,对于传统媒体采用"报纸周发行份数/地区总人口数"的方法,对于新媒体平台采用"公众号关注人数/(地区总人口数 * 全国网民比例)"的方法。需要注意的是,在广度因子视角之下所衡量的只是媒体所引起受众注意力的数量,而对于话语影响力的深度等还需要借助其他指标进行探究。

信度因子:信度本是统计学中的名词,在本研究中指受众对于媒介以及媒介内容的信任程度,所体现出来是媒介公信力的大小。受众对于媒介信度的评价一方面来自于媒介使用过程中的外部信息,如媒介实力是否雄厚、是官方媒体还是自媒体以及该媒介的口碑评价;另一方面则是受众在日常使用过程中对该媒介的评价以及对自己需求的满足程度。受众对媒介公信力的评价影响着自身对于媒介的使用,也是媒介话语影响力实现程度的重要影响因素。

习近平总书记曾提出应增强新闻媒体的"传播力、引导力、影响力、公信力"，信度在媒介话语影响力的形成过程中并不单独作用于某一环节，而是对整个过程都有重要影响，本研究将采用问卷调查的方式对该因子进行测量。

易读性因子：受众接触到媒介之后，媒介话语影响力能否最终形成取决于受众对媒介文本的解读程度。根据费尔克拉夫话语分析中的"文本向度"，媒介文本的文本风格、行文技巧等会对受众接受行为产生影响，从而对话语影响力的形成产生影响。受众对媒介文本的解读效果一方面与受众本身的受教育水平、职业、爱好等直接相关，另一方面文本本身的难易程度也会直接影响解读效果，即媒介所传递的"意义"能否被受众接收到。媒介无法改变受众对文本符号的解码水平，但在进行文本编码时可以考虑到受众的接受水平而尽可能地使文本通俗易懂。易读性研究起源于美国，"易读性"依其字面含义可以理解为"文本易于阅读和理解的程度"（李绍山，2000），其通过对文本字、词、句、段以及行文手法、修辞方式的研究加深了对文本易读性的理解。吉利兰（1963）提出五种主要的文本易读性的测评方法即主观评价（subjectivejudgement）、回答问题（comprehensionquestions）、完形填空（sentencecompletionandclozeprocedure）、图标（tablesandcharts）、易读性公式（readabilityformulae），这为文本易读性的研究提供了有力的工具，在本书研究中对于文本易读性将采用回答问题的方法来进行考量。

深度因子：在上述接受环节考察了文本本身的易读性，受众到底接受了多大的媒介话语影响力还需要进一步衡量。媒介话语对于受众影响的深度是难以直接衡量的，但一般而言，在受众使用媒介的过程中，使用越多影响也就越大。以报纸为例，如果一个人每天能够阅读完报纸的所有内容，那么他所受到的影响无疑是最大的，但如果仅仅浏览了标题而没有阅读内容那么所受到的影响将大大降低。对于新媒体而言也可以用相同的方式进行考虑，受众对于某个公众号或者是媒介客户端使用的频率越多、所使用的时间越长，在潜移默化之中所受到的影响也就越大。从这个角度出发，人们对于媒介的使用时间是衡量其所受到的影响的关键因素，因此本书研究将采用用户媒介平均使用时间来对媒介话语影响力深度因子进行衡量。

参与度因子：参与度所衡量的是受众参与到媒介内容生产以及传播过程的程度的大小。传统媒体信息生产与传播的过程可以概括为采、写、编、发四个环节,受制于技术条件,受众与媒介的互动一般只有热线来电、邮箱、信箱等几种为数不多的形式,规模上也由于参与过程的繁琐、反馈不及时等原因而没有在社会上形成较大的影响。当下网络逐渐作为人们了解信息的主要途径,新媒体平台凭借其开放性可以让受众参与到媒介生产与传播的环节中来,带动了受众自主性的提升,受众对于其所认同的观点和信息也愿意与其他人分享,受众的能动性也日益体现。以微信公众号为例,人们可以通过点赞、转发、留言等方式参与到信息的生产传播过程中来,通过点赞可以让无形的受众关注度变得可视化,通过推文底部的留言可以让媒介话语同受众观点相结合,转发则依靠微信这一"强链接"可以扩大媒介的影响范围。受众参与到媒介信息生产与传播的过程,不仅可以扩大媒介话语的影响面,加深媒介影响的深度,还可以增进媒介与受众之间的理解与信任。在"用户思维"日益重要的今天,参与度衡量的是媒介的一次传播之后由受众主导的二次传播规模的大小,也是受众对媒介内容的认可程度的重要标准之一,因此本研究对参与度衡量的核心标准是受众在过去一周内分享过的媒体内容的次数。

四、媒介话语影响力评估模型

媒介话语影响力形成于话语生产、传播、消费的整个过程,媒介话语影响力的形成依赖于接触、认知、说服、放大四个环节,这四个环节相互作用,每一环节都和其他环节紧紧相扣,将媒介、内容、受众紧密联系起来。在本书研究中通过对传播环节进行考察以及对媒介话语影响力因子进行归纳,得出媒介话语影响力的乘法评估模型。在模型中乘法模型与话语影响力形成链式环节,并且乘法模型中的每一个因子都会对整个过程产生与乘法类似的放大或者缩小的作用,试图将无形的媒介话语影响力进行量化,并最终为不同媒介的话语影响力进行精确细致的比较提供了可能。本书研究所采用的乘法评估模型计算公式如下:

$$媒介话语影响力指数(报纸平台)=受众覆盖面\left(\frac{报纸周发行份数}{地区总人口数}\right)*平$$

均使用时间(分钟/周) * 媒介信度(%) * 易读性(%) * (1+参与度)

$$媒介话语影响力指数(新媒体平台)=受众覆盖面\left(\frac{公众号关注人数}{地区总人口数 * 全国网民比例}\right)*平均使用时间(分钟/周)*媒介信度$$

(%)＊易读性(%)＊(1+参与度)

在该模型中广度因子体现为受众覆盖面,传统报纸的受众覆盖面采用(报纸周发行份数/地区总人口数),微信公众号平台的受众覆盖面则采用[公众号关注人数/(地区总人口数＊全国网民比例)]。深度因子体现为平均每人每周媒介使用的时间,这是由于媒介话语影响力的形成是以受众对媒介的使用时间为基础的。斯图亚特霍尔所提出的三种解码方式指出受众对于媒介内容并非全盘接受,而是会因为受众的已有认知形成不同的解码方式,因此信度因子在媒介话语影响力的计算中正是为修正由于对媒介认可度不够而产生的对抗式解读。另外受众在通过媒介获取信息时可能会出现理解程度上的折扣,媒介所希望传达的"意义"并不能被受众完全接受,因此通过易读性因子来对其进行修正,易读性与可信度在计算时都是小于1的百分数,旨在对之前粗略计算的媒介话语影响力进行修正,使其更加接近实际值。参与度因子在计算时采用平均过去一周内受众分享媒介内容的次数,(1+参与度)中的"1"所指的是受众本人在接触媒介后所产生的影响力,与参与度相加则指向整个传播过程的影响力,如果受众的参与度越高、二次扩散的面越广,媒体整个传播过程中的话语影响力也就越大,因此(1+参与度)是指媒介内容扩散过程中的受众覆盖面。

第二节　新型主流媒体话语影响力调研分析

本书调研报纸类主流媒体选取《人民日报》《湖北日报》《恩施日报》作为考察样本,对三家报纸的考察既分析其传统的纸质版,又以目前使用人数最多的微信公众号为代表进行分析,分别考察其传统传播平台及新媒体平台的话语影响力,体现出新型主流媒体考察的多样性。本次调研中问卷调查部分共发放问卷 7046 份,收回有效问卷 6524 份,有效问卷占比 92.6%。《人民日报》《湖北日报》《恩施日报》三个不同级别媒体的问卷调研内容相同,调查问卷分为三个部分,分别对主流媒体的纸质版、微信公众号、个人信息等进行调查,通过对主流媒体的纸质版和微信公众号的话语影响力做出对比分析,以更好地了解其对本地区受众的整体话语影响力状况,以下将对本调研数据结果进行阐述分析。

一、受众基本构成分析

表 7.1 调研数据受众基本构成

特征	类别	人数	比例
性别	男	3224	49.4%
	女	3300	50.6%
年龄	18 岁以下	1122	17.2%
	18—25 岁	1428	21.9%
	26—35 岁	2548	39%
	36—45 岁	974	14.9%
	46 岁以上	452	6.9%
文化程度	初中及以下	726	11.1%
	中专/技校/高中	1786	27.4%
	大专	1436	22%
	本科	2166	33.2%
	硕士及以上	410	6.2%
年收入	1 万元以下	1888	28.9%
	1 万—3 万元	636	9.7%
	4 万—6 万元	300	4.5%
	7 万—9 万元	2558	39.2%
	9 万元以上	1142	17.5%
月消费	0—2000 元	2582	39.6%
	2001—4000 元	1202	18.4%
	4001—6000 元	1104	16.9%
	6001—8000 元	520	8%
	8001—1 万元	600	9.1%
	1 万元以上	516	7.9%

由以上数据可见,本次调查样本以中青年为主,受众职业构成多样化,受众样本学历层次较高,并且从受众年收入状况来看,涉及各不同收入层次人群,因此此次调查样本,能够代表相当广泛的受众群体。

二、不同行政级别媒体的话语影响力比较分析

在本次调查研究中,基于不同级别媒体在各自所辖行政区域内的话语影响力的调查,所得出的结果并非某一媒介的总体影响力,而是基于所辖区域内个人所受到的平均影响力。

(一)传统媒介——报纸话语影响力比较分析

报纸作为最具代表性的传统媒介,其产生与发展将人类信息传播水平带到全新的高度。在如今新媒体与互联网逐渐作为人们了解信息的主要途径的大背景之下,报纸凭借其公信、权威的特征在激烈的媒体竞争中继续保有一席之地。通过对所收集的数据进行整理得出以下结果:

表 7.2　各级别报纸话语影响力因子及影响力数值

指标 媒体	易读性	信度	深度	参与度	广度
《人民日报》	67.15%	62.18%	45.8	9.1	0.016
《湖北日报》	72.55%	64.54%	27.7	8.9	0.051
《恩施日报》	79.41%	60.65%	26.9	9.4	0.084

易读性因子。各级报纸的易读性呈阶梯状态势,级别越低的媒体易读性越强,这主要与受众在接收信息时地域上的心理接近性有关系。

各级不同媒体在内容指向上有着明显的差别,因此受众对其内容的认知解读也会有所不同,地方性媒体如《湖北日报》和《恩施日报》立足当地并服务当地受众,内容既会涉及党和国家政策,也会侧重于报道地方性相关新闻与热点,文本内容和受众自身已有的知识体系是最为接近的,因此受众在解读过程中也更容易理解,地方性媒体会引起所辖行政区域内受众的较多关注。《人民日报》则主要是立足全国并放眼全局,主要传达国家政策以及党中央精神,对于具体事例的报道并非就事论事,而是以点带面,或鼓励或批评社会上的某种或是某类现象,因此所报道的内容更为深刻,需要人们去深入解读。就报纸易读性而言,由于受众在接收信息时地域上的心理接近性,中央级、省级、地市级主流媒体呈阶梯状的态势。

信度因子。该因子由媒介对受众信息需求的满足程度和受众对媒介的信赖程度共同决定。互联网的兴起切实地改变了人们的信息获取习惯和方式,

人们也逐渐习惯于通过触手可及的电脑端以及移动客户端利用互联网获取自己所需要的海量信息,因此报纸所能提供的信息比较有限。对于受众而言,受众需要的信息是多样化的,由于不同行政级别媒体的内容有很强的指向性,《湖北日报》作为中间级别的媒体更易于兼顾地方性与国家性,会更易于满足受众的多样化需求。从受众对媒介的信赖程度而言,三家主流媒体都维持在较高水平,新媒体的冲击虽然改变了人们的信息获取习惯与方式,但我国各级主流媒体依旧以其权威、可靠的形象而获得受众较强的依赖感。

深度因子。深度因子是本次调研的核心指标,表现为受众平均每周阅读报纸的时间。《人民日报》的受众阅读深度远大于《湖北日报》和《恩施日报》。首先从报纸版面而言,《人民日报》周一到周五有 20 版,周六、周日都是 8 版,《湖北日报》周一到周五是 12 版左右(有时是 14 版),周六、周日是 8 版,《恩施日报》周一、周六是 4 版,周二至周五是 8 版,周日休刊。经统计,《人民日报》每周版面数量为 116 版,《湖北日报》每周版面数量为 76 版左右,《恩施日报》每周版面数量为 40 版,版面数量越多受众的阅读时间相应也会增多。其次从报纸所刊登内容而言,《人民日报》统揽全局,立足国内放眼全球,对于政治经济整体形势分析较多,因此所刊登内容的分析也更为深刻,读者阅读时会花更多时间去思考,《湖北日报》和《恩施日报》所刊登内容多为当地所发生的事件,在地理上对受众而言有接近性,行文也更倾向于本土化表达,因此受众在理解的过程中也更为容易,可能会造成阅读时间的减少。

参与度因子。该因子用以衡量受众进行二次传播的程度,在这方面三家媒体的表现基本持平。究其原因,这是由于人们获取信息之后有进行二次传播的需求,由于主流媒体拥有较高的可信度,报纸仍是人们获取信息的重要来源之一,大多数人愿意通过传阅、与人交流等方式进行信息扩散,愿意分享自己从报纸上所关注感兴趣的信息。

广度因子。《人民日报》带有较强的政策风向标属性,其目标受众多为党政机关干部、企事业单位人士,虽然《人民日报》在内容上也尽可能多样化,如设置消费、文化、体育等板块,但其政治经济板块仍占主要部分,并且所刊登的内容较为宏观。相较而言,《湖北日报》和《恩施日报》则因较强的地方色彩,受众会有"我们的报纸""自己的报纸"的认可倾向,其内容上也以本地化内容为主,更容易满足受众了解与自身相关信息的需求。

综上所述,各级主流媒体成为目前受众接收信息的重要渠道和方式,《人民日报》等中央级媒体可以传递党和国家方针政策等,《湖北日报》《恩施日报》等地方媒体则结合党和国家政策,侧重于传递当地信息,以满足受众获取自己周围所发生信息的需求。在这一过程中不同级别的报纸积极找准自身定位,扬长避短服务受众。可以得出以下结论:

①各个层级的主流媒体相互补充,共同成为人们接收信息的主要渠道,在人们心目中仍然具有较高的权威性以及认可度,但是有限的版面仍然难以满足人们多样化且深入的信息需求,中央级、地方媒体各自在内容上有所偏好和侧重,人们可以按照自己需求来选择适合自己的报纸。

②《人民日报》作为中共中央机关报纸,在传递国家方针政策、凝聚社会共识等方面具有不可替代的作用,受众对《人民日报》的阅读拥有其他两家报纸不可比拟的深度,党和国家的大政方针能通过各级主流报纸传递到基层。

③《湖北日报》和《恩施日报》作为省级和地市级报纸,能够结合当地情况进行信息内容传递,在市场占有方面有较好的表现,传播广度较高,在各自辖区内有较好的话语影响力。

(二)新媒体平台——微信公众号话语影响力比较分析

在如今移动互联背景下,新媒体平台日益成为媒体信息传播的主战场,新媒体由于其即时性、海量化、个人化、互动性的特点吸引了大多数受众的注意力。如何在新媒体平台上形成强大的话语影响力,并形成适应各自需求的话语传播特色与风格,成为近年来各主流媒体不断探索的问题。笔者通过对所收集的数据进行整理,并运用话语影响力评估模型进行计算得出以下结果:

表 7.3　主流媒体微信公众号话语影响力因子及影响力数值

指标 媒体	易读性	信度	深度	参与度	广度	话语影响力
《人民日报》微信公众号	72.74%	72.44%	50.0	17.1	0.026	11.63
《湖北日报》微信公众号	70.33%	64.02%	28.2	12.7	0.028	4.42
《恩施日报》微信公众号	75.07%	77.59%	13.9	7.7	0.026	1.65

易读性因子。三家媒体微信公众号的易读性因子表现基本持平,《人民日报》《湖北日报》《恩施日报》在本次研究中的新媒体形式——微信公众号,

与传统纸质版不同,它不仅能够传递文字、图片、音频、视频,还能利用超链接、小程序、自动机器人等形式将信息360度全方位的形式展现出来,并且为适应人们在新媒体环境下碎片化的阅读习惯,公众号的推文也力求简洁易懂,因此微信公众号的易读性整体较高。

广度因子。三家媒体微信公众号的广度因子基本持平,虽然三家媒体的微信公众号在内容运营上有明显差别,但是广度因子数值基本类似,这说明受众在选择新媒体平台的过程中更侧重自己的信息需求,这种需求是多样化的,既涉及国家大政方针,也涉及地方相关信息,受众由于信息需求的不同而分别会选择对应级别的微信公众号平台,因此不同级别媒体所对应的微信公众号的广度因子基本持平。

信度因子。三家媒体的微信公众号信度因子都表现出较高水平,作为主流媒体都有较高的权威性,但是受众信息需求的满足程度存在差异。原因可能是受众对于不同的公众号有不同的期待,《恩施日报》微信公众号是人们了解恩施本地信息的重要渠道,如2020年7月恩施遭遇大雨引发洪水,《恩施日报》微信公众号从7月4日开始进行重大气象灾害预警,一直到7月22日,每天通报灾害情况以及抢险救灾措施,一改以往每周3篇推文的"慵懒"习惯,使得人们能从中及时获取自己所关心的州内重大信息,对受众需求满足程度较高。《人民日报》微信公众号制作更为精良,内容覆盖面也更广,从每天早上"新闻早班车"栏目开始到晚11点"夜读"栏目结束,内容涉及时事政治、社会热点等,形式丰富多样。《湖北日报》微信公众号报道内容主要集中于省内但对国内国际信息也有所涉及,虽然报道集中于省内但是更为侧重于武汉,对于省内其他地方的报道不会太多。

深度因子。三家媒体微信公众号的深度因子存在一定差距,出现差距的重要原因在于这三家媒体微信公众号推文数量的不同,推送文章作为微信公众号最重要的信息传递方式,其数量的多少在一定程度上也决定了该公众号传播信息量的大小,所传播的信息量越大,受众需要花费浏览的时间往往也会越长,如上文所述,人们对于媒介的使用时间是衡量深度因子的关键因素,因而《人民日报》微信公众号由于推文数量最多而深度因子最大。但是值得一提的是除了推送文章的数量,受众还可以通过公众号设置的有关功能实现更多的信息获取,如《人民日报》微信公众号设置了"新闻"界面,点击进入之后就是类似新闻客户端的界面,可以实现更多的新闻获取,《湖北日报》和《恩施日报》微信公众号则直接将纸质版内容"搬"到了公众号上,通过不同方式满足人们对信息传播深度的需求。

参与度因子。虽然三家主流媒体微信公众号推文数量差距较大,但是参与度并没有完全按照推文数量的比例来呈现。由于受众在进行信息分享即二次传播时存在主观性,受众会更容易选择与他人有更多共同话题的内容进行谈论、分享,《人民日报》微信公众号由于所传递信息内容质量高且所传递信息数量多,往往容易成为受众与他人进行信息分享时的首选,因此其参与度因子相较于其他两家媒体微信公众号而言相对较高。

综上所述,新媒体由于拥有不同于传统媒体的技术形态,其传播内容与方式有着自身的特点,因而三家媒体微信公众号的话语影响力与传统纸质媒体有着不同的表现。可以得出以下结论:

①微信公众号是主流媒体在新媒体领域的延伸,主流媒体实力越强受众面越广,其微信公众号也更容易通过制作出高质量的信息来满足受众进而形成强大的话语影响力。

②不同级别媒体的微信公众号有着各自不同的受众定位和内容侧重,这种侧重是由各级媒体所处的现实条件所决定的,因此各级媒体应适应区域内受众需求及时做好相关信息的传达与引导,以便形成社会凝聚力。

③各级媒体微信公众号可以通过不断拓展微信公众号相关业务与功能,以提升其话语影响的深度与广度,并且可以结合区域特征在传播信息过程中有所侧重,提供能够满足受众需求的高质量的新闻产品,如《恩施日报》微信公众号主打旅游,《湖北日报》微信公众号主打信息公示与省内介绍,《人民日报》微信公众号则主打新闻聚合、文化传播等。

综上所述,各级媒体都在尽可能地结合自身优势并不断扩大其话语影响力,《人民日报》在传统报纸萎缩的情况下积极拓展新媒体领域,凭借其在新媒体领域的良好表现,从总体影响力上强于其他媒介。这也反映出媒介发展恒定不变的规律:无论媒介形式如何变化,受众对优质的新闻产品的需求是不变的。《人民日报》以其优质的产品内容仍然获得全国受众所普遍认可的较高的话语影响力。如《人民日报》在唱响主旋律的同时也尽可能触及现代人敏感的心灵,其微信公众号的"夜读"板块从个人化的小视角切入,针对人们的职场、情感等热点话题提出恰到好处的建议，以一种独特的方法拉近了和受众之间的距离，每期"夜读"板块的文章都收获了受众大量的点赞和留言，取得了良好的传播效果。

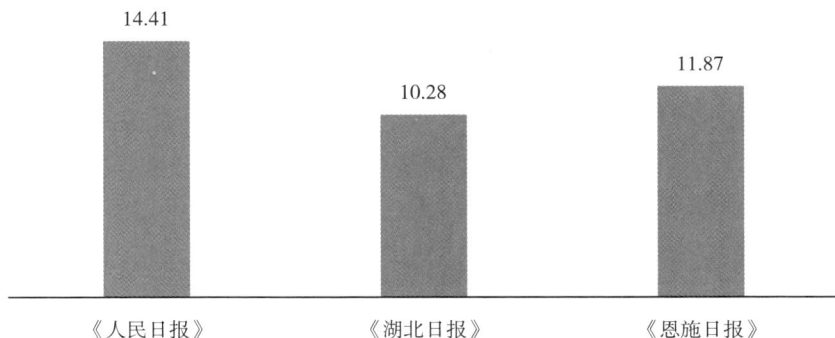

图 7.1　三家新型主流媒体总体话语影响力对比图

三、不同媒介形态话语影响力比较分析

技术不仅可以催生新的媒介形态，而且可以改变既有的传播结构与传播网络。在本书研究中选取传统媒体中的代表性媒介形态报纸与新媒体代表性媒介平台微信公众号进行比较分析。经研究发现，传统媒体在以往传播过程中占绝对优势地位的状况正在逐渐被打破，随着互联网出现并不断普及，主流媒体纷纷加快在新媒体领域的布局。

以下将通过对不同形态的媒介话语影响力进行比较分析，从而加深对媒介发展规律的认识。通过对三家主流媒体不同媒介形态为分类依据，对问卷有效数据进行综合计算，得出报纸和微信公众号的话语影响力值如下表所示：

表 7.4　新型主流媒体不同媒介形态话语影响力因子及影响力数值

指标 媒体	易读性	信度	深度	参与度	广度	话语影响力
报纸	69.5%	62.5%	40.2	9.3	0.050	7.98
微信公众号	72.5%	71.4%	41.9	15.2	0.027	8.77

易读性因子。报纸和微信公众号这两种媒介形态的易读性因子基本持平。一方面是因为随着人们受教育水平的提高，人们对各种信息的阅读和接受能力有所提升；另一方面是因为在新媒介环境下媒体自身较多使用图片、视

频或通俗化的表达以降低内容的理解难度,尽可能地达到"接地气"的效果,因此两种媒介形态的易读性都较高。

信度因子。报纸和微信公众号这两种媒介形态的信度因子大体持平。这是由于我国传统主流媒体同党和政府联系密切,其在长期发展过程中在受众心中已经形成了较高的权威性和可靠性,但单一的媒介形态难以满足受众多样化的信息需求,微信公众号虽然是新的媒介形态,但因其所提供信息的丰富多样,成为传统媒介形态的重要补充,其信度受传统媒介影响,受众对其仍然表现出较高的信任感和依赖度。

深度因子。报纸和微信公众号这两种媒介形态的深度因子基本持平。这表明主流媒体的微信公众号近年来做出诸多努力与尝试,一方面尽可能挖掘深度新闻,为受众提供更多信息;另一方面又以简短的推文方式进行信息的呈现,以适合现代人碎片化的阅读习惯。

参与度因子。微信公众号的参与度因子远远大于报纸。以往的信息传播方式主要是传阅、面对面交流等,微信公众号依靠微信这一平台,并且凭借微信本身所建立的"强联系",让信息分享过程变得更为方便快捷,受众的分享效率和意愿也较之以前大大提升,因此相较于传统纸质媒体而言受众的参与度会更高。

广度因子。报纸所采用的是周发行量,而微信公众号所采用的是关注量。报纸由于其自身一直以来的较广阔的覆盖范围,在广度因子方面仍然稍高于微信公众号。但当前微信公众号处于较快发展阶段,粉丝数的快速增长也表明主流媒体在新媒体领域正逐步快速发展,其话语影响力中的广度因子也呈逐步增强趋势。

综上所述,在对新型主流媒体不同媒介形态话语影响力进行对比分析的过程中,微信公众号的话语影响力大于报纸的话语影响力,由此可见,与传统报纸相比较,微信公众号已凭借其即时、海量的信息内容以及形式多样的传播方式形成了强大的话语影响力,但传统报纸在这一过程中也在尽可能地寻找适合自己的出路与方式。可以得出以下结论:

①在技术革新带来的传播结构变革的大背景下,主流媒体也在积极寻找适应时代背景的生存之道,在以报纸为代表的传统媒体市场份额逐渐降低的情况下,积极拓展新媒体平台成为新型主流媒体的必然选择。

②报纸与微信公众号两种媒介形态的差别造成受众在使用过程中的不同使用偏好,新媒体凭借其技术特性"抢夺"传统媒体市场,报纸被认为是深度阅读的代表,新媒体则是碎片化阅读的代表,但如果将报纸内容全部"搬"到微信公众号上,受众利用碎片化时间也可以实现深度阅读。

③当前新媒体处于高速发展阶段,传统纸质媒体未来的定位还需积极探索,如何更好地发挥主流媒体的导向作用也需进一步认知与思考。《湖北日报》从 2019 年到 2020 年仅仅一年间微信公众号粉丝数便增加 100 万,《人民日报》自 2018 年 9 月入驻抖音平台便长期占据粉丝榜第一,并在 2020 年 8 月成为第一个粉丝数破亿的抖音号,这些都表明主流媒体进军新媒体平台领域将大有可为。

四、新型主流媒体话语影响力调研结论

对于主流媒体而言,在新闻传播过程中要"以正确的舆论引导人",关键看其影响力,话语影响力的大小是检验党报传播效果的重要尺度,更体现了其权威性、在社会中的信誉度以及在受众心目中的公信力。在受众注意力成为稀缺资源的新媒体时代,媒介的话语影响力成为评价媒介传播效果的"指示器"和"晴雨表",也是其在市场竞争中制胜的关键性因素。无论从媒体自身发展需要还是履行社会责任的角度出发,研究并提升媒介话语影响力都显得尤为重要。通过本次对《人民日报》《湖北日报》《恩施日报》纸质版和微信公众号话语影响力进行调研分析,可以得知《人民日报》《湖北日报》《恩施日报》三个不同级别的主流媒体在其所属行政区域内的影响力较大,同一媒体的微信公众号的影响力均大于纸质版,但纸质版和微信公众号的话语影响力都仍有较大提升空间。具体而言,可结合上文话语影响力调研分析中所涉到的信度、易读性、广度、深度、参与度这五个方面进一步思考。

（一）满足受众期待　提升媒体可信度

从使用与满足理论的角度来看,受众的媒介接触是基于个人需求进行的,是主动发生的,因次媒体应提供受众所需要的且重要的信息内容,受众才会选择该媒体,对其产生依赖和信任,影响力才由此产生。如果媒体传播的内容与受众没有地理或者心理上的接近性,受众就不会选择该媒体,媒体就不会产生传播力更无从产生影响力。从媒体的可信度而言,媒体的可信度是媒体发挥影响力的重要因素,甚至是决定性因素,媒体对公众是否产生了影响力,不仅

要看其是否"接收"了媒体信息,更要看其是否"接受"了该信息。

在《人民日报》《湖北日报》《恩施日报》话语影响力评估模型中,信度因子由媒介对受众的满足程度以及受众对媒介的信赖程度所共同决定。在调查中根据受众对媒介的可信赖程度打分情况,三家媒体无论是纸质版还是微信公众号,由于其与生俱来的权威性,可信赖程度均维持在一个较高的水平。而从媒介对于受众的满足程度来看,三家媒体对受众的满足程度差距较大,均有其提升空间。

因此要想提高媒介话语影响力,无论是纸质媒体还是新媒体首先需要做的就是了解受众的需求,根据受众的心理需求提供相应的媒介信息。而受众心理需求分为三个方面:对信息的需求、对时效的需求以及对真实的需求。针对这些需求,媒体可以对新闻工作进行以下改进:第一,加大新闻内容含量,推进专业性专版与新闻版的融合,为重要新闻作延伸和补充;第二,增强新闻真实性和可信度,在进行报道时,媒体需要站在客观公正而又富有人文关怀的立场上,增强自身公信力;第三,选择与受众息息相关的新闻内容,媒体应该首先考虑与受众切身利益相关的信息,如政治、经济、社会重点问题等硬新闻,其次也要考虑受众对软新闻的需求,满足受众的兴趣爱好,做到新闻内容多样化;第四,三家媒体在已有的权威性和信誉度的基础上,应坚持公共利益第一的原则,重视社会舆情,对受众所反映的问题及时进行回应和处理;第五,加强对新闻工作者职业道德和专业技能的提升和培养,使新闻工作者不仅能够以严肃、严谨的职业态度对待新闻信息,而且能够更好地在海量信息中迅速甄别信息真假并为受众提供最需要的信息。

(二)运用"接地气"、雅俗共赏的话语 提高媒体易读性

媒体通过话语传播实现其话语影响力,新闻传播的话语如何让大众明白、认同,就要求主流媒体多采用"接地气"、雅俗共赏的话语内容,这样才能提高媒体易读性,增强受众内容接受程度。三家媒体由于其内容指向不同,受众对其理解和认知程度也有所区别,三家媒体仍有和受众拉近距离的空间。《人民日报》作为全国性主流媒体,作为政府和人民沟通的桥梁,在对国际国内重大新闻、政府重大政策方针等进行报道时,应该创新叙事模式,改变单调严肃的形式,适当将文字、图片、漫画、音频、视频、可视化等话语表达方式相结合,运用受众喜闻乐见的语言进行新闻报道。而《湖北日报》和《恩施日报》作为

地方性主流媒体,在话语表达时既不能严肃生硬、高高在上,也不能为了讨好受众使用过多不恰当的网络语言,失去自身品位。因此,主流媒体在话语传播过程中要贴近大众的思想、贴近生活的实际,关注社会现实问题,同时应做到微言大义,把握好话语之间的平衡,这样雅俗共赏的话语内容才更具有实际意义,媒体话语内容才能让受众易懂、能懂。

(三)壮大受众队伍　扩宽媒体传播广度

媒体的受众覆盖面体现为报纸的发行量、微信公众号的关注人数,当媒体的受众队伍壮大、传播广度扩宽,才能产生出较强的话语影响力。《人民日报》《湖北日报》《恩施日报》作为主流媒体,一向以"高端"读者群作为主要的受众定位,这在一定程度上对拓展读者队伍会造成忽视。受众对媒体的接触频度和使用时长也有较大的提升空间,这就要求主流媒体应在巩固现有"高端"受众群体的基础上,进一步提高对其他潜在受众群体的影响力,同时也要争取年轻受众群体。在艾意凯咨询公司的一项新调查中发现,当今有45%的用户使用的是"纸质版+数字版"混合订阅模式,而且大多数是年轻用户。由此可见:第一,消费者仍然保持着阅读纸质版报纸的习惯,这种订阅模式表明无论是对全国性报纸还是对地方性报纸,争取年轻受众都是很有价值的;第二,传统媒体和新媒体各有所长,双方可以互相借鉴,如主流媒体的纸质版可以借助新媒体以最快的速度及时向受众提供信息,纸质版可以通过记者的采访调查进行深度报道,增强报道的准确性和深入性,以此弥补网络时代信息消费快餐化的缺陷。

(四)培养受众依赖　拓展媒体报道深度

媒介依赖理论认为"一个人越依赖于通过使用媒介来满足需求,媒介在这个人生活中所扮演的角色就越重要,那么媒介对这个人的影响力就越大"。《人民日报》《湖北日报》《恩施日报》作为全国和地方代表性主流媒体,创办时间早,均为综合性报纸,其权威性和公信力是其他同等级媒体无法比拟的。但就上文的调查数据来看,三家报纸的媒介接触频度和使用时长较低,无论是纸质版还是微信公众号,其媒体的深度因子并不高。这或许跟本次调查群体主要是中青年有关,也或许与传统媒体的衰微、受众阅读习惯的改变有关。

受众依赖度的培养不仅需要媒介提升职业道德,坚持"真实、客观、全面、公正"的传播原则,也需要媒介突出"受众本位"意识,在信息传播过程中,以维护受众的根本利益为出发点,以满足受众获取多方面的信息需要为己任,以提高受众的思想素质、道德素质和文化素质为目标,全心全意为受众服务。同时,可以充分发挥新的媒介传播方式和旧的传播方式优势互补的特点,传统媒体可以依托新媒体的传播方式,从"+互联网"发展到"互联网+",从而在信息时代拓展更为广阔的传播空间。新媒体则需要借鉴传统媒体信息真实、准确、有深度的优势,从而弥补自身的不足。

(五)打通两个舆论场 提高受众参与度

新华社原总编辑南振中提出"两个舆论场"概念,是指现实生活中有两个不完全重叠的舆论场,一个是由党报、党刊等官方媒体形成的"官方舆论场",一个是由互联网中自媒体和各种论坛等形成的"民间舆论场"。"官方舆论场"和"民间舆论场"重合的部分越多,舆论越能代表民意,形成的舆论影响力也就越大。在本书的调研中,新型主流媒体话语影响力评估模型中的参与度是指受众分享主流媒体信息内容的次数,从两个舆论场的角度来看,三家报纸的信息内容代表着"官方舆论场",而受众分享的内容则形成了"民间舆论场"。由上述可知,受众对《人民日报》《湖北日报》《恩施日报》的参与度不高,其原因可能是官方和民间在意见表达时存在着不同的立场和倾向,两者所关注的领域、话题有差异,也有可能是官方媒体在信息生产时未能深入基层、真正了解群众的信息需求,从而使得新闻生产的内容、倾向和角度与受众需求有一定差异。

因此,需要增强传播者和接受者的互动,打通"官方"和"民间"两个舆论场,使其形成的舆论能够真正代表民意。具体而言,第一,主流媒体需要加强对传播手段和话语方式的创新,提高新闻舆论的传播力、引导力、影响力、公信力,巩固壮大主流思想舆论,使主流思想舆论能够让普通大众听得到、听得懂、听得进;第二,主流媒体应该积极开发新媒体平台,充分利用"三微一端一网"以及抖音、快手等短视频信息载体,搭建桥梁使"官方"和"民间"舆论进行沟通与交流,在交流的过程中提高受众参与度。

综上所述,本书调研选取报纸类主流媒体《人民日报》《湖北日报》《恩施日报》作为考察样本,对三家报纸的考察既分析其传统的纸质版,又以目前使用人数最多的微信公众号为代表进行分析,分别考察其传统传播平台及新媒体平台的话语影响力,体现出新型主流媒体考察的多样性。这三家媒体从中央级到省级到地市级,体现出新型主流媒体考察的全面性。在调研过程中依据费尔克拉夫的文本、实践、社会三个维度的批判话语分析以及我国学者郑丽勇所提出的四因子媒介影响力评估模型,设立媒介话语影响力评估模型进行考察与分析,调查从易读性、深度、广度、可信度、参与度五个因子出发,通过对不同行政级别媒体进行交叉分析以及不同形态媒介进行交叉分析,较为客观地评估了三家主流媒体在其行政区域内的话语影响力。调查结果表明《人民日报》《湖北日报》《恩施日报》这三家主流媒体在其所在行政区域内的话语影响力都较大,但其话语影响力也表现出差异性,级别高的媒体整体话语影响力较强,尤其《人民日报》的整体话语影响力高于《湖北日报》和《恩施日报》,另外以报纸为代表的传统媒体凭借其信息内容的深度和权威性形成了强大的话语影响力,而微信公众号也充分利用新媒体即时、海量的特点以及形式多样的传播方式进行话语建构,其形成的话语影响力也不容小觑。随着现代传播技术的不断发展,主流媒体在发展过程中应融合使用传统传播方式和新媒体传播方式,大力推动传统媒体与新兴媒体的融合与发展,在打造媒体立体传播格局的过程中不断提升自身话语影响力。

第八章　新型主流媒体话语影响力的提升路径

可以将话语理解为一种"声音",将之视为是具有制造和再造功能的社会化过程,话语体系与话语权彼此共存、缺一不可,建构媒体话语体系其目的是为了增强媒体话语权,美国学者罗宾·洛科夫表示,"话语权力之间的斗争已经成为二十世纪末权力与地位斗争的核心,也是巩固其他权力地位的关键。"①在移动互联网快速发展的大环境下,由于新型主流媒体的传播渠道、传播模式、传播主体发生巨大变化,主流媒体的话语权面临着巨大的威胁,此部分通过分析典型案例,探究在传播生态形式变化与移动互联网时代背景下,新型主流媒体如何彰显出主流媒体的影响力与话语权。

第一节　新型主流媒体话语秩序的呈现

话语秩序是费尔克拉夫从社会实践向度考察媒介话语影响力的一个重要指标,根据其定义,话语秩序是指"与特定社会领域或社会机构相关联的话语实践的有机组合以及这些话语实践之间的界限与联系"。② 简单来说,媒介话语秩序是指特定语境中媒介话语的操作模式及呈现形态,其"核心内容涉及媒介话语权及媒介话语操作规则的问题"③,并通过话语、语体、风格等体现出一定的社会秩序。

近年来,在以移动互联网和新一代通讯技术为主的新型传播科技的影响下,数字网络媒体异军突起且吸引大量年轻化受众群体关注,此类媒体在媒介

---

① ［美］罗宾·洛克夫:《语言的战争》,刘丰海译,新华出版社2002年版,第2页。
② ［英］诺曼·费尔克拉夫:《话语与社会变迁》,殷晓蓉译,华夏出版社2003年版,第170页。
③ 黄晓钟:《中国媒介话语秩序的重构》,硕士学位论文,四川大学,2007年。

话语操作模式与话语呈现形态方面有别于传统主流媒体。相较而言,传统主流媒体往日所建构的话语秩序受到行业竞争者挑战与部分受众质疑,其媒介话语影响力也呈现出一定范围内的下滑趋势。在此背景下,传统主流媒体在进行媒介融合、向新型主流媒体转型以适应现今媒介环境的同时,应更注重对其媒介话语秩序进行重新建构以提升新型主流媒体话语影响力。费尔克拉夫在其《话语与社会变迁》一书中为现代媒介话语秩序描绘出三重属性,即民主化、商品化、技术化,他认为现代媒介主要应从以上三方面重新建构社会关系、协调不同主体间话语权的比重。"在话语秩序的层次上,就某个机构或者更宽泛的社会而言,话语实践中的关系,话语实践之间的界限,逐渐地发生着改变,其改变的方式与社会变化的方向相一致"。① 因此,话语的"民主化""商品化""技术化"成为影响当代话语秩序的倾向性因素。我国新型主流媒体在媒介转型、重新建构话语秩序的同时,其操作路径也应从民主化、商品化、技术化的角度出发根据受众需求与社会需要重新设计其媒介话语内容、语体及风格。

一、民主化:多元主体话语平衡

话语民主化是指"消除话语权利及语言权利、义务和人类群体声望方面的不平等和不对称"②。媒介话语权作为软权力的一种,往往受到社会特权阶层竞相追逐,传者在媒介话语资源分配与使用方面具有优势,总会有意无意考虑迎合少数精英阶层的利益与需求,久而久之可能导致媒体成为服务于少数人的平台。另一方面,由于世界范围内政治、经济等方面的不平衡发展现状,国际舆论场长期呈现出"西强东弱"的现实局面,多数情况下发展中国家主流媒体在国际事务讨论中处于发声不及时甚至是失声状态,在此情况下西方国家媒体在国际传播格局中始终处于强势与主动地位,国际舆论场难免处于西方强国意识形态霸权笼罩之下。为改变国内外媒介话语呈现中表达主体失衡的现状,我国主流媒体应主动作为,将更加多元的议题与声音表达出来,促进民主化媒介话语秩序的积极建构。

---

① ［英］诺曼·费尔克拉夫:《话语与社会变迁》,殷晓蓉译,华夏出版社 2003 年版,第186 页。

② ［英］诺曼·费尔克拉夫:《话语与社会变迁》,殷晓蓉译,华夏出版社 2003 年版,第187 页。

（一）对内传播：人人成为发声者

尽管我国媒体肩负着沟通官方与民间的桥梁责任，但在以往媒介实践中，传统主流媒体更多呈现的是官方话语，即在履行上情下达与下情上传职责的过程中，对于后者重视不够。在此背景下，主流媒体更多呈现的是官方议题，其受众主体也主要为社会精英人士，由于媒介话语内容与自身关联性不大，普通民众并不是此类内容的主要阅读主体。传统主流媒体的媒介话语内容及受阅主体都较为狭窄，其所建构话语秩序的民主化特征并不突出。

新兴网络媒体与社交媒体根据年轻受众群体信息接受习惯与趣好，为其量身打造的轻松、简洁、高相关性的文本内容吸引了众多忠实用户，由此一来传统主流媒体依据其权威性与公信力在市场份额中所建立的优势地位受到冲击。然而，真正吸引年轻受众关注新媒体并非仅仅因为其所提供的话语内容，深层次动因还包括其话语内容呈现中所建构的开放、包容、多元、平等的话语秩序，在这一过程中可以向所有受众个体提供开放的交流空间，在此空间内所有用户不分种族、阶层、知识水平、经济地位皆可以虚拟身份参与其中并表达各自观点与诉求，这一特征符合受众媒介使用心理。

传统主流媒体在注重使用互联网思维加速媒体融合之际，积极由第一媒介时代向第二媒介时代跨越，强调通过反映普通社会大众利益呼声的方式吸引多元受众群体参与到媒介话语生产与递送过程当中，以此推进主流媒体民主化话语秩序建构，向新型主流媒体转型。在此过程中，新型主流媒体发挥专业优势，通过媒体聚合平台将原本处于公众话语之外的社会弱势群体或边缘议题重新拉入大众视野，使其能通过舆论公器展示自我、表达自身的利益与诉求，并得到社会理解与尊重，以此提高自身媒介话语权。

以近年来《人民日报》对艾滋病及艾滋病患者的报道为例，《人民日报》对其话语秩序建构经历了由主体失衡到多元民主的过程。1985年我国境内发现首例艾滋病，此后《人民日报》开始对相关案例进行报道。但在前期报道过程中，《人民日报》仅关注事件本身，并未涉及患者详细情况及其社会联系，且"报道语言中多出现带有消极、悲观甚或恐惧等情感词汇"①，如"世界面临艾滋病严峻挑战""遏制艾滋病迅速蔓延"等。这一报道架构一定程度上助长了

---

① 白敏：《〈人民日报〉艾滋病报道话语变迁分析》，硕士学位论文，新疆财经大学，2018年。

谈"艾"色变、闻"艾"远遁的社会心理,艾滋病人逐渐成为社会主流话语之外的边缘人群。随后,《人民日报》开始通过医学专家、政府官员来解释艾滋病致病机理、传播途径和预防措施,以及对艾滋病患者的关怀政策。在这一导向之下,社会"恐艾"心理有所缓和,艾滋病人也得到一定程度的人文关怀,其社会边缘地位有所削弱。2003 年之后,《人民日报》开始采用摄影集、人物专访、深度通讯等新闻体裁与艾滋病人平等对视,从微观层面聚焦其社会处境、求医经历、家庭生活等个人故事,向普通受众呈现具体生动的患者形象。如《人民日报》2010 年曾刊发文章《艾滋病患者上电视之后　工作难找儿子跑掉》,对艾滋病人患者老纪身份公开后的现实生活困境做了详细描述,并委婉表达老纪希望有份工作的强烈愿望。《人民日报》还利用平台聚合优势,使艾滋病人也能与其他社会群体一样利用网络平台讲述自己的故事,以个体身份向社会公众公开表达自己的利益与呼声。

让社会边缘群体或弱势议题得以在媒体上呈现,这一方面是市场推动的结果,在媒介话语同质化背景下,边缘群体与弱势议题是满足受众需求的理想选择。另一方面,也是媒体自身所肩负的社会职责。但无论其动机如何,新型主流媒体主动拓宽话语呈现主体及内容受阅主体的做法,都在一定程度上使原本被主流社会忽视的特殊人群得到应有的关注与重视,这在客观上能够推动其媒介话语秩序民主化建设的步伐。

(二)对外传播:削弱话语霸权

长期以来,西方发达国家凭借其在经济、科技、语言等方面所占据的优势主导地位,不断通过"话语同化、解释权垄断、新闻压制"①等手段把持和维护着制定新闻传播"游戏规则"的权利,建立并强化其在世界范围内政治、文化、技术、资本等方面的话语霸权。在对外传播过程中,西方主流媒体成为本国政府对外输出意识形态与价值观念的政治宣传工具,其中不乏罔顾客观事实,歪曲、丑化、诋毁其他发展中国家的案例。在世界舆论场"西强东弱"的情况下,西方媒体的声音与言论长期处于强势地位,发展中国家主流媒体则在全球性议题讨论中缺席失声或其言论被西方淹没而不受重视。

西方媒体在世界范围内所建立的话语霸权,源于本国在经济实力及政治

---

① 吴一敏:《解读西方发达国家的话语霸权》,《南京政治学院学报》2005 年第 3 期。

体制方面所具有的国际领先地位及相对优势,这种情况自 2008 年世界金融危机之后有所变化。2008 年,由次贷危机引起的金融危机在世界范围内爆发,这次危机引发一系列连锁反应,"使西方世界尤其是美国陷入严重的经济大衰退,经济大衰退反映出美国民主政治制度的内生性体制弊端与缺陷,由此开始美国政治衰败向纵深化发展,使人们对长期以来媒体所宣扬的西方自由民主精神产生信任危机"。① 以此为契机,西方媒体在全世界范围内所建立的话语霸权开始受到质疑和挑战,同时我国主流媒体也综合运用各种媒体平台积极展开对外传播,通过讲故事的手段,以"摆事实,讲道理"的方式及时回应西方媒体污名化中国的言论,在一些国际性议题上积极阐述中国主张、中国方案。

2019 年 5 月,中国国际电视台(CGTN)主播刘欣与美国福克斯电视台(Fox)主持人翠西·里根的一场隔空辩论引发人们对于新型主流媒体对外传播策略的新思考。2019 年 5 月 29 日,刘欣接受翠西邀请,通过卫星连线以个人身份与其对中美经贸问题进行电视辩论,在辩论期间,刘欣对翠西提出的尖锐问题并不回避,而是根据具体事实从个人视角予以解释和回答,节目最后刘欣邀请翠西经常来中国看看。通过本期辩论,刘欣以民间对话的形式向国外观众呈现出诚实、友善、有礼貌的普通中国人形象,同时向国外受众解释中国关贸政策及经济制度,也向国外受众释放出中国希望被世界了解的善意信号。长期以来,由于西方媒体刻意歪曲,加之长时间中美贸易战对其工作生活所造成的影响,国外受众对中国经贸状况有所误解,本次辩论中刘欣以个人立场阐述中国对外政策获得国外受众的信任与理解,这场电视辩论经过互联网被国内外众多媒体转载,对于改变国外受众对中国及中国人的刻板印象与固有成见可以起到积极作用。

近年来我国新型主流媒体不仅积极回应国外媒体涉华言论,而且积极对外讲述中国故事、阐述中方立场。截至 2020 年 6 月 19 日,中国国际电视台在其官网、客户端及海外账号先后推出 3 部新疆反恐题材纪录片《中国新疆,反恐前沿》、《幕后黑手——"东伊运"与新疆反恐》和《巍巍天山——中国新疆反恐记忆》,并翻译成 40 多个外语语种在海外发布。纪录片从个人视角出

---

① 周亚东:《西方民主话语霸权及其式微》,《江淮论坛》2017 年第 2 期。

发,通过采访暴恐事件亲历者及幸存者、相关官员及学者真实还原 30 年来新疆地区的暴恐活动和反恐斗争,并深入分析 30 年来的暴恐形式与发展动因。"该纪录片及相关报道被全球 27 个国家和地区的 475 家主流媒体(包括雅虎财经、道琼斯市场观察、福克斯、市场洞察、意大利国际通讯社、华尔街在线、晨星网、澳大利亚联合通讯社、巴西记者专站、加拿大洞察、哥伦比亚华纳兄弟联合电视网、印度亚洲通讯社)转载,全网阅读量达 5.17 亿"。[①] 一直以来,新疆问题是西方媒体污名化中国的重要手段,在西方媒体宣传中,新疆暴恐活动被美化为普通民众争取人身自由的斗争。我国主流媒体在以往的对外宣传中,反驳这一观点的主要做法主要是通过文字评论予以回击,很少有以纪录片的形式呈现新疆的真实故事,这 3 部纪录片经各媒体平台进行传播,使海外观众了解到立体、生动、真实的中国敏感地区,对于消除国外受众有关新疆地区的负面认知大有帮助。

无论是积极回应国外媒体质疑还是主动出击澄清事实真相,我国主流媒体对外讲述中国故事的策略与技巧日益娴熟。伴随着国际地位与综合国力的提升,我国媒体所传播的信息内容也日渐得到国外受众的诸多关注,这样使得国际舆论一边倒的形势有所缓解,西方国际话语霸权在一定程度上有所削弱,主动发声、主动担责、主动维护国家利益成为我国新型主流媒体的时代重任。

二、商品化:新时代的话语产销模式

媒介话语商品化是一个动态发展过程,是指"媒介话语这一原本不关注狭窄经济意义上商品出售的领域,逐渐根据商品生产、分配和消费被组织起来的发展阶段"。[②] 媒介话语商品化是媒介话语生产与分发面向市场的全过程,改革开放以来,我国媒体在市场化经济体制改革背景下由纯事业单位转向企业化经营,在这一过程中,广告商成为连接媒介与市场的中介。近年来随着媒介行业变化,数字网络媒体崛起并逐步占据市场优势,原本依附于传统媒体的广告商跟随受众流动而转向新媒体平台。在此背景下传统主流媒体在加快媒介融合之际也开始探索新的产业经营模式,随着媒介传播技术成熟及受众个

---

① 凤凰网:《CGTN 新疆反恐纪录片被全球多国主流媒体积极转载》,2020 年 6 月 22 日,见 http://news.ifeng.com/c/7xVnRpdrtMe。

② [英]诺曼·费尔克拉夫:《话语与社会变迁》,殷晓蓉译,华夏出版社 2003 年版,第 192 页。

人消费意愿提升,"知识付费""众筹新闻""区块链新闻"等一批以受众为中心的新闻生产方式逐渐出现并具备一定规模,主流媒体试图跳过广告商这一传统幕后财主直接将媒介产品提供给新闻受众,类似于上述新产销模式的出现意味着媒介话语将更多具备商品性质,同时受众与媒介话语生产者间的关系也将出现相应变化。

（一）作为商品的媒介话语

1977 年,加拿大学者达拉斯·斯麦兹从整体性视角出发提出"受众商品论"的概念,认为受众不过是媒介与广告商之间进行交易的商品,这一理论由于准确阐述了垄断资本主义传媒制度下受众与媒介的关系及媒介话语生产传播全过程而被奉为经典。这一理论同样可以用来解释自改革开放之后到数字网络媒体崛起前,我国传统主流媒体的媒介经营模式呈现为:受众付出时间与注意力阅读媒介话语,广告商则对某一媒介中受众所投入的时间与注意力进行量化分析,并以此为依据确定是否在此家媒体投放广告及所付费用数额。网络数字媒体兴起后,大批原为传统媒体的受众转而成为新媒体用户,为追随受众注意力所带来的商业资源,各大广告商开始转战新媒体,传统媒体受此冲击纷纷开始探寻新的媒体运作模式。在此语境下,媒体开始越过广告商将其生产的媒介话语作为一种信息服务直接向受众出售,受众则根据市场化原则为所享用的服务支付成本及再生产费用,媒介话语由此成为维系受众与媒体关系而存在的商品。

知识付费是这一模式的典型产物,在此模式下,媒体根据受众需求向其提供独家优质内容,并设立会员制度向受众收费,受众所付费用包括媒介产品生产成本及所得利润,并且只有通过付费才能观看或使用完整版本的媒介内容。以《南方周末》为例,由于"传统广告业务收入下滑,以及国内线上支付技术和用户为内容付费意识的双重成熟"①,《南方周末》经过精心筹备后于 2018 年 11 月上线设立与会员制相贯通的计量式软性付费墙,并于 11 月 17 日推出自主开发的第一个知识付费产品——《故宫·皇帝的一天》。《南方周末》以内容付费工程统揽其融合转型工作全局,并将此作为未来发展的支柱性产业来

---

① 王巍:《南方周末内容付费工程:再造南周的生产流程和消费场景》,《南方传媒研究》2019 年第 3 期。

经营。在此基础上,《南方周末》注重为会员提供独家优质内容以促进其持续为内容买单,进而增加收入以减少对广告商的依赖。会员在购买阅读《南方周末》媒介产品的过程中,成为《南方周末》媒介产品的直接客户,《南方周末》媒介产品则成为一种商品被会员所消费,会员的内容需求与观阅体验成为《南方周末》进行内容生产的导向依据与直接动力。

尽管在传统媒体时代受众也会为媒介产品付费,但受众购买产品的费用远远小于单份产品的生产成本,广告收入才是媒体生存发展的主要经济来源,媒体更多需要考虑广告业主的利益。在当今媒介话语作为商品可以直接进行售卖的模式下,受众为媒体支付生产成本及营业利润,成为媒介话语产品的直接买主,因此媒体应直接为受众需求负责,只有这样媒介行业才能真正成为为受众服务的行业。

(二)一种新的社会关系

当媒介话语成为一种商品直接向受众出售,受众为媒介内容支付市场费用时,以往传者与受者之间的弱社会关系成为一种商品生产者与消费者之间的强商业关系,媒介话语或媒介产品将成为维系两者关系的重要纽带,并直接决定这一关系的走向。在这一关系架构下,受众对媒介话语生产与产品呈现有了更多关注度,媒介在话语生产过程中也会更多考虑受众需求,媒体与受众之间的互动将更加频繁与深入,受众的个体意识与主体性地位将进一步增强,其对媒介话语生产的反作用力也将更加明显。

众筹新闻即是这一新的社会关系催生下的直接产物。众筹新闻是指媒体记者在众筹网站或社交媒体上公布新闻报道计划并发起众筹,通过公众捐赠的方式为新闻采访与调查筹措资金,作为资助者的公众则有权了解新闻报道的最新进展,并对记者的新闻计划提出意见与建议。众筹报道采写过程受到捐资人监督,发起人需及时向捐资人汇报资金使用情况及采写进展现状,根据捐资人反馈意见,项目发起人会对自己的报道策略做出调整甚至终止采访计划。在众筹报道实施过程中,受众不仅为采访计划提供资金,而且作为投资人对报道策略、采访计划拥有一票否决和修改权,呈现出强作用力、高参与性的特点。国内成功的众筹案例如《成都创业者生存调查》《中国比特币市场调查》等,即是在此模式下生产出来的典型报道,可看作是媒体记者与投资受众共同完成的专业作品。

　　由知识付费所产生的受众对媒介话语及媒介产品的极大关切主要体现在两个方面：内容服务的指向性及产品呈现的体验感。内容服务指向性是指媒介话语内容应更多向受众心理及受众需求靠拢，向受众提供贴近自身需要的信息服务；受众对产品呈现体验感的要求主要体现为其对传播效率及审美的不断追求，一方面受众希望在新闻报道中能以最短时间获取更大量更重要的信息，另一方面受众更愿意通过新闻资讯进行休闲放松，缓解工作生活中的压力。因此新型主流媒体在话语呈现之时应以受众需求为导向，对主要信息进行提炼，并在最终呈现环节突出互动性和参与感，使受众在轻松愉悦的消费场景中自愿为知识付费。在此方面，近年来备受关注的 H5 新闻值得一提，H5 新闻大多以"动画+文字"的方式讲述某一社会新闻事件，具有表达精炼、互动性强的特点。以2018 年 12 月《人民日报》推出的 H5 新闻《幸福长街 40 号》为例，《幸福长街 40 号》以"长卷漫画+音乐"的方式展现从 1978—2018 年 40 年间的大事记以及人们衣食住行的变化，画面整体无过多文字描述，主要通过一个个具有代表性的生活场景及背景音乐展示社会变迁。画面中的生活场景极具识别度与代入感，极易引起读者回忆使之产生共鸣及认同感，整体来看页面画风较为轻松，这样可以使得受众始终处于一个愉悦的传播场景中接受信息，传播效果较好。

　　虽然知识付费、众筹新闻、区块链新闻等新型报道类型在国内发展仍不成熟，但媒介话语作为商品参与市场竞争的势头却已然成型。受众由以往被动的媒介话语接受者转变为主动的媒介商品消费者，并以维护消费者权益的目的参与到媒介话语生产、传播、呈现的过程中，媒介话语不得不在更深层次上考虑受众信息接收诉求及阅读偏好，以受众乐于接受的形式展现与其自身利益密切相关的议题，进而影响媒介编辑方针与报道策略的制定及调整，使得媒介话语秩序重构的过程成为媒介与受众互为建构的过程。

　　三、技术化：媒介影响力再加强

　　话语技术化是现代媒介话语秩序的主要特征，是指"根据受众话语实践的变化采用其他领域或体裁的话语范式来对话语实践的形式进行重新设计"①。媒介话语技术化是增强话语影响力的主要手段，其关键在于通过一系列措施增强

---

　　①　汪奥娜：《话语技术化背景下生产与解读的脱节——以中国男足世预赛"不要轻视任何对手"系列海报为例》，《青年记者》2015 年第 12 期。

媒介话语的人际互动效果,使"言说"变为"对话",以使媒介话语更加亲民,更容易被受众理解进而产生共鸣。在新型主流媒体话语体系建构过程中,技术化媒介话语秩序的方式主要有以下两种:一是借助新型科技手段增强新闻报道受阅体验;二是依靠功能型传播矩阵提升媒介话语影响力。

（一）科技助推话语传播

媒介发展与传播技术进步不可分割,媒介话语秩序的建立与加强离不开通讯技术的支持与助推。现今媒介技术发展更加侧重于受众端与观阅体验,旨在让用户与外部世界的互动更加畅通无阻。我国主流媒体抓住这一机遇期,努力通过新传播技术将受众与外部世界紧密相连,在此过程中,主流媒体希望受众积极参与到媒介话语建构中来,以"对话式"媒介表达推进其话语秩序技术化进程。

近年来随着人工智能、大数据、5G 移动通讯等新一轮技术的更迭,技术在改变受众个人生活的同时也对新闻传播业进行着重塑,为受众带来更加精准化及参与感的媒介内容,以此达到沟通交流之目的。人工智能与大数据技术作用于新闻业,不仅可以使媒体报道更具动感及可视化效果,而且其数据挖掘与分析能力可以根据用户媒介使用习惯进行信息私人定制,以提升媒介信息使用效率。2019 年年底武汉暴发新型冠状病毒肺炎后不久,《人民日报》即联合"丁香医生"推出全国及世界疫情地图,通报全国及世界各地区疫情相关数字及各方谣言与辟谣真相,以数据新闻的形式呈现疫情期间每日最新信息。不仅如此,用户通过设置相关位置信息即可接收到其所关注地区每日最新疫情信息推送,在这一过程中极具互动性的可视化图表与个性化信息推介是吸引受众关注的亮点,使得受众可以在极短时间内以最便捷的方式接收到自己想要了解的信息,并尽可能使信息接受的过程更加活泼具有动感,《人民日报》关于新冠肺炎疫情信息的传播拉近了受众与媒体之间的距离。

除了可视化新闻报道,新闻游戏也通过移动互联技术走进大众视野,其"沉浸式传播、交互性叙事、程序修辞"[①]的传播特点极具参与性及对话感,使受众能以玩游戏的轻松心态自行观看与解读新闻。新闻游戏的传播优势在于

---

① 贾瑞欣:《当新闻"邂逅"游戏:新闻游戏的概念、演变与伦理思考》,《北方传媒研究》2018 年第 3 期。

玩家可以选择从不同视角自行切入建构新闻故事,这给了受众较大的自主性和参与性,同时也体现出人机交互的叙事特征。如2016年10月,为了纪念长征胜利80周年,观海网联合共青团中央打造的大型AVG游戏《重走长征路》,这是一款角色扮演类游戏,玩家在游戏中以一名红军战士的身份重走长征路,亲历遵义会议、四渡赤水、巧渡金沙江、爬雪山过草地等历史事件。此游戏共有50种结局,玩家可以自主选择行军路线,最后对应各种不同的结局。在此新闻游戏中,受众以玩游戏的方式自主参与到历史事件的建构与解读当中,具有较大的自我发挥空间,同时新闻游戏中的人机交互体验又使其对所传播的历史事件产生认同与共鸣。

媒介话语技术化的重点在于通过营造一种"对话式"传播语境,增强传者与受者、受者与话语文本间的交互共通,以避免话语传播过程中不必要的信息失真及意义损耗,从而达到增强媒介话语可读性及影响力,最终形成一种被受众认可且较为稳定的话语秩序。由近年来我国新型主流媒体的创新性话语实践可以看出,新型主流媒体无论在话语建构能力、话语影响力及引导力方面均得到受众认可,其受众队伍越来越壮大、受众黏度日益增强,这些皆有赖于技术化话语秩序的重新建构与成型。

(二)平台聚合扩大话语影响

传统主流媒体由于受到平台属性限制只能传播单一形式的新闻信息,如报社以文字报道为主,电视台以视频图像为主,电台则以音频信息为主。这种单一类型的报道缺乏形式上的亲和力,难以吸引受众持续有效关注,且传统主流媒体信息从采集到发布的周期较长,因此在信息时效方面传统媒体略输网络媒体一筹。媒介融合初期,各主流媒体试图以"传统优先+互联网"的模式开拓网络平台,但这一做法只是简单地把传统媒体的部分内容原封不动搬运到网络媒体,这样虽然能扩大新闻信息的传播范围,但各平台各自为阵难以发挥出信息平台的聚合传播优势,且新闻报道写作模式一成不变,因此仍然难以有效吸引长期驻足于数字网络平台的受众。

媒介融合发展到纵深阶段,各主流媒体逐渐摒弃传统观念,开始以"移动优先、'互联网+'、技术驱动、特色平台"的技术路线打造新型主流媒体。通过培养全媒体记者减少由多媒体平台带来的人力成本开支,新闻信息经前线记者一次采集后传播到各平台多点加工、综合发布,并根据各媒体平台的传播特性为其设计不同风格的报道类型与信息内容,从而使受众能在第一时间通过便捷途径收到信息。由此以来,多媒体平台的聚合传播优势以及新闻报道的自身影响力被激活,新型主流媒体在信息传递、舆情引导、联通上下等方面的职能能够得以充分发挥。

以《人民日报》为例,《人民日报》通过搭建"中央厨房"式内容生产模式,遵循"一次采集、多点生成、多渠道传播"逻辑架构,将采集回来的一手新闻资料统一上传,各平台再根据自身需要对一手材料进行二次加工,制作出符合本平台呈现风格的新闻产品。目前《人民日报》主要的信息发布渠道中,报纸和网站以时政、财经、军事等硬新闻为主,写作风格严肃而严谨,多以文字消息、通讯为主;微博及微信公众号则以社会新闻为主,注重舆情分析及舆论引导,风格轻松活泼,以文字快讯、短视频、H5页面为主要表达形式;客户端新闻报道更加全面,内容短小,包括图文、长短视频、新闻游戏等多种呈现方式。因此《人民日报》可以兼顾各年龄段、各社会群体及个体的阅读需求,网站、报纸端采用严肃严谨的文风可以照顾不熟悉新媒体语言及网络媒体的中老年群体,两微一端的活泼文风、简短内容、多种呈现形式符合当今新闻表达的时代要求,满足了年轻受众群体的阅读需要,同时不同平台可以使受众根据各自需要选定相应端口,关注不同类型的信息,便于受众对媒介的有效认同与长期依赖性的培养。

需要指出的是,新旧媒体平台聚合的过程以技术力量推动为前提,正是由于移动互联科技不断发展,才出现新闻报道终端呈现的多个端口,同样依托于网页编辑与加工技术的发展,多种新闻表现形式得以同页面共存,而受众对新闻报道体验感的评价在一定程度上反映出媒体背后的科技水平。《人民日报》"一次采集,多点生成"的内容生产模式离不开指挥中心居中调度,指挥中心工作能力提升离不开其背后技术团队对新应用的研发。新闻传播与科学技术联系紧密,要发挥媒体平台的聚合传播优势及新闻报道自身的影响力,新科技的运用是不能忽视的重要环节,随着未来科学技术的不断发展与创新,也必将出现更多的新的媒介话语呈现方式与传播手段。

传播与技术天然具有一致性,新闻传播事业向前发展的过程伴随着传播技术的不断推进与更迭,在传播方式、信息载体、信息呈现方式以及信息内容本身都或多或少受到技术逻辑的影响。从长期发展来看,新闻传播的演变轨迹在于不断拉近传者与受众之间的距离,使传者不断了解受众的信息需求与接受习惯,受众则持续感知传者所传播新闻信息的内在规则及新闻传播事业的本质内涵。总之,科技由人所创造也最终服务于人,会使人们的生活更加高效便捷,科技运用于新闻传播领域则使传者的采写编播工作更加高效精准,受众接收到的信息则更为符合自身期待,更具审美体验,甚至在一定条件下可以使两者身份互换。因此,媒介话语秩序技术化的过程是传受主体不断进行人机互动的"对话"过程,我国新型主流媒体建构其话语秩序也是不断利用先进技术增强传受互动的持续努力,但依据不同技术属性对传受互动效果会有不一样的影响,因此我国新型主流媒体对其话语秩序的建构将是一个长期而复杂的过程。

第二节　新型主流媒体赢得话语权的基点

巴赫金认为"所谓作者形象,虽然是不同于作品中其他形象的一种特殊的形象,但它总还是形象,而形象就都要有自己的作者"。[1] 他认为,作者在创作主人公的艺术主体时,也是在发现和创造自我和主体,这种自我发现的过程就是作者意识的实现。如何在与他人的对话中建构主流媒体的形象?在新型主流媒体话语体系建构中,赢得话语权其基点在于逐步提高主流媒体的传播力、引导力、影响力和公信力。

一、传播力是基础

传播力是媒体引导力发生作用、产生影响以及构成媒体公信力的基础。在当前的传播力研究中,研究者从不同的角度对传播力的内涵有不同的解读。有学者从社会组织和大众传媒两个来源进行分析,认为传播力的各种定义大致可以概括为四种理论:权力理论、能力理论、效果理论和综合理论。2003年,刘建明在判断媒体信息生产和传播能力"效果"的基础上,对媒体传播能力的概念进行了界定,这是国内学者首次给出定义。他认为,媒体传播力是指媒体收集信息、报道新闻、影响社会的能力。媒体的传播力是根据媒体自身特

---

① ［苏联］巴赫金:《巴赫金全集》(第四卷),钱中文译,河北教育出版社 1998 年版,第487 页。

点收集、编码和传播事件的能力,它涉及软硬件因素,如媒体的制度设置、传播渠道和内容制作,传播效果是判断媒体传播力的一种方式,或者说传播效果是传播力的表征。

新型主流媒体的传播力反映和体现了其传播功能的实现能力和效果,是国家文化软实力的重要组成部分。在当今媒介融合时代,新型主流媒体应尤其重视融合传播力的提升。"融合传播力是指媒体集团通过全媒体渠道传播全媒体内容,以赢得最广大用户的能力"。① 2016 年年底在人民网舆情监测室、人民在线提供数据分析的支持下,人民网研究院通过对我国媒体多种渠道的传播力进行评估,首次发布《中国媒体融合传播指数报告》,推出融合传播榜单。在广播电视方面考察了国内 37 家电视台和 250 个广播频率的融合传播情况。如表 8.1、8.2 所示:

表 8.1 广播、电视媒体融合传播 TOP10

广播电台	总得分	电视台	总得分
中央人民广播电台中国之声	84.54	中央电视台	94.05
河北交通广播 FM99.2	75.58	浙江电视台	88.07
中央人民广播电台经济之声	73.89	湖南电视台	87.81
天津交通广播 FM106.8	73.64	江苏电视台	83.07
中央人民广播电台音乐之声	70.77	山东电视台	75.14
杭州交通 FM91.8	64.61	北京电视台	72.74
河北音乐广播 FM102.4	64.32	湖北电视台	72.09
中央人民广播电台都市之声 FM101.8	58.57	重庆电视台	72.03
四川交通广播 FM101.7	58.50	上海电视台	70.37

表 8.2 各类媒体移动传播渠道占有情况表

媒体类型	微博	微信	入驻聚合 APP	入驻音频/视频 APP	自有 APP
报纸 TOP100	100%	100%	99%	—	93%
杂志 TOP100	97%	97%	79%	—	92%

---

① 《全国报纸、广播、电视媒体融合传播力 TOP10 揭晓》,2016 年 12 月 20 日,见 http://www.njdaily.cn/2016/1215/1541742.shtml。

媒体类型	微博	微信	入驻聚合 APP	入驻音频/ 视频 APP	自有 APP
广播 TOP100	92%	99%	65%	100%	25%
电视 TOP100	100%	97%	100%	100%	67%

由表 8.1 可以看出,2016 年广播电视融合传播竞争普遍展开,传统传播渠道式微,但传统媒体内容影响力不容小觑;移动端成为媒体融合传播的主战场;媒体自有 APP 成融合传播发力点;央视作为国家电视台,在电视媒体融合传播排行榜中稳居前列,遥遥领先。2018 年 8 月,习近平总书记在全国宣传思想工作会议上指出,"要扎实抓好县级融媒体中心建设,更好引导群众、服务群众。"①在当前媒介生态环境下,如何实现包括县级融媒体在内的新型主流媒体融合传播力的提升呢? 需要从以下几方面入手。

第一,内部优化配置使资源流动。在推进媒体一体化发展的过程中,媒体组织要努力实现各类资源的整合,实现资源的全流通,整合内容相同、功能重复、力量分散的资源,优化配置。如在县级融媒体建设过程中,江苏省邳州广播电视台面对媒体融合的"窗口期",被确定为江苏省县级媒体融合试点,全力打造银杏融媒品牌。开通《邳州新闻》微信公众号和新闻客户端,形成"广播+电视+报纸+网站+两微一端"传播平台格局;创办《邳州早报》手机报,成立新媒体部;运行"邳州银杏甲天下"新闻客户端及微信公众号,形成新媒体"两微一端多平台"移动传播矩阵。在媒体融合过程中加快推进各项工作,进行内部优化资源配置,激发内生动力。比如通过引入企业管理激励机制,实行事企并轨、集团化运营,建立以岗位职责考核为主体,以项目制激励为辅助的绩效考核体系;实行"双特机制",对急需的优秀人才给予特殊的待遇,同时对他们提出特殊的要求,采取压力与动力并重的方式,攻坚克难,集中解决一些突出问题。通过上述机制体制的改革,内部优化配置使资源流动,拓展出县级融媒体转型升级新空间。

第二,利用新技术改变传播生态。在新媒体时代,随着技术发展日新月异,传播技术是决定媒体传播力的重要因素。缘于新媒体的重要性,北京市延

---

① 《习近平谈治国理政》(第三卷),外文出版社 2020 年版,第 313 页。

庆区融媒体中心单独组建新媒体部,借助光明网新媒体资源丰富的优势,建成了高效新媒体运行团队,完成融媒体"延天下"两微建设,陆续开通运营光影学社、延庆风物、融媒党建、聚焦时分、妫川印象等微信矩阵公众号9个,发布信息700余条,累计阅读量1000万多人次;注册运行世园会北京延庆、延庆故事等抖音帐号20余个,发布关于延庆各行各业微视频2000余条,累计点赞数42万,其中主持人张辉发布的"正能量眼神"抖音,点击量1058万,获得点赞48万,5700人参与互动评论,较好地表现了"厚德延庆"主题,取得了良好的宣传效果。新媒体部与网易公司合作推出的迎接世园会倒计时一周年的H5游戏"秘密花园的来信";与光明网合作的H5游戏"七夕节寻雀大作战""庆祝丰收节跳一跳""重阳节给他的祝福";与光明网合作的小动画"小延来了";与启迪数字天下合作的VR产品"光辉岁月";与首师大科德学院合作的航拍大赛;各项活动的网上传播总量均达到百万次以上,也取得了良好的传播效果。

第三,尝试外部跨界扩张产业。除了资源的内部整合,新型主流媒体的整合不仅仅是内容的传播,而是应该向更深层次的整合迈进。主流媒体组织可以利用新媒体、新技术,不断加强对外合作,进行各种产业延伸。比如浙江长兴传媒集团在运营过程中,积极与外界接轨,与《人民日报》、上海广播电视台等媒介合作,取得了显著成效。此外,该集团"传媒+"产业深入汽车、家装、房地产等产业链,通过举办展览活动,每年可创收800多万元。在小媒体报业集团正常运作的基础上,少儿产业方面开辟了"无边无际的谈话",与嘉荫钢琴公司合作招生办学,走出了教育培训市场的媒体特色之路。长兴集团从单一的广告合作发展到项目系统、平台和活动,从县级媒体平台到大媒体、大平台资源整合、资源协调发展,打造具有独特媒体优势的商务平台。

二、引导力是手段

引导力是"新闻媒体根据自己设置的议程或议题引导受众进行思考,从而认识和理解新闻的一种能力"。[①] 结合本书所研究的问题,笔者认为新型主流媒体的引导力主要体现为话语引导力。新型主流媒体在增强话语引导力的过程中,尤其需要注重通过评论话语来提升引导力。如今在时代发展的关键

---

① 沈正斌:《新媒体时代新闻舆论传播力、引导力、影响力和公信力的重构》,《现代传播》2016年第5期。

时期,评论是媒体在关键时期传播思想、引导舆论的重要武器,如何发出自己的声音,扩大主流舆论的覆盖面和影响力,有力地展现媒体在宣传党的方针路线政策上的主动性、权威性与高端性,是主流媒体需要探索的重要问题。比如,中央电视台曾经推出我国第一个媒体新闻评论节目《中国舆论场》,在中央电视台中国国际频道播放,并向世界直播,每个节目都有相关的讨论主题,节目聚焦最新事件和最热门话题,邀请相关领域的专家进行现场理性解读和专业分析,节目还联系政府相关部门管理人员,及时回应相关事件和热点话题。

在对外传播中提升话语引导力,需要通过媒介的议程设置功能发挥出主流媒体的舆论引导作用。"新闻媒体最重要的权力就是它能够决定在什么时候什么问题最重要,并确定具体在哪个问题上应该听谁的声音"。① 媒介意义的生产过程也就是通过话语表达实现建构社会现实的功能。如 2016 年中国国际广播电台在对 G20 杭州峰会进行报道时,前方报道团队中有一支"尖刀班"——评论员队伍。以往重大报道活动中,评论员多半留守后方完成评论,这一次几名评论员全部"前置",在所见所闻中记录所感所思,短短会期中推出了十多篇中英文评论。评论员洪琳在与记者们交流中得到灵感,打磨出《G20 峰会,一场分享中国经验的公开课》,别具一格的观点令人耳目一新,获得众多网友点赞、留言以及转发。国际广播电台的评论员不仅是会议的观察者、报道者,也成为同行媒体的报道对象,评论员们接受多家媒体采访,如评论员王姗姗就受邀参加央视英语频道访谈节目,在多档节目中用中、英文侃侃而谈,把观点在更广阔的平台中进行分享。

三、影响力是表征

"影响力一般是指媒体为了达到某种传播效果,通过特定的传播手段向受众传递信息从而对社会产生作用的一种力度"。② 媒体影响力的发生事实上是建立在受众关注和接触媒体的基础之上,首先媒体会通过"吸引注意"来吸引受众对媒体及媒体内容的接触,然后"受众在接触媒体之后可能会引起

---

① Geis.M.L, *The Language of Politics*, New York: Springer Verlag, 1987, p.10.
② 沈正斌:《新媒体时代新闻舆论传播力、引导力、影响力和公信力的重构》,《现代传播》2016 年第 5 期。

观念或是行为上的变化"。① 如今媒体的影响力是最适合解释媒体市场价值的判断因素,因为对媒体而言,节目制作方不仅要让受众关注其产品和品牌,而且还要影响受众对产品和品牌的认知和态度。

打造有影响力的新型主流媒体品牌。媒体品牌形象是从商业化语境演化而来,指受众对传媒品牌的各种感知,由受众记忆中的品牌联想反应出来。随着各媒体之间竞争的加剧,若想在受众心目中占有一席之地,如何塑造差异化的媒体品牌形象,是提升话语影响力过程中的关键性问题。下面将运用企业形象识别系统(CIS),在对媒体进行准确定位的基础上,分析媒体如何进行多方位、多角度的形象塑造。

第一,定制个性口号进行理念传达。从理念识别系统来说,应使用宣传口号、标语等多种方式传达出媒体的基本理念,将媒体的定位和风格直接表达出来。制作的口号,应像产品广告语一样,既要读起来朗朗上口,又要直白易懂,要具有传播性。如湖北卫视的口号是"中国心·世界观",其对"中国心"的解释是湖北地处中国中心部位,所以"中国心"实际更多指向的是立足湖北、立足中部的意思。"中国心"的直观字面意思,以及与后半句的搭配,容易将受众对它的理解引导到"中国人"含义的层面,"世界观"即具有国际视野和国际影响力。

第二,把控传播行为进行对外沟通。从行为识别系统来说,需要把媒体的传播理念外化为具体行为,这既包括媒体内部组织和人员管理,也包括媒体对外部的沟通交流,现代媒体品牌形象行为识别系统更多表现为对外沟通。新型主流媒体需打造传播理念与媒体定位相符合的节目,从多方面、多方式、多角度、多层次地集群式打造内容,突出媒体定位,使之深入人心。如湖北卫视解读国际新闻的节目《长江新闻号》,以及多国青年话题讨论交流的节目《非正式会谈》都与它国际化视野的定位相呼应;湖南卫视以"快乐中国,向美好出发!"定位频道口号,无论是自制的一系列各类型节目,还是内部人员的组成等都紧紧围绕"青春"这一主题,全面打造以及维护其快乐中国以青春和美好春天为主题的品牌概念。另外培养自有明星主持人、打造具有一定风格与特色的明星 IP 也是塑造媒体品牌形象行为的方式之一,比如何炅、汪涵就与

---

① 郭振玺、丁俊杰:《影响力营销》,中国传媒大学出版社 2005 年版,第 134 页。

湖南卫视"快乐娱乐、文化公益"的形象产生较强关联,凤凰卫视"融合、开放、知性"的形象也在窦文涛、陈鲁豫等明星主持人身上能够得以体现。

第三,善用感官手段塑造品牌形象。对新型主流媒体而言,需要从视觉及听觉识别系统两方面塑造其品牌形象。一方面,成功的视觉识别系统是品牌形象塑造中重要且直观的一部分,这包括媒体 LOGO、主色彩、宣传主画面及其他延伸画面、版面片头设计等。它是媒体整体形象的集中表现,是承载媒体目标、精神的载体,是体现风格、定位的直观实体。比如凤凰卫视的"金凤凰"台标在媒体品牌形象的视觉传达相关研究中是经常被列举的案例,具有中国特色的凤凰图案,搭配传统文化中被视为尊贵象征的金黄色,以及巧妙的开口设计,表达了凤凰卫视的中国身份和包容开放的立场。再者,如 2012 年湖北卫视改版,台标更改为蓝白色长江形态的形象,展现出长江奔腾、两江汇流之意,色彩清新、线条简洁,具有较高辨识度。但笔者认为在湖北卫视的节目标志设计中也应延续同样风格,在湖北卫视的各种节目宣传中应灵活运用蓝白二色,充分发挥视觉识别系统的作用,营造出湖北卫视的视觉传达氛围。另一方面,听觉识别系统是指以声音的方式塑造形象,如同众多成功的广告都用声音元素增强记忆点一样,媒体更可以利用资源优势,在节目中以声音元素为载体进行品牌形象塑造。如《舌尖上的中国》系列纪录片就是很好的案例,"舌尖"的配乐就让人自动联想起美食。

打造有影响力的新型主流媒体节目品牌。受"注意力经济"时代的影响,新型主流媒体节目品牌如果有很大的影响力,对受众的影响也很大。比如近年来,在电视节目方面,由于省级卫视的形象定位不同,江苏卫视"情感频道"的定位、湖南卫视"打造青少年娱乐"的整体形象、安徽卫视的"剧"路线等,各省级卫视都形成了自己的品牌节目,如江苏卫视的情感类节目、湖南卫视的娱乐类节目、安徽卫视的电视剧节目等。这些节目开辟了受众细分时代,在丰富观众选择的同时,也给电视台带来了可观的效益,成为各大卫视的"王牌",得到了广大观众的认可。

在新型主流媒体内容制作过程中,媒体整合传播的优势也表现明显。媒介融合时代,在扁平化传播的网络平台上,频道的概念必然弱化,要注重加强节目品牌推广和重点节目的品牌化建设,包括组织有一定影响力的营销推广活动,以及使用新媒体等手段进行多渠道的助推等,这样才能发展新的受众群和巩固核心受众,提高节目受众的忠诚度,在全国乃至全球推出具有影响力的节目。例如,江苏卫视的《非诚勿扰》节目,就扮演着互动、全方位、立体的角色,利用官方微博和官方网站,横向和纵向拓展电视节目,即通过这些方式两次推广电视节目,这样有助于拓展节目品牌推广渠道,拓展其产业链。因此,在媒介整合传播的时代背景下,应立足现有资源,利用其他新媒体扩大品牌延伸,在现有平台上快速成长,可以使主流媒体建立持续稳定的盈利能力。

总之,新型主流媒体影响力的强弱与媒体品牌和节目品牌直接相关,在激烈的市场角逐中,主流媒体机构如果能够率先创新推出自己独特的品牌,就更易赢得受众的忠诚与信任;如果能够真正懂得如何经营品牌、塑造品牌、推广品牌,就必然能够赢得市场,赢得受众;如果能够持续探索品牌战略的多元化,就能不为时代所弃,具备持久的影响力。

四、公信力是保障

"公信力"一词是由英文"Credibility"演化而来,媒体的公信力是指"媒体在长期发展过程中积累的一种被社会公众所信任、信服的内在力量。"[1]媒体公信力是媒介赢得公众信任的能力,是媒体本身所具有的被受众所信赖的一种内在力量,它是媒体在长期实践过程中所形成的一种无形资源,是媒体的软实力,是传者、信息、渠道和受众互相作用的产物。在新型主流媒体话语体系构建过程中,应当如何增强媒体公信力呢?

一方面,传统媒体应借助网络、手机等新媒体构建新型主流媒体。在保持独立性的基础上,努力开拓新媒体市场,以培养自身新媒介素质为基础,使新媒体为其发展提供新的契机和平台,进行更广泛的传播。在新媒体快速发展背景下,传统主流媒体积极进行传播平台的延伸和传播业务的拓展,可以增强受众对媒体的依赖度。如上海 SMG 在新型主流媒体构建过程中颇有收获,在第四届中国网络视听大会上,上海广播电视台台长王建军认为"要有话语权,就必须追随媒体消费者打造新型客户端",这种理念通过上海 SMG 目前所形成的"1 平台+3 产品"的新媒体客户端战略可以体现出来,包括 BesTV 平台,看看新闻 Knews、第一财经和阿基米德 APP 三个重点产品,实现了传统媒体

---

① 薛瞳瞳、段铮、高红甫:《全媒体时代电视新闻媒体如何提升公信力传播力影响力》,《采写编》2014 年第 1 期。

资源和新媒体资源的深度融合,可以更加巩固其新型主流媒体的地位。

另一方面,新型主流媒体应保持业务上的主流和权威性,坚守原创能力。在新媒体普遍发展的大环境下,我国主流媒体由于固有性质,本身代表着主流和权威的声音,其新媒体在新闻业务开展过程中应提供即时又真实的、客观又公正的信息,尤其需要注重坚守原创能力,这样可以增强受众对媒体的信任度。在媒介融合的大环境中,原创能力对于融合转型中的媒体来说,其重要程度不言而喻。如上海 SMG 非常注重以常态化和制度化的方式增强其研发过程中的原创能力,在整个集团范围内,一方面注重打造"SMG Iformats"内容产品模式库,另一方面坚持推出"SMG 智造"内容原创研发体系,这两个项目都有利于增强其原创能力。

第三节 新型主流媒体提升话语影响力的路径

新媒介环境下主流媒体应从话语传播主体、话语文本内容、话语传播渠道等方面形成合力体系,以增强其话语影响力。话语传播主体应逐步从单一向多元转变,从媒体自身来看,传播主体可以控制的因素包括运营机制、人员、设备、形象塑造等主体管理。话语文本内容应具象化和多样性,在保证传播内容成为社会主流价值观及发展方向的基础上,更应注重传播环境变化和时代发展的影响,尤其注重新传播模式的运用,以及由新传播模式带来的内容制作的变化等。话语传播渠道应开发多种传播渠道深度融合,多领域、多层次铺设传播结构,根据传播需要选择传播渠道,也根据不同传播渠道、平台的特点对传播内容进行调整,从而达成最优传播效果。

一、话语传播主体:优化与变革

话语传播主体决定着新闻报道的呈现内容、话语风格、叙事节奏及最终的话语传播效果,在新闻报道中处于核心地位。新型主流媒体话语传播主体的硬实力包括规模、资金等方面,软实力则包括媒体内部的协作方式、运营方式等方面。顺畅的协作方式和资源整合方式是媒体内部、外部高效传播的保证;培养适应时代需要,高水平、有能力、具有一定职业素养和道德的媒体人是推动媒体提升的动力;具备先进的设备对媒体工作人员而言,不仅有利于工作的开展,而且是制作优质作品的良好基础。

变革运营机制。对新型主流媒体而言,高效的运营机制是其传播能力提升的直观反馈。回顾我国媒体发展历史,从最开始单纯的"宣传单位"到注重事业和产业共同发展的现代媒体,中国媒体经历了数次变革。从最初的浅层表面化的改版创新,到深入体制的深层改革,是不断实践、反思和进步的过程。媒体生产要素、生产方式、传播渠道等方面融合的实现,是以体制的改革为前提条件的。如何在我国传媒二元属性的身份下进行机制改革是需要思考的问题,这既需要坚持事业单位的属性,又需要发挥出市场机制的高效。

一方面,要在大型传媒集团内部实现资源共享和合理化配置,内部核心业务的流程塑造以价值链为导向,形成横向和纵向的协作,并以核心业务为中心,坚持相关多元的原则进行辐射,打破部门间壁垒,保证内部运作更加顺畅,让内部资源得到高效运用。此外,在集团内部形成竞争机制和考核体系,以效益为中心,竞争上岗,以项目为周期,让媒体内部更具活力。

另一方面,在市场经济社会的大环境下,主流媒体的内容制作及营销策划等部分可以进行市场化运作。这需要联合多方合作,包括体制内媒体之间的合作、与外部优秀市场化公司或团队的合作、与自身独立出市场化机构与主体的合作等。在领导权不变、主导思想意识不变的前提下,以制作优质内容产品、提升竞争力和传播力为导向,进行多元化、多主体、多方式、多渠道的合作。

优化人员配置。从媒体从业人员的角度思考新型主流媒体话语影响力的提升,可以重点关注以下三个方面:

其一,吸收和培养高素质、高水平的"全能型"记者、编辑等。"全能型"不是指一个人就能处理所有工作事务,而是他能够在精通所在岗位业务的基础上,同时了解全制作流程的各个环节,既有大局观又有市场意识,同时具有互联网思维。

其二,组织新媒体运营团队,增设新媒体部门。许多传统媒体虽然看到了未来发展趋势,但是对新媒体的认识不够深入,存在的认识误区是将传统渠道的内容简单搬运到其他平台上,或是将新媒体工作人员等同于计算机专业技术者。在进行人员安排时,只是在原有团队中拨出一两个人运营新媒体平台、甚至只是作为兼任人员进行相关工作安排,这样不仅没有达到应有的传播效果,而且耗费了时间与精力。

其三,提高媒体从业者的待遇,改善工作环境。近几年,媒体从业人员工作负荷大、待遇低等问题被频频提及,尤其在新媒体的压力下,传统媒体面临的困境较多。我们在引进市场化运作机制的同时,也可以引进绩效考核机制,基本工资待遇和绩效考核奖励两套机制并行,这样既能解决媒体从业者后顾之忧,又能调动其积极性。

更新制造设备。工欲善其事必先利其器,在经历过数次信息浪潮及技术革命之后,在当今社会,受众已经有太多的渠道和机会接触到各种前沿媒体,并且对感官体验、产品质量的要求和审美品位越来越高。无论是纸质媒体的刊印效果,还是电视、影视媒体的拍摄、后期和转播,还是多媒体作品,在一定程度上好的设备是让受众实现优质观感体验的前提。此外,在计算机、人工智能技术不断发展过程中,传媒的智能化产品可以大大提高传播效率,并延伸出多种可能。因此对主流媒体而言,需要及时更新设备,采用现代化制作手段,与时俱进,才能真正成为具有强大传播力与竞争力的新型主流媒体。

二、话语传播内容:固本与更新

新媒体与传统媒体有各自不同的话语传播特点,新媒体注重实效、强调多元,内容轻松、风格新颖,但不长于深度剖析,且信息权威性难以保障;传统媒体较新媒体而言缺乏时效性,内容严肃刻板,但传统媒体的优势在于深度解读、持续追踪,信息权威有保障。在如今的传播环境中,新媒体日益崛起带来诸多传播优势和便利的同时,也容易造成媒介生态泛娱乐化、碎片化,这主要表现为:首先,受众的需求分层多元,且受众的欣赏水平和要求不断提高,如能满足受众的优质内容需求,就能够占领传播市场;其次,媒体使用门槛降低,再加上各种因素的刺激推动,造成信息爆炸、内容产品水平良莠不齐等问题,"注意力"成为被争夺的对象;最后,在话语传播中主流媒体难免出现过分强调党性原则,造成话语内容多以正面报道为主,从而存在一定的对人民群众日常生活、社会整体发展中出现的难题、困境之类报道偏少的倾向。

由于受众日益渴求有深度、全面客观的话语内容,在这样的环境中,优质、高水平的原创内容成为稀缺资源,"内容为王"是业界、学界一致认同的媒体传播过程中的原则。对新型主流媒体而言,新型主流媒体是党和政府与人民群众沟通交流的桥梁与纽带,内容制作是其优势所在,无论是内容制作的实力、规模,还是制作经验、业务素质过硬的传媒工作者,都是优质内容制作的保障。如何发挥自身优势,吸取现代化传媒经验,制作优质传播内容,在竞争中稳步提升传播力,这是新型主流媒体应从以往媒体运作过程中所传承的。

　　制作精品内容。"内容为王"这一说法,最初起源普遍被认为是来自于美国维尔康姆(Viacom)公司总裁雷石东在实施公司发展战略时提出的:"谁做传送不管,我就是要放上最好的内容,传媒企业的纪实必须而且绝对必须是内容,内容就是一切。"①现在"内容为王"是中国传媒发展领域被屡次提及和讨论的高频词汇。

　　"内容为王"就是以内容为核心,以优质内容为导向来指导相关制作活动。优质的内容首先需要前期的调查和策划,优质内容的选题不是一拍脑袋、"想当然"制作出来的,也不是盲目跟风、同质化模仿制作出来的。而是基于对受众需求的洞察,基于对市场动向的把握,基于对政策和社会发展的深刻理解而自然形成的。优质传播内容的制作,不是工厂流水线式的套用,更不是速食的快餐文化,而是需要由专业人员从大局到细节认真精心打磨出来,这需要在实践中不断积累、反思和沉淀。

　　传媒行业是信息服务行业,内容是媒体的立身之本,在宣扬"注意力经济"的今天,内容更是汇聚注意力资源的关键。近年来推出的电视、影视、网络内容作品数不胜数,但真正从中脱颖而出的仍然是具有高质量、高水平的优质内容。而且这些优质内容一经推出,其受追捧的程度到了惊人的地步,这充分说明了受众对优质内容的渴求以及巨大的市场需求。有需求就有发展,新型主流媒体应凭借自身优势,精心打造优质内容,这样媒体话语影响力的提升才会水到渠成。

　　比如《长江新闻号》是湖北卫视播出的一档对热点新闻进行深度挖掘和解读的国际时事评论类节目。以"强观点,猜秘闻"为节目的核心价值追求,以"坐拥长江、纵论天下"为特色,由"第一热点""长江评论""长江搜索"三个模块组成。节目邀请了国内百余位国际问题专家,以及特约时事评论员组成智囊团,对国际新闻进行深度挖掘,以独特视角对国际形势进行权威、理性、全面的分析。不难看出,这档节目的风格定位主要围绕湖北卫视的传播理念而展开,这档节目在播出 3 个月后,收视率就快速蹿升到全国前十,并且连续 8

---

　　① 倪洪江、潘祥辉:《"内容为王"与"王的内容"——新媒体环境下纸媒"生死劫"再思考》,《传媒评论》2014 年第 2 期。

个月在全国卫视 86 个晚间新闻栏目中排名第 2。《长江新闻号》的视频被凤凰网、新浪网等各大门户网站转载,也引起了国外媒体的广泛关注,经历了因内容吸引来的二次、三次传播,湖北卫视的话语传播力以这档节目为载体有所提升。

这档取得较高收视率的新闻栏目,是由一支"70""80""90"后组成的团队仅用 45 天时间制作而成的。节目制作人将《长江新闻号》的成功归于节目定位的正确抓取以及对国际新闻进行深度挖掘,从对受众的收视心态分析着手,发现关注国际新闻的受众想要知悉的不仅是事件本身,更希望拓展到事件的背景、可能导致的结果以及与其他事件的关联等。于是节目制作方在新闻事件的基础上进行深入挖掘,而不是简单的整合资讯,这种制作方式让这档新闻类节目极具可看性,深受观众喜欢。因此,优质的内容可以推动媒体传播力的提升。深入洞察受众需求,找准节目定位和制作方式,是制作优质内容的准备前提,而在充斥快餐信息的人工智能时代,信息的深度加工和挖掘是值得发展的方向。

更新制作理念。时代在变化,传播环境在变化,受众的需求也在进行潜移默化的转变,媒体在传播内容制作过程中,不仅品质要高,理念也需创新。新型主流媒体需要从以下几方面着力:第一,注入分享基因。用户(受众)在传播过程中的更多参与是新型媒体的呈现特征之一。对媒体而言,需要在制作理念中有意识地挖掘,并在内容中添加分享基因,调动起受众主动互动和分享的积极性,注重与受众的互动交流,在内容策划中增加沟通方式,并给予及时反馈。尤其是在技术打破空间、时间的距离之后,更需要拉近与受众心理上的距离。与受众进行流动交互的对话,提升受众在媒体使用及浏览观看中的情感体验,平等地沟通交流,增加受众参与感,实现情感共鸣,媒体与受众的关系人格化,最终实现用户的二次分享、再次传播,从而使得受众对媒体认可和接纳,这对于媒体长远发展而言十分重要。第二,开启精细化、数据化制作。随着服务对象分众化、媒体发展去中心化,传统媒体仅考虑内容制作,被动等待受众,内容传播效果难以进行有效分析,仅依靠经验和认知总结预判的粗放式内容制作已经不再适用。关注数据、收集数据、善于利用数据分析寻找目标市场、目标受众,将传播效果量化,与用户建立精准联系的精细化数据化内容制作时代已经到来。许多具有相当社会地位的传统主流媒体,面临着虽然是社会责任主流,但传播不主流的尴尬,尤其是纸质媒体所面临的不仅是发行量下降的问题,还要应对"打开率""传播率"下降的挑战。许多主流纸媒的延伸媒体平台只有新媒体部门的少数人员运营维护,没能对数据进行很好的总结分析,只是粗放地进行形式上的融合。因而媒体需要转变思路,让媒介之间的融合渗透更深入,内容制作更精细化,这样才能够为新型主流媒体的话语影响力带来由内而外的提升。

三、话语传播渠道:融合与选择

没有传播,媒体的话语影响力也就无从谈起。充分利用各种传播渠道,通过全媒体手段,让传播效果最大化,这是媒介融合的结果之一。"媒介融合打破了各类媒体间的界线,使不同媒体互补长短,使不同媒介形态的产品互换互通,这是数字技术、社会需求和产业政策共同作用的结果"。[①] 媒体的融合不是只存在于技术层面,也不是简单的搬挪,渠道和内容之间也在相互选择。在互联网传播中,不同的传播渠道,也就是不同服务终端有着不同的话语语境,而同样内容的传播,在这些不同的渠道语境中,也应随之有相应的调整。

融合传播渠道。媒介融合是一个渐进过程,新型主流媒体在融合发展过程中,要采取有力的措施尽快地从"相加"阶段迈向"相融"阶段,着力打造全业态、全场景的融合型媒体报道矩阵,形成融合传播的优势。全媒体时代,内容的权威性及准确性仍是主流媒体的核心优势,但在内容的生产方式与呈现形式上需要与技术进行融合。技术是融合发展的重要推动力,新技术为新闻报道的广度插上了双翼,从选题、标题制作、版式设计等方面对新闻内容进行优化和包装,进而改善受众的阅读体验,增强传播效果。融媒体时代,既要避免"受众过了河,媒体还在摸石头"的尴尬,也要避免落入自说自话、自娱自乐的误区,陷入技术崇拜、数量崇拜的境地。主流媒体要清楚地认识到,受众是融合发展的主角而不是看客,真正注重用户体验的媒体才能在政治传播过程中掌握话语权。同时,先进的技术是主流媒体适应新媒介环境语境的重要方式,因此可以说,技术的融合发展能够最大限度地激发融合发展动力。

主流媒体除了要在技术融合方面发力之外,还需要在新闻人员方面进行

---

① 石磊:《数字报业的内容融合与渠道融合——媒介融合时代的报业发展战略》,《新闻界》2009 年第 2 期。

融合,为融媒体业态下新闻业的发展打下坚实的基础。在新闻内容的生产、加工、渠道传播、用户互动等方面需要形成立体化的人才矩阵。在融媒体报道矩阵中,各平台之间需要进行互动与联合,充分发挥互联互通的集群效应,力图将政治传播效果发挥到最大。通过技术、人才、平台之间的一体化传播构建报道矩阵,这势必为主流媒体在话语传播过程中提升效应而"添砖加瓦"。

通过融合发展,主流媒体可以构建起全面多维的矩阵体系,它们在这一过程中不断提高"四力",转型为新型主流媒体。"融合发展贯穿于媒体日常内容生产始终,这不单单是某个人或部门的尝试,更需要全体人员在每一次内容生产中主动探索,才能不断提高媒体的传播力"。① 在进行媒体融合发展过程中,需要各种传播渠道、平台统筹开展,以及媒体内外部资源协调发展。尽管不同平台对新闻价值的判断标准不同,但作为主流媒体,无论传统还是新型,无论单一渠道还是多平台,同一媒体在进行传播时都应秉持着统一的价值观,不能互相对抗。在我国主流媒体转型发展过程中,这种统一的价值观应该是反映社会发展方向和时代潮流的主流价值观。

在探讨媒体融合中,大多数探讨的是传统媒体试图纳入新媒体、新技术的融合,而以"三微一端"(微博、微信、微视频、移动客户端)为代表的新媒体平台,是移动互联时代媒体与受众联系、接触的重要渠道。尤其是近年来在"两微一端"基础上崛起的各类微视频平台,更具有强大的传播力。微博、今日头条等客户端在对自发性内容生产者的建议中也推荐制作视频内容。为配合现代人生活的习惯和节奏,电视媒体的节目内容逐渐与移动互联网相融合,通过对电视节目视频进行节选,随后在微视频平台进行传播,这样大大拓展了电视媒体在网络环境中的传播渠道。比如湖北卫视的《非正式会谈》等节目的视频片段在网络平台传播,可以引起受众对这个节目的关注,进而引流到媒体的客户端、合作视频平台以及电视媒体,这也表明受众的注意力在众多渠道中可以形成动态的流动。

如何在这些平台上做好各自媒体账号的运营,并且利用他们延伸出更好的传播效果,这就需要对他们不同的特性进行研究。经笔者研究总结发现在这一过程中存在一些共性,例如在新媒体平台传播中,强调新闻的时效性,发

---

① 黄文华:《浅谈传统媒体应对媒体融合的人才策略》,《东南传播》2016 年第 4 期。

布推送要注意"赶早不赶晚";报道视角需要独特解读,在新媒体平台中形成更具价值的传播分享因子;传播形式要多样化,形成文字、图片、音频、视频等多种组合,让内容更具可看性,给受众带来更好的阅读和观赏体验;媒体的平台账号要突破同质化误区,要有自己的特色与风格,这可以从媒体账号的名称、头像、介绍、排版编辑、内容选择、语言风格等各种细节体现。

选择传播渠道。媒体内容制作是传播的核心,但在内容和渠道的匹配选择上需要做出思考与尝试。一方面,同一传播内容在不同的渠道平台上发布会形成不同的传播效果,因而需要谨慎选择。另一方面,不同传播渠道平台面临竞争以及被选择的状态,因而需要选择适应它们传播语境的传播内容。以2017年6月21日新华社在官方微信公众号上的一篇推送文章为例,这篇文章标题为《刚刚,沙特王储被废了》,内容简短,只是一则短消息,但是通过这短短几个字却交代清楚了新闻事件的"5W"(见图8.1)。

这篇文章如果发表在报纸上或许只是一则事件性的标题新闻,在电视报道中可能是一条被插播的快讯,它很好地起到信息传达的功能,但受众在这些媒体上看到它的反应仅仅只是"知道了",或者有关心国际新闻的受众,看到之后会想深入了解事件的影响及相关情况,也只是"仅此而已",人们的反应始终围绕消息内容中提到的事件展开。然而在互联网环境下,这篇短消息的推送取得了不一样的传播效果。网络受众注意到简短的消息后面却有三个编辑的名字,并留言调侃。不同于官方媒体的严肃形象,新华社官微小编的回复也非常有趣。这一来二去的互动引起了其他网友的注意,并在短时间内引起大规模传播,点赞和阅读数双双迅速超过"10万+"。相关评论也蜂拥而至,这一事件本身也成为一种现象,"九字新闻动用3个编辑"事件被其他自媒体账号报道,发展为该事件的二次传播,继续扩大影响。这一事件,不仅提高了这篇文章的阅读量,更为新华社官微引流来大量新关注者,而且其后事件妥善的处理方式也为新华社带来"严谨、功底深"等美誉,进而巩固其传统媒体的权威形象。这一案例充分表明媒体所传播的话语内容与不同传播渠道匹配所带来的不同传播效果。

因此,新型主流媒体在寻求话语影响力提升方式时,不仅要善于运用多种传播渠道,集各家所长,让传播的深度和广度蔓延到最大化,还需依托自身定位和需求,从不同传播内容着手,有针对性地对渠道进行选择,提高效率、有的

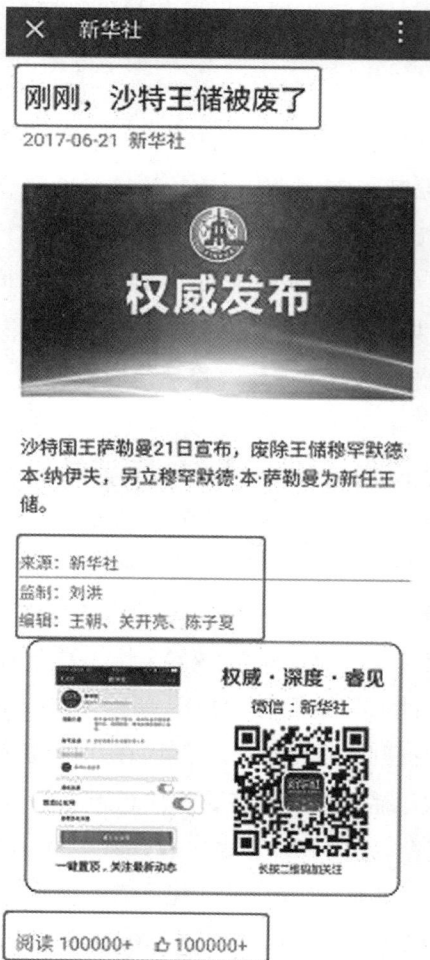

图 8.1　新华社官微文章截图

放矢,并针对不同传播渠道进行内容和传播策略的调整,从而实现最佳传播效果。同时,传统媒体和微信公众号等新媒体平台的新闻价值判断标准是不完全一致的,很多新媒体编辑策划的选题和需要的线索,由于人员短缺,难以找到专门记者进行采写,因而简单搬用传统媒体上的内容,这样带来的传播效果并不理想,这就需要媒体任用专门的人员负责不同渠道,根据媒体传播渠道特点的不同进行各自管理运营。

　　总之,应从媒体主体硬实力、话语传播内容、话语传播渠道这三个传播过程中主体可控环节进行,分析并提出适用于新型主流媒体话语影响力提升的路径。顺畅的运营机制、合理的人员配置以及先进的设备是传播有效率、大规模进行的基础保障;优质的内容是媒体保持长久传播力的核心,新型主流媒体需要灵活运用数字技术,深入挖掘市场需求,精准定位传播内容及注重效果反馈,深层挖掘媒体传播动能;开发多种传播渠道深度融合,多领域、多层次铺设传播结构,根据传播需要选择传播渠道,也根据不同传播渠道、平台的特点对传播内容进行调整,从而达成最优传播效果。

四、话语传播方式:满足与引导

在传统媒体时代,主流媒体一直是媒体队伍的"排头标兵",随着新媒体的兴起,主流媒体积极与新媒体融合发展,进一步提高自身的影响力和公信力。话语影响力的大小是检验主流媒体传播效果的重要尺度,更体现了其存在的权威性、在社会中的信誉度以及在受众心目中的分量。今后主流媒体在话语传播方式方面,应从以下几方面进一步承担起主流话语引导作用,从而满足受众需求。

第一,紧抓现有受众,开发潜在移动用户,提高媒体接触度。中共中央政治局原常委、中央书记处原书记、中央宣传部原部长刘云山曾指出,"传播力决定影响力"。一个媒体是否具备强大的影响力,决定于受众对该媒体的接触度。媒体接触度是媒体的受众接触量、接触频率和接触时长相加的总和。从媒体接触度而言,媒体接触度与媒体话语影响力成正比,媒体接触度越高,其话语影响力越大。随着时代的发展,移动终端逐渐成为受众接触媒体最主要的渠道之一。

目前众多主流媒体虽然受众覆盖面较为广泛,但是面临着受众分流的窘境,且新媒体受众远远大于传统媒体受众。根据话语影响力调查问卷结果可知,受众了解新闻信息的渠道排行由高到低分别为手机、电视、广播、报纸和电脑,并且手机是大部分受众每天接触时长最多的媒介。可见,手机以其方便快捷等优势成为受众了解新闻信息的最佳选择。此外,根据2016年3月北京意派市场咨询有限公司进行的第14次新媒体受众接触习惯调查结果,移动互联网已经成为网民的主流方式,近90%的网民主要使用移动互联网终端。随着5G时代的到来,移动终端的发展前景将呈现良好趋势。

话语传播其对象是受众,受众既是话语传播的最终归宿,又是话语传播效果的反馈者和检验者。话语传播要达到理想效果不得不考虑受众需求,以受众喜闻乐见的形式传播出去,最大化满足受众需求会使话语传播产生较好效果。比如当今媒体形态下,短视频深受广大受众喜爱,成为话语传播的新形式。短视频动态呈现、声画兼备,且内容简短、制作简单,自由上传后,人人皆可关注,又能融合多种不同话语表现形式,如视频、图片、文字、动画表情等,广受年轻群体欢迎。如抖音 APP 是目前最大的短视频制作发布平台,据《抖音研究报告》显示,截至 2018 年 10 月,抖音月活跃用户已超过 3 亿。这说明,受众话语接受习惯发生改变,短视频现已成为话语传播的新形式。这就要求新型主流媒体今后应在牢牢抓住现有"传统"与"新媒体"用户的基础上,根据受众接收信息习惯的变化,进一步开发潜在的移动用户,增加新媒体平台的用户覆盖面,同时要加强对媒体内容的"精心"制作,生产出能够满足不同受众群体需求的媒体内容,这样才能满足受众需求,提高其媒体接触度。

第二,用受众易懂之话,讲受众欲知之事,提高内容接受度。在"互联网+"时代下,信息的传播呈现出速度快、信息量丰富、互动性强、形式多样等特点。信息传播离不开媒体和受众,信息传播是否有效,取决于受众的内容接受度,而媒体内容接受度的高低,取决于大众对于媒体所传播的信息认识是否清晰,以及理解是否准确。

从内容接受度而言,媒体传播的信息要让受众理解准确,这就要求媒体要用受众易懂之话,讲受众欲知之事,将媒体所宣传的与主流意识形态相关的信息用"接地气"的表述呈现出来,而非由作者随意"挥洒文采"。比如当前主流报纸在刊发过程中,存在版式设计单调和部分报道话语内容晦涩难懂两方面的问题,众所周知,我们所穿衣物的颜色有"流行色"之说,如今年流行红色,明年流行黄色等。报纸版面也是如此,受众有审美需求,一成不变的版式设计将会使受众产生"审美疲劳"。今后主流党报在版式设计上应根据受众需求有所变化,满足受众的审美需求,随时代潮流而变,古语有言:变则通,通则达,达则成也。作为主流媒体,拥有着大量的受众,这些受众对于话语的理解能力参差不齐,所以在传达信息时,应将晦涩难懂的理论性话语转化为通俗易懂的常见性语言,尽量使用通俗易懂的表述方式来传达新闻内容,这样主流媒体所传达的信息才达到了其最初的"初心"。

对于新型主流媒体而言,在具体话语内容表达时既不能严肃生硬、高高在上,也不能为了讨好受众使用过多不恰当的网络语言,失去自身品位。因此,主流话语要贴近大众的思想、贴近生活的实际,关注社会现实问题,同时应做到微言大义,把握好话语间的平衡,这样雅俗共赏的话语内容才具有实际意义。

第三,以受众为本,增加受众黏度,提高受众依赖度。从受众依赖度而言,新媒体时代,受众与媒介的关系更加趋向于双向依存,媒介更加凸显"受众本位"意识,强化受众对媒介的依赖。媒介依赖理论是由美国传播学家梅尔文·德弗勒和桑德拉·鲍尔-基洛奇于1976年提出的,这一理论的核心思想是:受众依赖于媒介所提供的信息来满足自身的需求。受众依赖度的高低,取决于媒介所提供的信息能否满足受众的需求。

在主流党报话语影响力调研过程中,发现主流报纸权威性不容置疑,但是存在受众黏度和依赖度不够的问题,同时阅读传统纸质版的受众也远远低于新媒体版的受众。由此可见,受众对主流媒体的依赖度还有待提高。究其原因,笔者认为主要有两点:第一,转载的报道较多。在新媒体时代,网络的易复制和易传播性使得媒体间有较多内容的平移。比如在《湖北日报》对"大江奔流"报道的统计中,新媒体版总计刊登319条报道,而转载的报道就有153条,约占总报道比重的48%。因此,今后应该适当缩减转载报道,摒弃同质化内容,生产具备自身特色的高质量的原创内容产品,增加受众黏度。第二,受众需求的丰富性。在新媒体时代,受众类型复杂多元,其需求更是多种多样,如了解信息的需求、增长知识的需求、主体参与的需求、个体娱乐的需求等等。目前,没有任何一个媒体可以完全满足所有受众的全部需求,培养"受众依赖"一直在路上,媒体要积极运用新的传播方式,并结合各种传播方式中的精华部分,培养受众对其依赖程度。在媒介生态发生变化的今天,新的媒介传播方式与旧的传播模式并存,传统媒体需要依托新媒体的传播模式,在信息时代拓展更为广阔的空间。

第四,报道准确,凸显公平公正,提高媒体可信度。正如赫伯特·西蒙(Herbert Simon)曾经说过的那样,"我们对知识的认识总是基于这样一个事实,即知识是从我们认为值得信赖的社会信息来源的正式渠道获得的——家庭、同龄人、专家和社会。"随着社会的发展,媒体已经成为我们获取信息的主要渠道之一,而媒体的公信力尤为重要。迈耶提出了五个衡量媒体公信力的指标,即公平、公正、完整、准确、可信,为提高媒体自身的公信力提供了参考。媒体是否对公众施加影响,不仅取决于它是否"接收"了媒体信息,还取决于它是否"接受"了媒体信息。就媒体公信力而言,媒体公信力是媒体发挥影响力的必要条件。

从主流报纸话语影响力调研结果可以发现,地方党报作为主流媒体,在受众心中其可信度必然超越其他一般媒体。比如在对湖北省恩施州委党报《恩施日报》进行可信度打分的调查中,选择 9 分及其以上的读者人数比例为26.02%(纸质版),20.33%(新媒体版),尽管纸质版略高于新媒体版,但可以看出《恩施日报》在受众心目中的可信度仍有较大提升空间。这就要求该媒体做到以下几点:首先,加强媒体自身对信息真实性的把握,树立传播信息道德规范,对自身报道的信息内容负责,提高新闻报道的准确性;其次,提高新闻工作者自身的职业道德素养,不以权谋私,不因一己私利而损害公众利益,保证新闻报道及报道内容的公平公正;最后,加强新闻工作者的职业技能素养,提升对信息的整理、提炼、挖掘能力,提高对新闻的深度报道和深度解读,从而呈现给受众高质量的新闻产品。

第五,融合新媒体,科学设置议题,强化媒体舆论引导度。随着网络技术越来越发达,受众获取信息的途径日益多样化,获取信息的速度日益快捷化,因此主流媒体必须控制舆论走向,整合新媒体技术,推出新闻报道。在互联网时代,大量的信息在世界各地飞来飞去,如果媒体在传播负面信息时不思考、不核实,不自觉地进入盲目服从的议程设置,而受众又因缺乏媒介素养而无法辨别媒体所建构的"伪环境",那么受众就会有不理性的言论和行为。特别是重大新闻事件发生后,受众很难在短时间内树立正确的价值观和判断新闻信息,特别是网络信息泛滥往往导致虚假新闻的出现,从而引发舆论危机,这对主流媒体提出了更高的要求,主流媒体应通过科学设置议程,积极实现舆论引导功能。

从媒体舆论引导度而言,把握舆论导向是主流媒体的职责所在。在新媒体时代,传播"发生了什么"远比"为什么发生"要快得多。对主流媒体而言,不仅要及时传播"发生了什么",并且要尽快传播"为什么发生"以及"发生后所产生的社会影响"。习近平总书记曾经指出:"我们正在进行具有许多新的历史特点的伟大斗争,面临的挑战和困难前所未有,必须坚持巩固壮大主流思想舆论,弘扬主旋律,传播正能量,激发全社会团结奋进的强大力量。"①新型主流媒体更应积极响应习总书记的号召,做好主流媒体舆论引导的本职工作,应做到以下几点:首先,通过其新闻报道,增强社会内在凝聚力。主流媒体要通过积极向上的报道,帮助受众进行价值判断,从而提升社会内在凝聚力;其次,通过其新闻报道内容,启迪受众思想。主流媒体应根据受众需求,提供有意义的、能够启发受众思考的信息;最后,通过其正确价值观的传递,引导舆论走向。主流媒体在受众心中的可信赖感是其他一般媒体不可超越的,进一步增强主流媒体的权威性和公信力,有助于主流媒体引导舆论走向,促进社会发展与进步。

第六,紧随时代发展,提高受众体验,提升受众需求满足度。美国传播学者卡茨在20世纪40年代提出了"使用与满足"理论,认为受众通过接触媒体来满足自己的需求。随着新媒体技术的发展,从受众需求满意度的角度看,受众的媒介接触是基于个人需求的,是主动的,受众在传播活动中的地位日益上升。如果观众觉得自己传播的内容与自己无关,他们就不会选择这种媒体,传播力也不会产生更多的影响力。从这个意义上说,媒体必须提供受众需要和认为重要的信息,使受众能够选择、依赖和信任媒体,并影响媒体。基于以上情况,主流媒体必须提供受众所需要的有价值的新闻信息,才能获得受众的关注和信任。笔者认为,除了信息的需求、信息的及时性和真实性以外,受众的心理需求也有产品体验的需求。

对于新媒体生态中的新型主流媒体而言,要与时俱进,提高报道的新闻内容质量,从以下几个方面提高受众需求的满意度:首先是加大新闻报道力度,提升受众体验。随着时代的发展,越来越多的受众倾向于使用移动平台获取新闻信息,因此提升受众体验显得尤为重要。媒体要大力推进纸质版与新媒体版的融合,加大新闻深度报道和跟踪报道,以新媒体为主要传播渠道,让受众了解新闻事件的全过程;其次,进一步增强新闻的真实性和公信力。在新闻报道过程中,媒体要站在客观、公正、人文的立场上,在纸质新闻报道中做到图文结合,在新媒体报道中做到图文结合,增强公信力,尽量再现新闻场景;再

---

① 《习近平在全国宣传思想工作会议上强调　胸怀大局把握大势着眼大事　努力把宣传思想工作做得更好》,《人民日报》2013年8月21日。

次,新闻内容要贴近受众。媒体在选择新闻内容时,首先要考虑服务范围内的受众需求、生活条件等信息,选择受众感兴趣的话题,了解服务范围内受众的文化兴趣、习惯和文化特征,把受众最关心的问题作为新闻报道的重要领域。

第七,注重内容生产,创新媒体运营,提高媒体品牌认可度。现代营销学者科特勒在《市场营销学》中将品牌定义为销售者向购买者长期提供的一组特定的特点、利益和服务,较高的品牌认可度是品牌拥有者的一种无形资产。尤其在新媒体时代,良好的品牌形象有助于媒体核心竞争力的提升,是一个媒体区别于其他媒体的标志,也能够为媒体本身赢得更多的受众关注度和认可度,受众对媒体品牌的认可度是对该媒体品牌影响力的体现。

主流媒体由于其主流地位的属性在受众心中有着较高的认可度,但在新媒体时代背景下应多思考如何将传统媒体的品牌优势延伸到新媒体领域,在媒体传播过程中充分发挥地方主流媒体独一无二的品牌优势,实现不同媒体手段从"相加"到"相融",这是其能在未来媒体格局中有所作为的必然选择。今后应从以下几个方面提高其品牌认可度:首先,注重内容生产,用高质量的内容产品吸引受众注意力。尤其在"互联网+"时代,更要注重互联网思维,利用大数据手段,为用户提供更多高质量的内容;其次,创新媒体运营,树立共享发展理念。在当今时代,媒体品牌的发展离不开新旧媒体之间的合作共享。传统媒体发挥其创造优质内容的优势,新媒体发挥其价值增值优势,二者通力合作,从而实现品牌提升、共赢发展的目标;最后,结合地域特色,打造"独家产品"。比如《湖北日报》是湖北省委机关报,是湖北省内影响力最大的主流媒体之一,其品牌特色在一定程度上代表着湖北省的对外形象,立足于湖北省特有的人文、地理、环境和资源优势,打造出属于湖北特有的新闻产品,有助于提高其媒体品牌认可度。

立足现有资源,推动创新发展,迎接 5G 时代。科技在发展,时代在进步,媒体行业需紧随时代发展步伐,创新新闻传播的方式方法。习近平总书记曾说过"新闻宣传是否善于创新,是否能够做到常做常新,是其发展壮大、保持强大生命力的关键"。① 网络时代的到来提升了各个行业的运作效率,而 5G

---

① 习近平:《干在实处 走在前列——推进浙江新发展的思考与实践》,中共中央党校出版社 2006 年版,第 311 页。

时代的来临必将加速信息时代各行各业的发展。

媒体行业是信息时代必不可少的行业之一,在未来的 5G 时代,越来越多的受众通过使用移动终端来获取新闻信息。据相关数据表明,"如果要用网速来衡量 5G 网络的作用的话,其最高峰的网速是我们当前使用的 4G 网络的最高峰值的 100 余倍"。① 习近平总书记在庆祝改革开放 40 周年大会上提到一句古语:行之力则知愈进,知之深则行愈达。这句话的意思是"知"与"行"是相互生发、相互促进的关系,越是深入实践,认识越能精进,而反过来,有了越发深刻的认识,实践越能通达透彻。面对即将到来的 5G 时代,作为新型主流媒体应紧紧抓住这一契机,充分认识到主流媒体的"知"与"行",立足现有资源,推动创新发展,开创媒体行业 5G 时代的新辉煌。

在 5G 时代,通信技术将会有以下发展趋势:首先,网络性能将不断得以优化。在 4G 时代,受众可能会受到流量和 Wi-Fi 的限制,不便于随时随地观看"小屏直播",但在 5G 时代,数据传输技术较 4G 时代会有很大的提升,网络连接将更加稳定,亦不会出现卡顿、掉线等问题。其次,用户将不断增多。随着移动设备使用者的不断增多,5G 技术的稳定性和低耗能性将会吸引更多的用户,对媒体而言,移动用户增多将会为其带来更多受众。最后,传播方式不断升级。科技的进步将大大促进传播方式的升级,作为传播者,我们很难预测未来会出现什么样的新型传播媒介,当前力所能及的是紧随时代发展,积极运用受众使用率高的传播媒介,使用符合受众口味的话语表述方式,制作并传播受众喜闻乐见的新闻产品。

---

① 张虹琼:《5G 移动通信技术现状与发展趋势》,《科学技术创新》2018 年第 5 期。

结　语

随着全球科技信息的迅猛发展,以互联网为基础的"第四代媒体"和以手机为基础的"第五代媒体"不断创新,媒体传播进入"新媒体时代"。网络媒体、手机媒体等一大批新兴媒体的出现,极大地丰富了新主流媒体的传播主体、传播内容、传播形式、传播渠道和传播范围,使信息传播呈现出大众性、调节性和快速性的特点,传统的传播模式已经不能满足受众的需求。在新媒体快速发展的背景下,传统的单向传播已经被双向甚至多向的传播方式所取代,媒体之间的界限日益消除。随着现代传播技术的不断发展,传统媒体必须牢固树立"大媒体"的理念,积极运用现代传播技术,大力推动传统媒体与新兴媒体的融合与发展,打造媒体的立体传播格局。

在全球化和多样化的社会中,对话不把意见强加给他人,它强调意识形态交流、观点交流和接受者在动态发展上的差异。在全球话语流动的过程中,由于中西文化交流的内在缺陷,我们很容易忽视新闻传播中的对话,这必然导致所谓的传播失语。因此,对于新型主流媒体而言,要改变单一的传播方式,创新传播形式,根据不同平台的特点有效利用新媒体平台进行传播,提高其传播质量。

本书主要研究我国主流媒体话语体系建设中的相关问题。因此,讨论的角度和案例大多是我国媒体对内、对外传播的案例。但西方媒体在话语权方面确实显示出巨大的优势,对我国媒体具有借鉴意义。因此,相关讨论也有利于从西方媒体的传播中找出中西方的差距,提出加强我国媒体话语体系建设的现实路径。本研究所探讨的话语体系适合国内还是国外,笔者在研究过程中没有明确区分,认为这是一个普遍存在的问题。国内外新闻传播话语体系建构应具有一致性,因为它们同属于媒体对话,而对话是人类所共同面临的问题。虽然在具体操作上可能存在差异,例如,对于目标国的不同受众,在传播上应该存在差异,但这种差异不应该是本质的差异。

　　本书主要建构新型主流媒体话语体系的宏观结构,并且是首次建构媒体话语体系,因而在研究过程中主要从理论层面进行较为全面而宏观的架构。然而,由于话语体系研究的目的应该从理论转向实践,如何具体深入地探讨话语体系研究的具体问题也是需要关注的问题。因此本书调研组对《人民日报》《湖北日报》《恩施日报》等从中央级到省市的主流报纸进行了问卷调查,通过对具体案例进行文本内容分析,希望对新型主流媒体话语体系的研究能够更加集中和具体。在后续的研究中,笔者将继续完善新型主流媒体的研究类型,并从新型主流媒体话语传播的各个环节入手,最终目标是探索如何建构当下时代和社会所需要的新型主流媒体话语体系。

参考文献

一、中　文

（一）专著

[1] 习近平:《习近平谈治国理政》第三卷,外文出版社 2020 年版。

[2] [美]保罗·莱文森著:《新新媒介》,何道宽译,复旦大学出版社 2013 年版。

[3] [英]诺曼·费尔克拉夫著:《话语与社会变迁》,殷晓蓉译,北京华夏出版社 2003 年版。

[4] [苏联]巴赫金:《巴赫金全集》第一至七卷,钱中文译,河北教育出版社 1998 年版。

[5] [美]马克斯韦尔·麦库姆斯著:《议程设置:大众媒介与舆论》,郭镇之、徐培喜译,北京大学出版社 2008 年版。

[6] [美]韦尔伯·施拉姆:《大众传播媒介与社会发展》,金燕宁等译,华夏出版社 1990 年版。

[7] [荷]托伊恩·梵·迪克著:《作为话语的新闻》,曾庆香译,华夏出版社 2003 年版。

[8] 王佳航:《主流媒体核心竞争力》,中国传媒大学出版社 2010 年版。

[9] 张国庆:《媒体话语权》,中国人民大学出版社 2012 年版。

[10] 石长顺:《融合新闻学导论》,北京大学出版社 2013 年版。

[11] 邵培仁:《媒介舆论学》,中国传媒大学出版社 2009 年版。

[12] 石长顺:《电视话语的重构》,华中科技大学出版社 2010 年版。

[13] 胡春阳:《话语分析:传播研究的新路径》,上海人民出版社 2007 年版。

[14][美]沃尔特·李普曼:《公众舆论》,阎克文、江红译,上海人民出版社 2006 年版。

[15][美]迈克尔·舒德森:《新闻社会学》,徐桂权译,华夏出版社 2010 年版。

[16][美]塞伦·麦克莱:《传媒社会学》,曾静平译,中国传媒大学出版社 2005 年版。

[17]张淑华:《网络民意与公共决策:权利与权力的对话》,复旦大学出版社 2010 年版。

[18][美]丹尼斯·姆贝:《组织中的传播和权力:话语、意识形态和统治》,陈德民译,中国社会科学出版社 1998 年版。

[19][美]戴维·斯沃茨:《文化与权力———布迪厄的社会学》,陶东风译,上海译文出版社 1997 年版。

[20]李欧梵:《现代性的追求》,生活·读书·新知三联书店 2000 年版。

[21]张意:《文化与符号权力》,中国社会科学出版社 2005 年版。

[22]梅兰:《巴赫金哲学美学和文学思想研究》,华中科技大学出版社 2005 年版。

[23]董小英:《再登巴比伦塔:巴赫金与对话理论》,生活·读书·新知三联书店 1994 年版。

[24]程正民:《巴赫金的文化诗学》,北京师范大学出版社 2001 年版。

[25]刘康:《对话的喧声——巴赫金的文化转型理论》,中国人民大学出版社 1995 年版。

[26]丁建新:《叙事的批评话语分析:社会符号学模式》,重庆大学出版社 2007 年版。

[27]喻国明:《传媒影响力》,南方日报出版社 2003 年版。

[28]李智:《国际政治传播:控制与效果》,北京大学出版社 2007 年版。

[29]韩勃、江庆勇:《软实力:中国视角》,人民出版社 2009 年版。

[30][美]迈克尔·波特:《国家竞争优势》,李明轩、邱如美译,华夏出版社 2002 年版。

[31]张国庆:《话语权:美国为什么总是赢得主动》,江苏人民出版社 2011 年版。

［32］［英］詹姆斯·库兰、［美］米切尔·古尔维奇:《大众媒介与社会》,杨击译,华夏出版社 2006 年版。

［33］［法］阿芒·马拉特:《世界传播与文化霸权:思想与战略的历史》,陈卫星译,中央编译出版社 2001 年版。

［34］李希光:《软力量与全球传播》,清华大学出版社 2005 年版。

［35］［英］罗伯特·罗素:《权力论》,靳建国译,东方出版社 1988 年版。

［36］［美］彼得斯:《交流的无奈》,何道宽译,华夏出版社 2004 年版。

［37］［美］马克·波斯特:《第二媒介时代》,范静哗译,南京大学出版社 2001 年版。

［38］［希腊］尼克斯·波朗查斯:《政治权力与社会阶级》,叶林等译,中国社会科学出版社 1982 年版。

［39］［法］皮埃尔·布尔迪厄:《言语意味着什么:语言交换的经济》,褚思真,刘晖译译,商务印书馆 2005 年版。

［40］周宁:《天朝遥远——西方的中国形象研究》,北京大学出版社 2006 年版。

［41］冯宋彻:《多维视域的大众传媒》,中国传媒大学出版社 2009 年版。

［42］江作苏、梁峰:《媒介公信论》,新华出版社 2010 年版。

［43］［英］迈尔斯:《意见与异见:半岛电视台的崛起》,黎瑞刚等译,学林出版社 2006 年版。

［44］汪振城:《当代西方电视批评理论》,中国广播电视出版社 2007 年版。

［45］［澳］克里斯·巴克:《电视、全球化与文化认同》,北京大学出版社 2008 年版。

［46］［美］弗雷德里克·S·西伯特等:《传媒的四种理论》,戴鑫译,中国人民大学出版社 2008 年版。

（二）论文

［1］程曼丽:《信息全球化时代的国际传播》,《国际新闻界》2000 年第 4 期。

［2］郭可:《国际舆论及其对我国的影响》,《新闻与传播研究》2003 年第 3 期。

［3］谢新洲、黄强、田丽：《互联网传播与国际话语权竞争》，《北京联合大学学报（人文社会科学版）》2010 年第 3 期。

［4］吴一敏：《解读西方发达国家的话语霸权》，《南京政治学院学报》2005 年第 3 期。

［5］苏克军：《小国家，大媒体——卡塔尔半岛电视台的成功及其启示》，《青年记者》2001 年第 6 期。

［6］刘斌：《大众媒介：权力的眼睛》，《现代传播》2000 年第 2 期。

［7］李希光、郭晓科：《主流媒体的国际传播力及提升路径》，《重庆社会科学》2012 年第 8 期。

［8］尹韵公：《全力打造新型主流媒体和新型媒体集团》，《新闻与写作》2014 年第 9 期。

［9］舆论引导有效性和影响力研究课题组：《主流媒体与舆论力量：主流媒体判断标准和评价》，《中国记者》2004 年第 1 期。

［10］张殿军：《硬实力、软实力与中国话语权的构建》，《中共福建省委党校学报》2011 年第 7 期。

［11］张春华：《传播力：一个概念的界定与解析》，《求索》2011 年第 11 期。

［12］钱中文：《巴赫金：交往、对话的哲学》，《哲学研究》1998 年第 1 期。

［13］陈丽：《存在的智慧——巴赫金对话理论的深层意义》，《江西教育学院学报》2007 年第 10 期。

［14］祁晓冰：《作为叙事学的对话——论巴赫金的对话理论》，《伊犁师范学院学报》2008 年第 9 期。

［15］金苗：《媒介霸权论：理论溯源、权力构成与现实向度》，《当代传播》2010 年第 5 期。

［16］李友峰：《关于舆论话语权的思考》，《新闻爱好者》2009 年第 11 期。

［17］贺建平：《检视西方媒介权利研究——兼论布尔迪厄权力论》，《西南政法大学学报》2002 年第 5 期。

［18］钱圆铜：《话语权力及主体位置——基于福柯理论的分析》，《西南农业大学学报（社会科学版）》2011 年第 10 期。

［19］强月新、刘莲莲：《对主流媒体传播力公信力影响力关系的思考》，

《新闻战线》2015 年第 5 期。

[20]张屹:《基于增强现实媒介的新闻叙事创新策略探讨》,《国际新闻界》2015 年第 4 期。

[21]郭淑娟:《新闻话语中的意识形态建构》,《当代传播》2011 年第 1 期。

[22]洪名勇、张焕柄:《我国扶贫政策实施的时间连续性及空间差异性研究——基于党报报道数量的分析》,《西北师大学报(社会科学版)》2017 年第 11 期。

[23]刘毅、钟新:《讲好中国"精准扶贫"故事的三个着力点》,《对外传播》2017 年第 9 期。

[24]田园、周宇博:《融媒传播,主流媒体如何讲好故事》,《中国广播》2018 年第 12 期。

[25]金苗:《基于新世界主义的"一带一路"倡议对外话语体系构建路径》,《出版发行研究》2018 年第 11 期。

[26]胡荣涛:《习近平新时代国际话语权建设的结构分析》,《安徽师范大学学报(人文社会科学版)》2019 年第 1 期。

[27]邓绍根、李兴博:《论新时期〈人民日报〉中"新闻规律"的话语呈现及其知识特征》,《现代传播》2018 年第 9 期。

[28]黄楚新、郭海威:《新时代马克思主义新闻观的创新与发展》,《新闻论坛》2018 年第 8 期。

[29]严文霜:《新媒体新闻事件话语传播价值探讨》,《传播力研究》2018 年第 8 期。

[30]侯琰婕:《新闻传播学话语生产与话语权力分析》,《中国报业》2018 年第 1 期。

[31]崔咏梅:《互联网思维下的新型主流媒体建构》,《新闻传播》2018 年第 11 期。

[32]胡凌:《西方主流媒体话语中隐匿的文化霸权》,《管理观察》2018 年第 10 期。

[33]赵博:《主流媒体在国际舆论格局中的话语权构建》,《新闻战线》2018 年第 8 期。

[34]余小月、曹新伟:《融媒视阈下〈人民日报〉的新闻话语嬗变》,《青年记者》2018 年第 7 期。

[35]碎金:《如何抓好县级融媒体中心建设 打造县级新型主流媒体探究》,《新媒体研究》2018 年第 1 期。

[36]强月新、陈星:《主流媒体传播力的理论研究、建设路径及本质思考》,《新闻与写作》2018 年第 11 期。

[37]李良荣、袁鸣徽:《锻造中国新型主流媒体》,《新闻大学》2018 年第 10 期。

[38]武鸿儒:《以提升公信力为己任,加快打造新型主流媒体》,《新闻战线》2019 年第 1 期。

[39]严三九:《中国传统媒体与新兴媒体内容融合发展研究》,《新闻与传播研究》2017 年第 3 期。

[40]时统宇:《新型主流媒体的整装出发——写在中国电视六十年》,《视听界》2018 年第 11 期。

[41]黄杨:《互联网新型主流媒体提升传播力的路径分析——以澎湃新闻为例》,《新闻与写作》2018 年第 11 期。

[42]黄晓军:《新闻文风:话语的重建与社会行动》,《新闻与传播评论》2018 年第 9 期。

[43]李鹏:《受众内化、技术重构与话语阐释——基于社交化媒介传播语境的社会主义核心价值观认同分析》,《中国广播》2019 年第 1 期。

[44]喻国明:《打造新型主流媒体价值范式与影响力的关键——以北京广播电视总台线上直播平台"北京时间"G20 杭州峰会报道为例》,《新闻与写作》2016 年第 10 期。

[45]王开澄:《核心价值观与文化传播中的话语创新——评〈社会主义核心价值观与中国文化国际传播〉》,《传媒》2019 年第 1 期。

[46]向安玲、沈阳、罗茜:《媒体两微一端融合策略研究——基于国内 110 家主流媒体的调查分析》,《现代传播》2016 年第 4 期。

[47]操慧、夏迪鑫:《从文件到新闻:新世纪以来〈人民日报〉五年规划报道的叙事策略》,《新闻界》2017 年第 2 期。

[48]郑雯、李良荣:《中等收入群体在中国网络社会的角色与地位研究》,

《现代传播》2018 年第 1 期。

[49]胡正荣、李继东:《如何构建中国话语权》,《光明日报》2014 年 11 月 17 日。

[50]刘奇葆:《加快推动传统媒体和新兴媒体融合发展》,《人民日报》2014 年 4 月 23 日。

[51]龚立堂:《媒体公信力决定舆论影响力》,《中华新闻报》2007 年 6 月 20 日。

[52]黄慧笃:《国际关系中的话语权研究》,博士学位论文,暨南大学,2009 年。

[53]顾倩:《论巴赫金对话理论中"自我"与"他者"的关系》,硕士学位论文,南京师范大学,2005 年。

二、外　文

[1] Larry A. Samovar, Richard E. Porter, Lisa A. Stefani, *Communication Between Cultures*, 3th edition, Woardsworth Publishing Company, 1998.

[2] Joseph Straubhaar, Robert La Rose, *Media Now : Communications Media in the Information Age*, Wadsworth Publishing, 2002.

[3] Patrick O. Heffernan, *Mass Media and American Foreign Policy*, Ablex Publishing Corperation, 1991.

[4] Samuel P. Huntington, *The Clash of Civilization and the Remaking of World Order*, New York : Simon and Schuster, 1996.

[5] Shenk, D., *Data Smog : Surviving the Information Glut*, New York : Harper Collins, 1997.

[6] Genette, *G. Narrative Discourse*. Trans. Jane E. Lewin. Oxford : Blackwell, 1980.

[7] Bal, Mieke, *Narratology : Introduction to the Theory of Narrative*, Toronto : University of Toronto Press, 2002.

[8] Lauretis, T., *Desire in Narrative. Alice Doesn't : Feminism, Semiotics, Cinema*, Bloomington : Indiana University Press, 1982.

［9］Rimmon－Kenan S., *A Glance Beyond Doubt: Narration, Representation, Subjectivity*, Columbus: Ohio State University Press, 1996.

［10］Rimmon－Kenan S., *Narrative Fiction: Contemporary Poetics*, London: Methuen, 1983.

［11］Phelan J., *Narrative as Rhetoric: Technique, Audiences, Ethics, Ideology*, Columbus: Ohio State University Press, 1996.

［12］Stanzel, Franz K., *A Theory of Narrative*, Cambridge: Cambridge University Press, 1984.

［13］Phelan, J. Reading People, *Reading Plots: Character, Progression, and the Interpretation of Narrative*. Chicago and London: The University of Chicago Press, 1989.

［14］Bal, Mieke, *Narratology: Introduction to the Theory of Narrative*, Toronto: University of Toronto Press, 2002.

［15］Phelan. J, *Reading People, Reading Plots: Character, Progression, and the Interpretation of Narrative*, Chicago and London: The University of Chicago Press, 1989.

［16］Rimmon－Kenan S, *A Glance Beyond Doubt: Narration, Representation, Subjectivity*, Columbus: Ohio State University Press, 1996.

［17］Rimmon－Kenan S, *Narrative Fiction: Contemporary Poectics*, London: Methuen, 1983.

［18］Phelan. J, *Narrative as Rhetoric: Technique, Audiences*, Ethics Ideology, Columbus: Ohio State University Press, 1996.

［19］Stanzel Franz K, *A Theory of Narrative*, Cambridge: Cambridge University Press, 1984.

［20］Akihiko Tanaka, "Issues for Japan's East Asian Diplomacy", *Japan Review of International Affairs*.

［21］Bernard Cecil Cohen, *The Press and Foreign Police*, Princeton University Press, 1963.

［22］Bruce Lannes Smith, Harold D. Lasswell, Ralph D. Casey, Propaganda, *Communication and Public Opinon*, Princeton University Press, 1946.

[23] Daya Kishan Thusuu, *Intenational Communication: Continuity and Change*, London: Arnold , 2000.

[24] Verett M. Rogers, "Technology Diffusion and the Global Village", in Kwadwo Ankwa, Carlyn A. Lin, Michael B. Salwen, *Concepts and Cases of International Communication*, Wadsworth Dublishing, 2003.

[25] Howard H. Frederick, *Global communication and International Relations*, Wadsworth Publishing Company, CA, 1993.

[26] John Anthony Maltese, *Spin Control: The White House Office of Communications and the Management of Presidential News*, 2nd ed., The University of North Carolina Press, 1994.

[27] Joseph S. Nye, Jr., Willims A. Owens, "America's Information Edge", *Foreign Affairs*, Vol.75, No.2(Mar−Apr.; 1996), pp.20−36.

附　件

附件一　《湖北日报》"大江奔流"报道话语
文本内容分析

媒体是先有话语传播的呈现然后才有话语影响,是通过话语传播呈现之后才达成其话语影响力的实现,为完整体现媒体话语影响力的呈现要素,在对《湖北日报》进行问卷调查分析的同时,选取一组该媒体典型报道从话语内容分析框架视角进行分析,试图通过二者的结合对《湖北日报》的话语影响力进行研究。笔者将以《湖北日报》对"大江奔流"(2018 年 7 月 20 日—8 月 30日)的系列报道为例,采用费尔克拉夫批评话语分析方法以及福柯、梵·迪克等话语分析法对此次报道进行分析,进而为《湖北日报》话语影响力调研分析提供案例佐证。

一、案例简介

"大江奔流——来自长江经济带的报道"(以下简称"大江奔流"),是由中宣部组织的一次大型主题采访活动。该活动于 2018 年 7 月 20 日在云南省丽江市玉龙县龙蟠乡金沙江畔正式启动,活动以深入宣传贯彻习近平总书记深入推动长江经济带发展的重要战略思想为主线,采取水陆结合、行进式报道形式,历时 20 余天,采访线路覆盖长江经济带沿线云南、贵州、四川、重庆、湖北、湖南、江西、安徽、江苏、浙江、上海 11 个省市。

《人民日报》、新华社、中央广播电视总台、《中国日报》等 10 家中央级媒体和长江经济带沿线 11 个省市主流媒体的 140 余名记者共同参与此次主题采访活动,全景展现长江经济带各区域的经济社会发展变化。《湖北日报》作为此次报道的湖北省唯一报纸媒体,全程参与采访,并通过报微网端等平台,以文字、图片、视频、直播等形式,生动展现长江经济带沿线人民"生态优先、绿色发展"的故事,共同谱写新时代长江之歌。

二、《湖北日报》对"大江奔流"报道的统计分析

《湖北日报》对"大江奔流"的报道方式涵盖纸质版和新媒体版两个方面。7月31日至8月7日,《湖北日报》纸质版对"大江奔流"报道天数为8天,报道数量为33条。《湖北日报》新媒体版对大江奔流专题的报道平台,包括其官方微博、官方网站以及客户端,报道天数为29天,报道数量为319条。《湖北日报》在其客户端上对"大江奔流"的报道最多,在官方网站上发布的报道次之,在官方微博上发布的报道最少。下图为对《湖北日报》纸质版和新媒体版关于"大江奔流"报道的新闻数量进行统计:

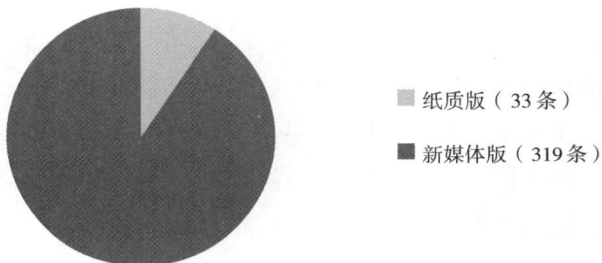

■ 纸质版（33条）

■ 新媒体版（319条）

附图1 新闻数量对比图

从附图1中,可以直观地发现,在此次关于"大江奔流"报道过程中,《湖北日报》新媒体版的报道力度远远大于《湖北日报》纸质版的报道力度,新媒体版在此次报道中发挥出较大传播作用。由此可见,《湖北日报》作为主流媒体,积极融合新媒体并运用新媒体手段服务于新闻宣传,在系列新闻报道中,新媒体版是主要报道窗口,新媒体在新闻报道中占据的地位日益重要。

三、《湖北日报》"大江奔流"报道的话语文本内容分析

费尔克拉夫在《话语与社会变迁》一书中,将话语分析归纳为三个维度:文本分析、话语实践分析和社会实践分析,并在三个维度的基础上提出话语分析的三个层次:一是"描述"（describe）,二是"阐释"（interpret）,三是"解释"（explain）。这三个步骤由表及里、层层递进,从文本描述到话语阐释再到功能解释。下面将分别从这三个维度对《湖北日报》"大江奔流"报道案例进行话语文本内容分析。

（一）文本分析维度

在费尔克拉夫的三维分析框架中，文本分析既包括词汇、语法、连贯性和文本结构等方面，也包括话语风格、话语技巧、话语文本等角度。其中，词汇分析主要涉及个体语词，语法分析涉及语句与语词，包括及物性、语态等方面，语言风格、技巧等则关注语言本身。本部分以《湖北日报》"大江奔流"系列报道为样本，分析在这一系列报道过程中《湖北日报》的话语风格、话语技巧，勾勒出报道所关注的重点。

第一，话语风格：盛赞、善讲、展望。不同的文章有不一样的话语风格，精彩的话语风格能够为话语文本内容增加别样的色彩。在《湖北日报》此次对"大江奔流"的相关报道中，许多文章的话语风格值得我们细细品味。笔者将从以下三方面来分析其话语风格：

首先，盛赞地区发展。《湖北日报》非常善于发掘区域特色，并在所刊登的文章中传播这些区域特色，从而迅速与受众产生共鸣。2018年8月2日，《湖北日报》纸质版刊登了一篇题为《"退一步"水清岸绿——宜昌全面关停临江化工企业观察》的文章，文章中有以下表述：

……

炎炎夏日，兴发集团宜昌新材料产业园一批转型升级项目正加紧施工。放眼望去，临江一公里范围内的厂房早已拆除，取而代之的是近千米的滨江绿地，漫步其中，宛如公园。

兴发集团的转型发展是湖北宜昌求解"化工围江"困局的缩影。2017年以来，宜昌市已累计依法关停25家化工企业，这其中，不少企业产值过亿元，利税过千万元。

在该报道中，作者对兴发集团的转型发展给予了高度的赞誉，如"漫步其中，宛如公园"、"累计依法关停25家化工企业"等表述，从中可以感受到兴发集团的转型发展是正确的，是值得大众认可的。

除上述文章之外，《湖北日报》还刊登了诸多盛赞湖北长江沿线地区发展的报道，如2018年8月1日官方网站刊登的文章《外资扎堆助推荆州产业转型升级》、2018年8月5日《湖北日报》纸质版刊登的文章《"治不好"的黑水是如何变清的？》等。

其次，善讲特色故事。"讲故事"是一种极具表达特色的传播方式，"讲故事"的写作手法能够将受众带入新闻现场,使大众身临其境,同时也能牢牢吸引受众的阅读兴趣。《湖北日报》"讲故事"的话语风格贯穿于"大江奔流"的系列报道。如在 2018 年 8 月 1 日,《湖北日报》纸质版刊登了一篇题为《中部"绿心"咸宁的破与立》的文章,文章片段如下:

> 天更蓝、山更青、水更绿了! 一份最新出炉的数据,印证了咸宁市民的感觉:今年上半年,咸宁市城区空气质量优良率 83.8%,同比提高 12.3%;PM10 和 PM2.5 浓度均值同比分别下降 18.3%、25.9%。
>
> 这是咸宁在长江大保护中交出的不俗答卷。
>
> 刚柔并济 保护碧水蓝天
>
> 从通山县燕厦乡码头进入富水湖,远山如黛、湖面开阔,令人心旷神怡。乡政府工作人员介绍,以前的富水湖网箱密布,航道十分狭窄,行船时必须十分小心。
>
> 富水湖沿湖 5 个乡镇,5 万多人临湖而居。自 2016 年底开始,通山县委、县政府按上级统一部署,拆除围网,为富水湖松绑。为了补偿渔民损失,该县自筹资金 8000 万元进行奖补,拆除 4.6 万口网箱;同时对富水湖沿岸 35 家涉水排污企业进行整治,规范了排污行为。拆网期间,约 200 万斤鳡鱼滞销,经本报新媒体报道后,咸宁市委主要领导在微信中转发求助,各地爱心人士伸出援助之手,最大限度地挽回了渔民损失。
>
> 沿着嘉鱼县长江岸线驱车,被拆除的码头已全部平整植树种草,绿意盎然。

从以上片段中可以看出,文章内容大致分为两个板块,一为"刚柔并济 保护碧水蓝天",二为"破旧立新 咬定绿色发展"。"刚柔并济 保护碧水蓝天"部分讲述了富水湖的巨大变化、嘉鱼县长江段码头的发展以及咸宁市工业园区环保基础设施的完善等内容,采用"5 个乡镇""5 万多人""8000 万元""4.6 万口""2000 万吨"等数据内容,呈现了该地区是如何保护碧水蓝天的故事。

最后,展望美好未来。《湖北日报》在"大江奔流"的系列报道中,刊发了许多对未来充满期待的文章。2018 年 8 月 1 日,《湖北日报》纸质版刊登了一篇题为《跑遍千山万水 想出千方百计 历经千辛万苦 外资扎堆助推荆州

产业转型升级》的文章,该文章中有以下表述:

> 7月21日,省第四环保督察组进驻荆州市。作为全省长江岸线最长、河流湖泊最多的地区,荆州环保压力巨大,尤其是荆州开发区这个全市工业发展的主战场,成为此次环保督察的重点。为实现高质量发展,荆州开发区一直在努力推动产业转型升级,确保一江清水向东流。

> 7月27日,荆州市固定资产投资现场会在荆州开发区举行。与会者发现,荆州开发区产业结构调整初见成效,越来越多的外资企业落户荆州,而且速度明显加快——2015年,1家;2016年,2家;2017年,3家;2018年,6家。荆州开发区管委会副主任陈明宇说,这些外资项目质量高,能有效提升产业聚集度,助推荆州经济结构调整。

> "隐性冠军"相约而至

> ……

> 陈明宇说,改革开放40年来,近几年外资落户企业数量超过了前30年的总和,充分说明荆州对外开放程度越来越高。

> 不仅新招商外资落户越来越多,已经投产的外资企业还纷纷追加投资:

> ……

> 为什么越来越多的外资企业会选择荆州?为什么已经落户的外资企业会继续追加投资?菲利普·德奎尔称,经过多方比较,公司最终选择荆州,主要看中荆州突出的区位优势、完整的汽车零部件产业链条。

> ……

从上述文章内容中,可以获取许多关于"展望美好未来"的信息,如"荆州开发区管委会副主任陈明宇说,这些外资项目质量高,能有效提升产业聚集度,助推荆州经济结构调整"、"'隐形冠军'相约而至"以及"菲利普·德奎克看中荆州突出的区位优势、完整的汽车零部件产业链条"等表述。《湖北日报》这种展望美好未来的话语风格,一方面提升了相关地区、产业的优势形象,另一方面也营造出"未来将会更好"的社会氛围,这种氛围在一定程度上将会成为今后社会快速发展的"催化剂"。

第二,话语技巧:客观、幽默、对仗。新闻作品是新闻工作者建构新闻事实的产物,《湖北日报》对"大江奔流"的系列报道是向受众传播"大江奔流"相关新闻事实的有效途径。通过对此次报道内容的分析,其话语技巧具有三个主要特点,即客观的新闻报道、幽默的文字叙述和对仗的文字技巧。

首先,客观的新闻报道。新闻报道的客观性要求记者以客观、真实、准确的态度去报道事实,挖掘事情的真相,把事实的原貌展现在读者面前。《湖北日报》此次对"大江奔流"的报道是客观真实的报道,这种客观性体现在每一篇文章之中。如2018年8月3日,《湖北日报》纸质版刊登了一篇题为《倒口窑心滩的变迁》的文章,部分内容如下:

"在倒口窑心滩,我们把10多年研发的一些新工艺、新材料都用上了,工艺结构达20余种,被誉为长江航道整治工艺结构的'博物馆'。"长江航道局长江航道整治中心负责人何传金说,施工过程中,他们特别注重利用绿色环保新技术,重建滩上植被,为生态修复构建了良好环境。

在倒口窑心滩守护工程实施过程中,长江航道局一方面同步进行生态修复,及时弥补对环境造成的影响;另一方面,以全新的航道整治理念尽可能减轻工程对生态环境的破坏。

倒口窑心滩的变迁是长江中游荆江河段航道整治工程释放生态效益的一个缩影。2015年12月,随着荆江河段航道整治工程的竣工,长江中游大型船舶的通过能力得到极大提升,中游"肠梗阻"初步打通。同时,荆江生态保护也晒出了一份亮眼的成绩单:这一工程共修复陆生、水生环境218万平方米,该河段分布的3个国家级保护区内的江豚、麋鹿数量都在增加,"四大家鱼"产卵场稳定。

"绿色是长江航运的底色。"长江航务管理局局长唐冠军说,通过绿色航道建设,目前长江中下游共实施生态护岸37处,绿化岸线近100公里,总面积达360万平方米。

"从现在的情况看,再过5到10年,倒口窑心滩很可能会变成一个湿地公园。随着长江绿色航道建设的持续发展,一个个类似的航道整治项目,将形成一个又一个湿地公园,让长江黄金水道绿色发展。"何传金说。

文章虽然没有配备相关的图片,但是从作者的描述中,大致可以了解"倒口窑心滩"从黄沙漫天、寸草不生的沙洲转变为一片绿洲的过程。作者以客观事实为依据对"倒口窑心滩"的转变过程及具体细节展开描写,将真实的情况呈现给大众,其中所引用的话语都是来自相关人物的口述,如长江航务管理局局长唐冠军说"绿色是长江航运的底色"、何传金说"随着长江绿色航道建设的持续发展,一个个类似的航道整治项目,将形成一个又一个湿地公园,让长江黄金水道绿色发展"等,其新闻报道的客观性无可置疑。

其次,幽默的文字叙述。在新闻报道中,幽默的话语技巧能够为新闻报道增添许多意味深长的趣味,同时也能引发读者的阅读兴趣,从而达到较好的传播效果。在《湖北日报》对"大江奔流"的报道中,不乏幽默趣味。如2018年8月8日,湖北日报官方网站(荆楚网)刊登了一篇转载自《人民日报》的文章,题为《三峡义工,守护绿色长堤(现场评论·我在长江·大江奔流——来自长江经济带的报道)》,文章中有以下表述:

在湖北宜昌,见到"三峡蚁工"李双喜前,一直在想"蚁工"与三峡是如何产生联系的? 见到李双喜后才知,他是以江堤边的蚂蚁自喻,要用力筑牢绿色发展的长堤。他说,单个蚂蚁力量虽小,抱团却有无穷之力。

三峡蚁工,其实是三峡义工。"受人启发,也是想给母亲河做点事。"两年多前,发型师李双喜开始在江边打着手电捡垃圾。冬天江风冷冰冰,夏天垃圾臭烘烘,家人不能理解,旁人觉得作秀。何况,江水滔滔而来,垃圾源源不断,就凭你,捡得完?"一个人在江边捡垃圾最窘",最初的窘迫还有些不堪回首。丢垃圾的人理直气壮,捡垃圾的倒变得不好意思,要改变江水,先得改变观念。

言传不如身教,在李双喜的努力下,朋友圈大起来。从第一个加入的陌生人,到后来几百人的微信群,他成了"喜哥"。只要是节假日,都雷打不动"出工"。喜哥的活动已不用打广告了,甚至江边跑步的人也会停下加入他们。这样的坚持,本身就是最好的广告。大家都有一份心,有人带头,就有人云集响应,这是公益的逻辑。从2015年11月3日起,三峡蚁工喜哥在长江边捡了450多次垃圾,微信好友从600人增长到了3010人,他捡了700吨垃圾,"捡来"2000多位朋友。

"冷冰冰"和"臭烘烘"属于"ABB"型形容词,文中"冬天江风冷冰冰,夏天垃圾臭烘烘"富有幽默表现手法,生动表现出李双喜打着手电捡垃圾的工作环境,为下文做了铺垫。"丢垃圾的人理直气壮,捡垃圾的倒变得不好意思",其中"丢垃圾"与"捡垃圾"形成对比,"理直气壮"与"不好意思"形成对比,将这两种对比放在一起,为文章的表述增添了一种幽默的小趣味。这些生动形象的描写,一方面增加了文章的趣味性,抓住了读者的眼球;另一方面,在一定程度上塑造了"三峡义工"李双喜"蚁工"的形象,使人物形象更加传神。

最后,对仗的文字技巧。在新闻报道中,对仗的话语技巧有助于提升文章的整体格调,有助于吸引读者的阅读兴趣。在此次对"大江奔流"报道的过程中,有许多文章采用了小标题式的对仗技巧,如 2018 年 8 月 1 日,《湖北日报》纸质版刊登了一篇题为《中部"绿心"咸宁的破与立》的文章,部分内容如下:

> ……
>
> 这是咸宁在长江大保护中交出的不俗答案。
>
> 刚柔并济　保护碧水蓝天
>
> 从通山县燕厦乡码头进入富水湖,远山如黛、湖面开阔,令人心旷神怡。乡政府工作人员介绍,以前的富水湖网箱密布,航道十分狭窄,行船时必须十分小心。
>
> ……
>
> 破旧立新　咬定绿色发展
>
> 咸宁是全国知名的楠竹之乡。数据显示,2017 年,该市完成新造竹林面积 12 万余亩,竹林基地、园区面积超过 165 万亩,立竹总量达 3 亿根。

文章中有两个小标题,即"刚柔并济　保护碧水蓝天"和"破旧立新　咬定绿色发展",这两个小标题在文章形式和内容上都形成了对仗。从形式上来说,这两个标题位于整篇文章的主要部分,贯穿文章始终,且二者字数相同,皆为 10 个字。从内容上来讲,"刚柔并济"与"破旧立新"形成对仗,"保护碧水蓝天"和"咬定绿色发展"形成对仗,共同服务于《中部"绿心"咸宁的破与立》这一文章主题。文章通过运用对仗小标题的方式,通过寥寥数语便将文章的中心思想提炼出来,紧扣文章主旨:"环境保护",赞美了咸宁市的发展,达到了较好的传播效果。

第三,话语文本:美图、美文、美版。《湖北日报》作为湖北唯一报纸媒体全程参与对"大江奔流"的采访,并通过报微网端等平台,以文字、图片、视频、直播等形式,生动展现出长江经济带沿线"生态优先、绿色发展"的风貌。我们认为,《湖北日报》此次对"大江奔流"的报道有"三美":一为美图,二为美文,三为美版,且此"三美"贯穿于《湖北日报》纸质版与新媒体版。

首先,吸人眼球的美图。"爱美之心,人皆有之",在新闻报道中,通过刊登一张内容丰富的新闻图片可以传达出很多引人深思的韵味。一张吸人眼球的新闻图片,在达到吸引读者阅读兴趣效果的同时,还可以传递与该图片相关新闻故事的内容。在此次对"大江奔流"报道的过程中,《湖北日报》纸质版便刊登有这样的美图。如2018年8月1日,《湖北日报》纸质版刊登有一篇题为《坐"电梯"下降84米　竖立的硬币纹丝不动　50分钟过闸:见证大国利器》的文章,在该文章中附有一张图片(见附图2所示)。

坐"电梯"下降84米 竖立的硬币纹丝不动

50分钟过闸:见证大国利器

湖北日报全媒记者 雷闯

7月31日,游轮在三峡大坝上游缓慢驶入升船机。当天,大江奔流采访团探访三峡大坝,乘坐游轮通过三峡升船机,翻越三峡大坝。

附图2　《湖北日报》纸质版截图:《50分钟过闸:见证大国利器》

可以看到,该图片干净、整洁、曝光准确、构图完美、内容丰富、色彩低调而不失大气,照片主题准确,把游轮驶入升船机,即将翻越三峡大坝的现场场景展现给读者,充分表现出"大国利器"之神韵,使读者在一饱眼福的同时,见证了"大国利器",这也在一定程度上增加了民族自信心和民族自豪感。

其次,内蕴丰富的美文。好的新闻报道也可以称之为"美文",《湖北日报》在此次"大江奔流"报道的过程中不乏"美文"。如2018年8月1日,《湖北日报》纸质版刊登了一篇题为《作别渔歌唱晚　流淌一江琴音》的文章。

作别渔歌唱晚　流淌一江琴音

湖北日报全媒记者 吴擒虎

魅力宜昌　琴音流淌

伴着舒缓悠扬的琴声,采访团走进柏斯音乐集团。

来到钢琴生产车间,选材、制作、安装、调音等环节,都吸引着记者们的目光,有的记者还在工人指导下,好奇地拿起生产工具亲手一试。

"叹为观止!大开眼界!"人民日报记者范昊天、叶子感慨道,没想到一台钢琴的产生,需要经过那么多道工序,包含8000多个零件。原以为是机械化生产,没想到主要是人工操作,有的员工从事整音十几年。这让我看到了宝贵的工匠精神。

柏斯音乐集团位居世界钢琴企业前三强,其研发的"长江"钢琴,行销全球40多个国家和地区,世界每七台钢琴,就有一台"宜昌造"。听到介绍,中国新闻社记者王庆凯直言:"太令人震撼了!"

央广记者刘军关注着文化的保护与传承。听说柏斯集团正与教育部合作,研发钢琴教学软件,为九年义务教育开发钢琴配套教学曲目,他激动地说:"文化必须要有群众基础,只有来源于生活,才有生命力。这是让钢琴文化扎根生活的良好探索。"

还没出车间,中国国际广播电台记者费青朵录制的音频节目,已上传脸书。

她说:"我们将用多国语言,讲述'中国钢琴之城'宜昌的故事。"

生态文化　成风化人

摄影"发烧友"扎堆听培训,诗歌爱好者在诗社赛诗,健身爱好者相聚练瑜伽……采访团来到宜昌西陵区石板溪社区,但见居民载歌载舞,生活好不惬意。

吟诗的古稀老人吸引了人民日报记者何鼎鼎的眼球:"你们有写过和长江大保护有关的诗吗?"

西陵区诗词学会会长刘兆奎当即亮出自己的《西坝眩歌(三首)》。其中,《西坝旧渔歌》写的是过去的渔业盛景:日暮霞烟抱小洲,摇桨撒网自寻悠。今年1月起,为保护中华鲟,宜昌城区江段禁渔,渔歌唱晚的场景淡出人们视线。刘兆奎又作诗:渔人少得舷歌唱,万吨盟船破浪讴。

石板溪社区书记王琳琳向记者们介绍说,社区利用一楼架空层,兴建了党建、摄影、婚姻、健康、科普5个文化长廊,引导居民发形成了10个文化社团,宣传长江大保护政策和绿色生活小知识。

谈起感受,江西广播电视台记者张国辉说:"宜昌文化厚重,市民又自发形成'三峡蚁工'等多个志愿组织,保护长江从我做起。在这里,我看到了幸福!"

附图3　《湖北日报》纸质版截图:《作别渔歌唱晚　流淌一江琴音》

从文章的标题"作别渔歌唱晚　流淌一江琴音"中,就能感受到沁人心脾的意境,"作别""渔歌唱晚""流淌""一江琴音",标题虽只有短短的12个字,传达给读者的是作别的动听渔歌和流淌了一江的久久江音。在文章中,有两个小标题,一为:魅力宜昌,二为:生态文化　成风化人。从第一个小标题中,可以感受到宜昌的琴音魅力,从第二个小标题中,可以领略到宜昌"生态文化"与"人"的关系,同时也感受到宜昌文化之厚重。

最后,赏心悦目的美版。一个好的版面,其关键在于图文的合理搭配以及图文与留白部分的搭配能符合读者的审美需求,这取决于读者在该版面所驻足时间较长,以及读者阅读完该版面后是否产生了“愉悦性”。《湖北日报》此次在对“大江奔流”报道的过程中,制作了诸多令人赏心悦目的版面。如 2018 年 8 月 5 日,《湖北日报》纸质版第 4 版《大江奔流》达到了“美版”的效果:

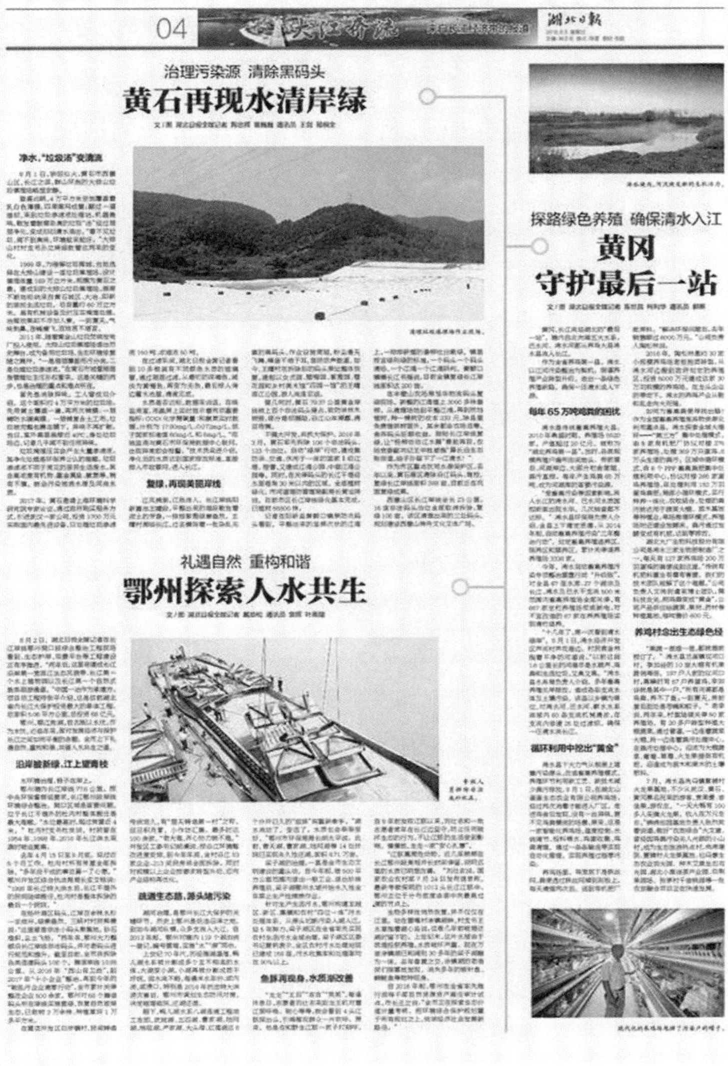

04 大江奔流

湖北日报

治理污染源 清除黑码头

黄石再现水清岸绿

探路绿色养殖 确保清水入江

黄冈守护最后一站

礼遇自然 重构和谐

鄂州探索人水共生

附图 4 《湖北日报》纸质版 2018 年 8 月 5 日 04 版截图

“对称美”是中国传统美学中美的一种表现形式,对称的事物能够给人一种“安静”的严肃感。在附图 4 中,可以看到三篇新闻报道和四张新闻照片,其中三篇新闻报道呈"品"字形排列,"品",三人口,在中国传统表达中,有"三人为众"的意思,将三篇新闻报道呈"品"字形排列,寓意 8 月 5 日《湖北日报》对"大江奔流"的新闻报道选材的精炼,仅通过三篇报道便能展现当日的报道内容。四张新闻照片则以《鄂州探索人水共生》的文章标题为对称轴,使报纸版面大致呈上下对称之状态,蕴含着平衡、稳定之美,在无形之中给读者营造出一种安静、祥和的阅读氛围。此外,该版面的留白部分极为恰当,整体浏览该版面,能够看出文、图、留白三者比例安排非常合理,并共同构成了一幅美丽的画卷。

(二)话语实践向度

费尔克拉夫则认为话语实践维度包括话语生产、话语分配和话语消费过程,这一过程受到特定时期政治、经济、文化等因素的影响,此外费尔克拉夫还认为话语实践层面最重要的是互文性,它贯穿于话语生产、分配和消费的各个环节。因此,本部分将从话语语境、话语的互文性以及话语的互动等多个维度对《湖北日报》"大江奔流"系列报道进行话语分析。

第一,话语语境。语境即语言环境,梵·迪克曾指出,话语意义的生产离不开特定的语境,因此对语境的分析是话语分析的关键环节。当前我国现实语境与网络语境的复杂化,导致主流话语在其传播过程中容易忽视话语语境与话语内容的耦合适应关系,从而弱化主流话语的说服力、渗透力和感染力。因此在进行微观范畴的话语分析时,必须深入文本内部,并对此进行探讨,以实现对文本的深度认知和对宏观话语分析的补充。本部分将从现实语境以及传播语境等维度对《湖北日报》"大江奔流"系列报道的话语语境进行研究,试图通过对文本的挖掘深入探讨新闻文本如何提升话语影响力,以更好地服务于受众。

首先,现实语境的纷杂多样。2018 年 4 月 26 日,习近平总书记《在深入推动长江经济带发展座谈会上的讲话》中强调,"推动长江经济带发展是党中央作出的重大决策,是关系国家发展全局的重大战略"①。中宣部为深入贯彻习近平总书记相关指示精神,组织了此次大型主题采访活动,即"大江奔流——来自长江经济带的报道"。而《湖北日报》作为湖北省的重要主流媒

---

① 习近平:《在深入推动长江经济带发展座谈会上的讲话》,《求是》2019 年第 17 期。

体,也通过纸质版和新媒体版进行全程新闻报道,并将习近平总书记的战略思想贯彻落实到每一篇新闻报道中。比如,题为《一片热土,新动能澎湃激越》《阳逻港,"黄金水道"新作为》的文章分别介绍了武汉光谷以及阳逻港,详细讲述了两者在促进湖北经济发展中的作用,而这两篇报道的刊登,在一定程度上也能够为中国光谷和阳逻港带来发展机遇,从而促进其经济发展。除此之外,《湖北日报》还借助此次机会,对宜昌、恩施等地进行了推介,对于推动当地的经济发展以及提升城市的知名度等方面具有一定的积极作用。总之,主流思想和经济发展是现实语境的重要组成因素,正是因为现实语境的复杂性,所以《湖北日报》开展此次系列报道具有重要意义。

其次,传播语境的迫切需要。语境在广义上是指传受双方所处的整体文化环境,在主流媒体话语传播过程中,新闻话语之所以占据主导地位,是由新闻的重要特征决定的。新闻是新近发生的事实的传播,真实、新鲜、及时、准确是其重要特征,这也决定了新闻记者需要使用简洁的语言,快速采写、及时传递,满足受众的知情权。而党的新闻舆论工作也要求党的路线、方针、政策等迅速同受众见面,新闻话语自然也需要快捷、易懂。"大江奔流"系列报道从某种程度而言是为了更好地传递党的路线、方针、政策,需要采取高质量、高效率的报道方式,将党的路线、方针、政策等寓于新闻报道文本中,从多个维度进行信息的宣传与解读。

第二,话语互文性。互文性理论最早在19世纪60年代由法国符号学家克里斯蒂娃提出,她认为任何语篇都是对其他语篇的吸收与再创。这一概念的关键在于任何文本与其他文本都有交汇点,都是对其他文本的重读与更新。克里斯蒂娃根据语篇的关系将互文性分为垂直互文性以及水平互文性两种,本部分将从文章标题入手分析《湖北日报》"大江奔流"系列报道的互文性特征。

首先是垂直互文性。《湖北日报》在此系列报道中,在新闻标题上除了采取单一的正标题表达形式外,有时还通过添加引题、副题或在其后补充副标题等多种表达方式。新闻标题的垂直互文性表达可体现在正标题、引题或副标题之间。如:

例1:《大浪淘沙　听动能澎湃(大江奔流——来自长江经济带的报道)》

例2:《轻舟正过万重山——深入推动长江经济带发展述评》

例3:《鸟飞鱼跃 清新崇明(大江奔流——来自长江经济带的报道)》

例4:《运河繁华在 扬州韵味长(大江奔流——来自长江经济带的报道)》

例5:《醒脑！听习近平讲长江经济带这几个"故事"》

上述标题的话语互文性主要侧重于通过对成语和诗句的引用或对谚语、习语的仿拟,来引发受众对于其他语篇的联想,以此来进一步理解当前语篇的具体含义。例1中的"大浪淘沙"与成语互文,引发受众的互文回忆,即"大浪淘沙沉者为金",并在括号内容的解释说明过程中产生对长江经济带的语境联想,有助于受众理解主题的含义。"大浪淘沙"是指经过选择而筛选出来的优良物品,出自粟裕的《激流归大海》一文,在例1中,作者主要讲述的是长江经济带的产业升级状况。记者通过成语引发受众思考,进而加深受众理解。例2引用李白的诗句,让受众联想起"李白朝辞白帝,夕至江陵,在行进途中领悟山水的壮观以及诗人遇赦的高兴",再由副标题隐含主标题的意蕴,即政府的改革正高速向前推进,长江经济带的城市发展也正向着高质量迈进,受众完全可以相信政府的能力与决策,满怀希望见证改革开放四十年的沧桑巨变。而例3中的"鸟飞鱼阔"正是"天高任鸟飞,海阔凭鱼跃"的缩写,形象生动地说明了我国在生态改革中所取得的优良成效,增强了受众的信心。

其次是水平互文性。水平互文性主要指某语篇与另一语篇的跨空间互文,并在两者间形成动态互文链。新闻标题的互文既可以与本篇互文,还可以指向语篇之外。例如:

例1:【大江奔流——来自长江经济带的报道】新华日报记者深情回眸11省市"漂流"记

例2:今年4月10日,满载2万吨铁矿砂的"江海直达1号",从浙江舟山港域出发,直达安徽马鞍山港。

例3:"大江奔流——来自长江经济带的报道"采访报道活动目前来到了上海。上海是长三角的龙头,长三角地区包括上海、江苏、浙江和安徽三省一市,是长江经济带中最发达的区域,现在这一区域正在发生优势组合的化学反应,向着高质量一体化发展,这也给生活在这里的人们带来了新变化。

例 4：【大江奔流——来自长江经济带的报道】舟山：江海联运货畅
其流

例 1 的标题直抒胸臆,其中标题中的"漂流"在本语篇中指向记者"走遍"
长江经济带的诸多地区的过程。记者采用形象的手法将标题与文本的具体内
容形成互文关系,而标题中的 11 个省市在文本语篇中则具化为湖北、湖南、重
庆等各具特色的城市群,两者之间也形成了互文。例 4 标题中的江海联运,在
受众看来似乎是对舟山种种有力举措的总结,标题与文本具体内容形成互文
关系。但当受众结合系列文本仔细观察,便有可能发现该标题的互文指涉并
非局限于文本之内,还指向文本之外。例 2、例 3 分别摘选自《打造成色更纯
的"黄金水道"》以及《地缘相近　人缘相亲　长三角地区的新生活》,在这两
篇文章中,文章的立意、着眼均有所不同,但也存在着联系,这两篇文章不仅对
上海有所描述,还对舟山也有介绍。因此可以在一定程度上将例 3 的文本语
篇视作其他文本的具体阐释,基于此,例 3 的文本互文就不仅仅指文本具体内
容相互文,还与其他文本之间也形成互文关系。

第三,话语互动。在话语意义生产过程中,受众可以对话语主体所传递的
信息持同意、反对或者协商的态度,当受众积极表达意见,与话语主体展开互
动,话语意义便会在互动中产生。话语意义的产生除了源于受众与话语主体
的互动,也是不同媒介之间互动的结果。因此本部分笔者将以《湖北日报》
"大江奔流"系列报道为例,探究媒体与媒体、媒体与受众之间是如何互动并
生产话语意义的。

首先是媒体之间的互动。"大江奔流"系列报道全称为"大江奔流——来
自长江经济带的报道"主题采访活动,此次采访活动是由中宣部组织的,以新
华社、《人民日报》等多家中央级主流媒体和沿长江经济带的十余个省份的百
名记者为主体,深入长江沿线城市所开展的报道。因此,在此次系列报道中必
然存在着不同媒体之间的相互协作与配合,以《湖北日报》官方网站(荆楚网)
为例进行简单分析,发现荆楚网从 7 月 20 日首发报道开始,在接下来的一个
月时间内先后转发和原创共 115 篇报道,其中原创 39 篇,转发 76 篇,而在转
发的报道中,《人民日报》多达 51 篇,新华社有 20 篇。荆楚网通过转发的方
式加强与《人民日报》等中央级媒体的互动,从多维度对长江经济带沿线城市

进行细致、全面的报道,将习近平总书记的系列讲话精神落实到具体的新闻报道中。《湖北日报》在与《人民日报》等为代表的中央级媒体的互动过程中,也生产了相应的话语意义,体现出媒体的价值与立场。

其次是传受之间的互动。当今随着传播技术的进步以及手段的更新,以互联网为代表的新媒体技术使得传统意义层面的受众与传者之间的界限不再明确区分,信息在接受的同时也可以完成信息的传递,传者与受众的身份能在瞬间完成转换,这就意味着受众不再是简单的信息接受者,而是信息的传播者,受众可以借助各种媒介平台,积极与媒体互动并表达自身意见。在《湖北日报》"大江奔流"系列报道中,受众也积极参与其中,主要体现在以微博、微信等为代表的新媒体传播过程中。例如:

例1:国家级长江新区尤为重要,长江经济带国家战略

例2:生态是保护了,不搞开发,如何发展经济?

以"湖北:舍得眼前绿"这条微博为例,上述两则案例分别是《湖北日报》这条微博下网友的留言。受众在阅读相关微博后,有着不同的观点,其中例1表达了对政府工作的支持与赞赏,对国家政策的认同,而例2的受众则持有怀疑态度,认为虽然保护了生态,但同时存在着发展问题。受众借助微博平台讨论国家政策与社会发展,与媒体积极进行互动,虽然观点略有差异,但是可以肯定的是,无论何种观点都是受众意见的切实表达,对于国家和社会的现代化建设都大有裨益。因此受众借助媒体平台与媒体互动,与其他受众互动,在诸多互动过程中统一着价值认同,生产着价值意义。

(三)社会实践向度

诺曼·费尔克拉夫认为话语不仅反映社会关系,而且还建构社会关系。换言之,他所提出的话语分析的社会实践向度,不仅要求包含政治、经济、文化以及意识形态等众多社会实践,而且还要求将话语文本与社会变迁相结合。新闻话语、广告话语以及大众话语被学者统称为媒体话语,虽然他们的话语模式不尽相同,但是都体现出新闻传播者对于社会实践的认知与互动,而这种认知与互动主要通过议程设置、主题建构以及价值展示等方式得以体现。因此本部分将从议程设置、主题建构以及价值展示三方面分析《湖北日报》媒体话语的建构以及对社会实践所产生的作用。

第一,议程设置:多元性(刊、网、微、端)。议程设置是大众媒介影响社会

的重要方式之一,大众媒介往往不能决定人们对某一事件或意见的具体看法,但是可以通过提供信息和安排相关的议题有效引导人们关注某些事实和意见。"大江奔流"是由中宣部组织的一次大型主题采访活动,《湖北日报》针对此次活动,从纸质版和新媒体版两方面来设置"大江奔流"这一议题,纸质版即《湖北日报》纸质版,新媒体版即湖北日报网(荆楚网)、湖北日报官方微博(@湖北日报)和湖北日报客户端,通过这些渠道来实现其所想达到的传播效果。《湖北日报》此次对"大江奔流"的报道,可以说是多元性的议程设置。"多元"在此处的意义为议程设置渠道的多元性,《湖北日报》此次对"大江奔流"的报道,主要通过四个渠道来进行"大江奔流"内容的议程设置:

有效将"大江奔流"相关新闻事实传播给受众,提高了"大江奔流"这一事件在受众心中的重要程度。经统计,在此次报道过程中,《湖北日报》纸质版共刊登了33篇报道,《湖北日报》新媒体版共刊登了319篇报道,将"大江奔流"这一议题推到受众视野中,在一定程度上激发了受众对"大江奔流"这一事件的关注程度。

第二,主题构建策略:以人为本。主题是文本内容或意义的特征之一,离开主题我们就不可能理解文本的总体内容,只能理解其局部、片段而无法把握它们的总体关系。无论是《湖北日报》还是新华社等中央级媒体,在"大江奔流"系列报道中宏观主题都是统一的,即以"生态优先、绿色发展"为主线,谱写新时代长江之歌,因此各媒体都是紧密围绕这一主题来展开报道,但是不同媒体的报道策略也有所差距,其中《湖北日报》主要表现为主题报道的平民化。所谓平民化,是指大众化、通俗易懂化的报道方式。在此次"大江奔流"系列报道中,《湖北日报》从报道视角和报道基调两方面展开平民化报道,体现出"大江奔流"系列报道的宏观主题。

首先是报道视角平民化。在主题新闻报道过程中,政府往往借助媒体平台向受众传递政府的立场与态度,因此,政治视角突出是主题报道的本质特征之一。这种特征主要表现在以下方面:媒体报道的内容多与政治事件或者思想相耦合,事件分析与叙述多以政治视角为主,新闻语言带有较强的政治色彩。但是此种特征下的新闻报道由于政治色彩浓厚,难以吸引受众关注,因此在某种程度上也极易导致媒体与群众距离感的增强,进而导致传播效果弱化。

《湖北日报》在此次系列报道中打破主题报道的传统视角,聚焦平民视角,开展新闻报道。

> 例1:"收网!"8月11日18时,伴随着螺旋桨击打江水发出的声音,上海市崇明区城桥镇渔民陈文良打上最后一桶凤鲚,自此封船上岸。长江入海口这片出产鲜美渔货的淡咸水交汇水域,从此全面禁渔。今年夏季,在自愿基础上,上海对179条长江捕捞渔船进行了拆解,3000多名渔民告别江海上岸。

在《大浪淘沙》一文中,记者从描述上海舟山的渔民入手,向受众介绍沿长江经济带这些年发生的巨变,而且在文章的典型案例的解读中,也多掺杂普通受众的切身感受。比如在介绍鄱阳湖沿湖经济变化时,选取的人物代表多为画家、村民等,体现着报道视角的平民化。而这种平民视角下的新闻报道相比以前的政治视角的主题报道,无疑能更吸引受众的兴趣,进而提升传播效果。

其次是报道格调平民化。新媒体逐渐成为受众获取信息的主要渠道,但是传统主流媒体仍然是重要渠道之一。那么应该注重哪些方面才能进一步拉近受众与媒体之间的距离呢?《湖北日报》在此次"大江奔流"系列报道中通过报道基调平民化发挥出较好的示范作用,这样不仅可以使报道简单易懂,还有助于凸显出新闻报道的主题。第一是语言的平民化。语言是受众了解新闻信息的重要媒介,受众对于党的某些政策、路线难以在短时间弄懂,媒体在进行新闻报道时往往采用受众欢迎、喜闻乐见的语言对相关政策进行合理阐释,比如:我住长江头,君住长江尾。日日思君不见君,共饮长江水。这句话摘选自《大江奔流 全景日记》一文,记者在这里引用了《卜算子·我住长江头》一词,这首词不仅简单爽朗上口,而且还有同名歌,相比其他比较严肃的新闻文本来说更容易让受众接受。第二是画面的平民化。画面通常用于电视新闻报道的分析,对于电视报道来说,画面相较于画外音等更容易直观体现报道的主题与价值,当报道重大事件时,往往采取标记重点、配以字母等方式加以突出。《湖北日报》"大江奔流"系列报道多以文字报道为主,但是也还包含一些视频和图片新闻。比如荆楚网在《三个叫长江的村子,我们听听他们的故事》报道中,就分享了一段视频,在这个视频中分别选取了三组不同的人物,三个不同的场景,讲述三个不同村子脱贫致富的故事,发展种植业、养殖业的画面在中国社会基层是最为常见的画面,《湖北日报》官方网站荆楚网通过宣传这些平凡画面,讲述不平凡的故事,给予受众"地气",让报道更加鲜活,有生命力,进而增强报道主题的感染力与影响力。

第三,价值展示:满足性(广泛、全面、深入满足受众需求)。作为湖北地区的主流媒体,《湖北日报》承担着极为重要的责任。作为大众了解湖北地区新闻信息重要途径的报纸之一,应该尽可能刊载能够满足受众需求的新闻内容。在此次"大江奔流"系列报道期间,《湖北日报》试图运用广泛、全面、深入的新闻报道满足大众对与"大江奔流"相关新闻信息的需求。

首先,广泛的新闻报道。广泛的新闻报道能够满足用户在新闻信息数量方面的要求,《湖北日报》此次对"大江奔流"的系列报道具有广泛性。纵观《湖北日报》此次对"大江奔流"的相关系列报道,其新闻报道有以下两个特点:

一方面,从新闻消息的来源而言,其来源渠道有二,一为"原创",二为"转载"。"原创",即为《湖北日报》本身生产的新闻消息。"转载",即为《湖北日报》转载其他媒体所刊登的新闻消息。《湖北日报》此次对"大江奔流"报道的新闻消息来源,在其纸质版和新媒体版均有体现。在《湖北日报》纸质版刊登的33条新闻消息中,原创消息有26条,转载消息有7条。其中原创消息来源为《湖北日报》,转载消息分别来自于新华社、中新社、中央电视台《新闻直播间》、《新华日报》和《人民日报》共5家媒体,如下表所示:

附表1　《湖北日报》纸质版新闻消息来源一览表

渠道	来　源			总计(个)
原创	《湖北日报》			1
转载	新华社	中新社	《新华日报》	5
	中央电视台《新闻直播间》	《人民日报》	—	
总计(个)	—			6

在《湖北日报》新媒体版刊登的319条新闻消息中,原创消息有166条,转载消息有153条。其中原创消息来源于《湖北日报》,转载消息分别来自于新华社、《人民日报》、国际在线、央视网、央视新闻客户端、中央广电总台国际

在线、澎湃新闻、《经济日报》、《安徽日报》等 25 个媒体,如下表所示:

附表 2 《湖北日报》新媒体版新闻消息来源一览表

渠道	来　源			总计(个)
原创	《湖北日报》			1
转载	新华社	《人民日报》	国际在线	25
	央视网	央视新闻客户端	中央广电总台国际在线	
	澎湃新闻	《经济日报》	《安徽日报》	
	东北新闻网	浙江在线	央广网	
	《光明日报》	《经济考察报》	《中国青年报》	
	浙江新闻	中青网	新蓝网·中国新蓝网客户端	
	新华网	《新华日报》	中央电视台	
	中安在线	新华报业网	中新社	
	—	—	浙江新闻客户端和浙江卫视	
总计(个)	—			26

《湖北日报》通过"原创"和"转载"的方式展开对"大江奔流"的系列报道,其来源渠道的广泛性为此次报道增色添彩,以《湖北日报》本身为主体,集新华社、《人民日报》等"众家之力",对"大江奔流"进行了广泛的宣传报道,为用户提供了充足的新闻信息,满足了用户对新闻信息的需求。

另一方面,从新闻消息数量方面来看,其数量较多。从某种程度上来说,用户所获取的新闻消息数量越多,其获得的新闻内容也越多。《湖北日报》此次对"大江奔流"报道的新闻消息总数为 352 条,其中纸质版有 33 条,新媒体版有 319 条,如下表所示:

附表 3 《湖北日报》对"大江奔流"报道数量一览表

—	纸质版(条)	新媒体版(条)	合计(条)
数量	33	319	352

《湖北日报》此次对"大江奔流"的系列报道,运用众多的新闻条数,为用

户提供充足的新闻内容,在一定程度上满足了用户对"大江奔流"相关新闻信息的需求。

其次,全面的新闻报道。"全面"一词含有完整、周密、详细的意思,全面的新闻报道能够满足用户在新闻信息广度方面的需求。《湖北日报》此次对"大江奔流"的系列报道具有全面性,此次报道内容涉及长江沿线许多地区,其报道内容涉及政治、经济和思想文化等方面。

在政治方面,2018年8月1日,《湖北日报》纸质版刊登了一篇题为《巍巍大坝　让人心潮澎湃》的图文消息,文章中有这样的表述:

附图5　大江奔流采访团在宜昌三峡大坝坝顶采访

高峡出平湖。神女应无恙。

雄伟的三峡工程,引发了来鄂采访媒体的集体关注。

7月31日,大江奔流采访团来到这里,聚集这一世界超级工程、人类壮举。从坝上到坝下,从电站到船闸,记者们纷纷感叹:国之重器,雄伟壮阔,催生的世界奇迹,让人心潮澎湃!

……

中国国际广播电台阿尔巴尼亚籍记者哈里斯赞叹到,中国政府和中国人民的伟大发明,让人惊叹。中国日报美籍记者伊谷然站在烈日下,坚持看完所乘客船坐电梯从40层楼高的坝上下来全过程。他说,此前外界对三峡大坝有不少质疑,那可能是他们没有来实地看看,几千吨的客船那么平稳地降下来,这里的科技含量毋庸置疑。

从上述内容中,可以看出,三峡工程这一人类壮举,让国人感到无比的自豪和骄傲,也让外籍友人感到惊叹和羡慕。作者通过这样的表述,在一定程度上表明了我国关于三峡工程建设的相关政策是正确的,同时也隐喻着在中国共产党的带领下中国的发展将会越来越好,中国取得的成果将会让世界人民羡慕。

经济方面,2018年8月4日,《湖北日报》官方网站荆楚网刊登了一篇题为《3年跑到行业第一! 三一重工,何以如此了得》的文章,文章中有这样的表述:

> ……
>
> 这家中国最大、全球第五的工程机械制造商,也是全球最大的混凝土机械制造商,眼下形势红火。最新数据称,今年上半年,三一重工净利润将达32.48亿元到35.96亿元,同比猛增180%到210%。
>
> 三一重工何以如此了得? 8月3日,湖北日报全媒记者随"大江奔流"采访团走进这家企业,一探究竟。
>
> 30年,跑到行业第一
>
> ……
>
> 智能物流。车间全部实现空中物流,AGV无人小车根据指令将货物送到指定工位。
>
> 智能工装。泵车臂架转台连接轴,以前要一个人4个多小时才能完成;现在,自动压轴机2分钟就搞掂。
>
> 智能派工。工人,通过手机查询任务单,工作完成后,可以显示当天的工资。眼下,工人工资平均可达300元/天。
>
> 设备物联升级。过去主要是采集设备末端的施工工况数据,现在通过设备物联2.0,实时采集能耗、节拍等数据,用于改进管理,提升效率。如今,2条泵车线工人从800多人降至200多人。

从上述内容中,可以感受到三一重工的巨大发展,从智能物流、智能派工和设备物联升级这三个自然段中,传递出三一重工快速、高效和智能等信息。记者将三一重工的发展状态通过新闻报道的方式呈现给受众,让受众实实在在感受到三一重工的发展,从而体会到我国经济的快速发展和实力的增强。

在思想文化方面,2018 年 8 月 1 日,《湖北日报》纸质版刊登了一篇题为《作别渔歌唱晚　流淌一江琴音》的文章,文章中有这样的表述:

　　魅力宜昌　琴音流淌

　　伴着舒缓悠扬的琴声,采访团走进柏斯音乐集团。

　　……

　　央广记者刘军关注着文化的保护与传承。听说柏斯集团正与教育部门合作,研发钢琴教学软件,为九年义务教育开发钢琴配套教学曲目,他激动地说:"文化必须要有群众基础,只有来源于生活,才有生命力。这是让钢琴文化扎根生活的良好探索。"

　　还没出车间,中国国际广播电台记者费青朵录制的音频节目,已上传脸书。她说:"我们将用多国语言,讲述'中国钢琴之城'宜昌的故事。"

　　生态文化　成风化人

　　摄影"发烧友"扎堆听培训,诗歌爱好者在诗社赛诗,健身爱好者相聚练瑜伽……采访团来到宜昌西陵区石板溪社区,但见居民载歌载舞,生活好不惬意。

　　吟诗的古稀老人吸引了人民日报记者何鼎鼎的眼球:"你们有写过和长江大保护有关的诗吗?"

　　西陵区诗词学会会长刘兆奎当时亮出自己的《西坝舷歌(三首)》。其中,《西坝旧渔歌》写的是过去的渔业盛景:日暮霞烟抱小洲,摇桨撒网自寻悠。今年 1 月起,为保护中华鲟,宜昌城区江段禁渔,渔歌唱晚的场景淡出人们视线。刘兆奎又作诗:渔人少得舷歌唱,万吨盟船破浪讴。

　　……

单从文章标题中的"渔歌"和"琴音"二词中,便能感受到一股浓浓的文化韵味,文章通过描述记者及时将录制的音频节目上传脸书,用多国语言讲述"中国钢琴之城"宜昌的故事这一情节,传达出宜昌是一个有着深厚文化底蕴的城市,并通过对古稀老人和西陵区诗词学会会长刘兆奎的描述,传达出宜昌是一个有着深厚诗歌文化韵味的城市。作者对故事进行描绘,呈现出"文化宜昌"的城市形象。

最后,深入的新闻报道。深入的新闻报道能够满足用户在新闻信息深度方面的需求。《湖北日报》此次对"大江奔流"的系列报道不仅停留在简单的新闻告知层面,还做了较为深入的采访报道。2018 年 8 月 5 日,湖北日报官方网站(荆楚网)刊登了一篇题为《窥探长江的"秘密"》的文章,文章中有这样的表述:

……

是否会有洪水? 如何蓄水或泄洪应对? 记者们纷纷提问。

"今年 3 月我们预测到,6 月至 8 月主汛期长江流域降水总体正常偏少,长江上游降水正常偏多,下游偏少,要警惕因降雨时空分布不均引发的局地严重洪涝或干旱灾害。"长江委防汛抗旱办公室主任陈敏讲起了长江防洪预报调度系统的运作"内幕"。

首先是汛情监测。每天,监测空、天、地立体雨水情况。空,是指每小时更新一次的卫星云图;天,是 12 小时更新一次的亚欧范围的天气云图以及监测降雨的天气雷达数据;地,则是 28000 多个雨量站,每小时传送的雨量信息,和 2300 多个水文站实时监视的河、湖、库水文要素变化。

然后,专家们计算、分析、研判,包括会不会形成汛情、沿线水库如何调度蓄水或泄洪等。形成结论后,上报国家防总,得到认可后,控制性水库闸门起落,调节长江水流。

"比如今年 7 月,长江第 2 号洪水来临时,科学调度上游水库群,拦蓄约 90 个东湖的水量,减少被淹土地面积约 960 千公顷,减灾经济效益约 8 亿元。"陈敏说。

对长江,这里时刻了然于胸。6800 多个水量水质等监测站点,4500 多个水环境监测断面,4200 多个河道固定监测断面,120 多万 km^2 水土流失动态监测面积,织就了一张特殊的信息大网,实时监测着长江的水文、水环境、水生态、河道、水土保持等情况,为长江保护与开发、沿线经济社会运行提供科学依据。

监测长江水质是长江委的重要使命。在一个实验室里,科研人员正在利用一台价值 300 多万的仪器。

……

　　从文章中众多的数字中,可以看出该文章是经过记者深入调查采访之后得出的数据,如"12 小时更新一次的亚欧范围的天气云图……"、"28000多个雨量站"、"2300 多个水文站"、"8 亿元"、"120 多万 km^2"等数据。这些数据的运用,让受众"窥探"到了长江的"秘密",使"秘密"不再是"秘密"。

　　媒体话语表达内容及方式的创新有助于提高新闻报道的影响力,纵观《湖北日报》此次对"大江奔流"的系列报道,基于满足受众需求价值需要,进行宏观议程设置,并通过报道过程中的话语文本、话语风格、话语技巧等进行微观体现,取得较好传播效果,但此次报道过程中与受众的互动性还有待于提高,对于今后类似的新闻报道,《湖北日报》应充分利用自身的人才技术优势,加强报道过程中与受众的互动交流,及时掌握受众的"心思",制作出受众所想看到的新闻内容。同时,《湖北日报》应发挥媒体议程设置的作用,将自上而下的"点对多"传播变为"多点对多点"的传播,增强与受众的双向交流。

附件二 《湖北日报》话语影响力调查问卷

访问员：_____ 访问地点：_____ 访问时间：_____

您好，我们是湖北民族大学"媒体话语影响力研究"课题组。为了更好地发挥主流媒体的话语影响力，我们现以《恩施日报》为研究对象，对该媒体在人们日常生活中的使用情况做出调查。我们承诺问卷数据仅供课题研究使用，希望得到您的支持与帮助，本次问卷填写大约需要 6 分钟，您的认真回答将切实帮助我们了解人们的真实想法。再次感谢您的帮助！如您对问卷结果存在任何疑问，请您致电相关负责人。

付玉　18786469935　唐迪　17786148461

(一)《恩施日报》纸质版部分

1、请问您看《恩施日报》吗？

（1）看　（2）不看（请跳到个人信息部分作答）

2、请问您看《恩施日报》纸质版的频率是？

几乎不阅读	每周 1—3 次	每周 4—6 次	每天阅读

3、您每次阅读《恩施日报》纸质版花费多少时间？

1—3 分钟	3—10 分钟	10—15 分钟	15 分钟以上

4、在本地发生重大新闻时，您会优先通过《恩施日报》纸质版获取信息吗？

每次都会	经常会	偶尔会	从来不会

5、您想在《恩施日报》纸质版上了解什么类型的信息？（多选）

本地民生	社会新闻	经济新闻	体育新闻	国际新闻	娱乐信息

6、您认为《恩施日报》纸质版能满足您的信息需求吗?

非常满足	比较满足	一般	不太满足	不满足

7、您觉得《恩施日报》纸质版的信息通俗易懂吗?

非常易懂	比较易懂	一般	不太易懂	不懂

8、您觉得《恩施日报》是否值得信赖? 如果让您给它的可信度打分,总分10分的话,您会打几分?

1	2	3	4	5	6	7	8	9	10

9、您愿意分享《恩施日报》纸质版上的信息吗?

非常愿意	比较愿意	一般	不太愿意	不愿意

10、您已经分享过《恩施日报》纸质版信息的次数?

1—5 次	5—10 次	10—15 次	15—20 次	20 次以上

11、您觉得《恩施日报》纸质版对自己做出决策的帮助大吗?

非常有帮助	比较有帮助	一般	不太有帮助	没有帮助

(二)《恩施日报》微信公众号部分

12、请问您关注了《恩施日报》微信公众号吗?

(1)关注了　 (2)没有关注(请跳到个人信息部分作答)

13、请问您看《恩施日报》微信公众号的频率是?

几乎不阅读	每周 1—3 次	每周 4—6 次	每天阅读

14、您每次阅读《恩施日报》微信公众号花费多少时间？

1—5 分钟	5—10 分钟	10—15 分钟	15 分钟以上

15、在本地发生重大新闻时，您会优先通过《恩施日报》微信公众号获取信息吗？

每次都会	经常会	偶尔会	从来不会

16、您想在《恩施日报》微信公众号上了解什么类型的信息？（多选）

本地民生	社会新闻	经济新闻	体育新闻	国际新闻	娱乐信息

17、您认为《恩施日报》微信公众号能满足您的信息需求吗？

非常满足	比较满足	一般	不太满足	不满足

18、您觉得《恩施日报》微信公众号的信息通俗易懂吗？

非常易懂	比较易懂	一般	不太易懂	不懂

19、您觉得《恩施日报》微信公众号是否值得信赖？如果让您给它的可信度打分，总分 10 分的话，您会打几分？

1	2	3	4	5	6	7	8	9	10

20、您愿意分享《恩施日报》微信公众号上的信息吗？

非常愿意	比较愿意	一般	不太愿意	不愿意

21、您在过去一周内分享过《恩施日报》微信公众号信息的次数?

1—5次	5—10次	10—15次	15—20次	20次以上

22、您觉得《湖北日报》微信公众号对自己做出决策的帮助大吗?

非常有帮助	比较有帮助	一般	不太有帮助	没有帮助

(三)个人信息

1.您的性别:(单选)

A.男　B.女

2.您的年龄:(单选)

A.18岁以下　B.18—25岁　C.26—35岁　D.36—45岁

E.46岁及以上

3.您的学历:(单选)

A.初中及以下　B.中专/技校/高中　C.大专　D.本科　E.硕士及以上

4.您的年收入是多少?(单选)

A.1万元以下　B.1—3万元　C.4—6万元　D.7—9万元

E.9万元以上

5.您的月消费是多少?(单选)

A.0—2000元　B.2001—4000元　C.4001—6000元　D.6001—8000元

E.8001—1万　F.1万元以上

6.您的职业是:(单选)

A.农林牧渔业生产人员　B.企业职工　C.各类学校教职工

D.专业技术人员(医疗、工程、科技等)　E.政府机关工作人员

F.学生　G.商业、服务业人员　H.生产、运输、设备操作人员

I.军人　J.其他(请详细说明)

后 记

本书从话语传播理念、话语传播主体、话语文本内容、话语表达方式等几个维度对新型主流媒体的话语体系进行了宏观架构,在行文过程中主要侧重理论式、框架式的建构,相对而言显得较为全面宏观,对体系中的各个层面都进行了关照,这对于解决目前新型主流媒体话语体系建构中存在的困扰和纷争具有启示意义,也对当前新型主流媒体话语影响力的提升具有一定指导价值。研究话语体系的最终目的应由理论研究过渡到实践层面,今后还可继续深入探讨并进行具象化研究,以求为学界、业界提供可参考的理论及实践意义。

本书研究及写作总共历经 4 年,尤其感谢我的导师——华中科技大学石长顺教授曾给予本书的诸多指导,博士毕业之后仍有幸在导师指导下接收前沿学界动态,老师的新观点、新思维时常给我以启迪。在本书写作过程中,部分硕士研究生和本科生在不同的章节有较大贡献,承担并完成了相关研究任务,分别为王宇、胡佳林、冯晨、向友铸、李新、谢雯雯、都宛君、潘杏、付玉、唐迪、周宇、贾玉琦等,他们参与了部分章节的资料搜集及整理分析,其中部分研究生在毕业论文撰写中采用了本研究的相关成果。

本书受到国家社会科学基金西部项目以及湖北民族大学学术著作出版的资助与支持。在本书出版过程中,尤其感谢人民出版社刘松弢、彭代琪格两位编辑,他们在一年多的时间里多次受我打扰,热心帮我沟通各种事宜,帮助我解决了不少问题。另外还有很多人给予我方方面面的帮助,在此一一感谢。

作者于 2022 年 1 月

责任编辑:刘松弢　彭代琪格

图书在版编目(CIP)数据

新型主流媒体话语体系建构研究/吴柳林 著. —北京:人民出版社,2022.4

ISBN 978-7-01-024428-0

Ⅰ.①新…　Ⅱ.①吴…　Ⅲ.①传播媒介-舆论-研究　Ⅳ.①G219.2

中国版本图书馆 CIP 数据核字(2022)第 013463 号

新型主流媒体话语体系建构研究

XINXING ZHULIU MEITI HUAYU TIXI JIANGOU YANJIU

吴柳林　著

人民出版社 出版发行

(100706　北京市东城区隆福寺街 99 号)

中煤(北京)印务有限公司印刷　新华书店经销

2022 年 4 月第 1 版　2022 年 4 月北京第 1 次印刷

开本:710 毫米×1000 毫米 1/16　印张:14.25

字数:223 千字

ISBN 978-7-01-024428-0　定价:60.00 元

邮购地址 100706　北京市东城区隆福寺街 99 号

人民东方图书销售中心　电话 (010)65250042　65289539